KB252059

박정희 대미 로비 X파일

〈시크릿 오브 코리아〉 추적자 안치용의

박정희 대미 로비 X파일

하 부패·망명편 | 안치용 지음

타커스

차
례

'염불보다 잿밥', 착복 의혹 김한조

김한조는 1950년 초 유학생으로 도미해 화장품회사를 설립, 자수성가한 사람이다. 1960년대 후반 미국 신문과 방송에 그의 성공스토리가 줄을 잇기도 했다. 그러나 1970년대 초 사업이 기울고, 박정희를 만났을 때는 이미 파산 직전이었다. 1973년 황재경 목사를 통해 박정희를 만났고 1974년 8월 한국에 갔다가 육영수의 죽음을 목도하고 대미 로비에 뛰어들었다.

3차례에 걸쳐 한국 정부로부터 100만 달러를 받았지만 그 돈 대부분은 로비가 아니라 자기 빚을 갚는 등 생활비로 사용했다는 것이 청문회와 재판을 통해 밝혀진 결과다. 김한조가 자랑스럽게 말했던 5명의 하원 전위대도 사실과 달랐다. 5명 중 3명은 얼굴조차 모르는 사이였다. 김한조는 박정희의 지시를 받아 130만 달러를 ○○○에게 전했다고 주장했지만 진위를 확인할 수 없다. 평소 그가 신뢰성이 있는 인물이었는지를 통해 그 주장의 진위를 추정해볼 수 있을 뿐이지만 추정 결과는 솔직히 부정적이다. 김한조의 행태로 볼 때 박정희가 김한조 때문에 쩔쩔매게 될 것이라는 김영희 당시 중앙일보 특파원의 예언은 정확했다.

김상근 등이 김한조를 만나면서 허풍이 심하고 백만장자도 아니라는 사실을 알게 됐음에도 이를 박정희에게 정확하게 보고하지 않은 점도 불행한 결과를 낳은 원인 중 하나이다. 미 하원 윤리위원회는 박동선, 김한조 외에도 김동조, 박종규, 수지 박 톰슨 등의 대미 로비 의혹도 조사했었다.

'나는 애국자─ 저승에서라도 박정희에게 따지겠다'

"나와 각하의 오해는 타계에서라도 풀어야 할 것입니다."

코리아게이트의 당사자 김한조가 1979년 4월 4일 박정희에게 보냈다는 편지의 일부분이다.

후일 자신의 회고록에서 "나는 겨레를 제2의 한국동란으로부터 구해낸 애국자"라고 자랑스럽게 외친 김한조가 죽어서 저승에서라도 박정희를 만나서 자신에 대한 푸대접을 따지겠다는 것이었다. 협박으로도 들릴 수 있는 섬뜩한 말이 아닐 수 없다. 특히 그 시기는 미 의회와 수사기관이 눈에 불을 켜고 한국의 불법 로비를 이 잡듯 뒤지던 때였다.

이처럼 김한조는 코리아게이트에 따른 위증죄로 6개월 실형을 살기에 앞서 1979년 2월부터 4월까지 적어도 4차례 이상 박정희에게 원망과 협박을 섞은 한 서린 편지를 보냈다.

2월 12일 편지에는 "친애하는 김한조 사장에게, 조국을 사랑하는 귀하의 정성과 동포를 사랑하는 귀하의 인정에 뜨거운 감사를 보낼 따름입니다"로 시작되는 박정희의 친필편지를 복사해서 붙이기도 했다. 한때는 이렇게 나를 환대하더니 지금은 푸대접하느냐는 식이다.

특히 "김 사장의 애국심", "참된 애국자를 친구로 사귀게 되었다", "각하
께서 눈물을 글썽거리시며 몇 번이고 감사의 뜻을 표명했다"라는 말 등
9가지를 평소 박정희가 자신에게 내린 평가라며 번호까지 붙여서 나열하
며 조목조목 따졌다.

그러나 박정희로부터 응답이 없었다고 한다. 제정신을 가진 사람이라
면 누구라도 그 엄중한 시기에 답장을 보낼 수가 없는 것이다.

3월 6에는 더 강경한 어조로 박정희를 원망했다. 김한조는 "나는 유행
따라 입다가 버리는 헌옷이 아니며 달면 삼키고 쓰면 뱉는 대상이 아니
다"라고 주장했다.

4월 4일에는 저승에서라도 따지겠다는 말과 함께 아무 죄가 없는 자신
이 코리아게이트 사건을 전적으로 책임지고 감옥에 가게 됐고 패가하게
됐다고 말했다. 자신은 물론 집안까지 '만신창이'가 됐다고 표현하며 자
신 개인의 문제가 아니라 국가 문제, 박 대통령을 지키다가 이 지경에
이르렀다고 밝혔다. 김한조는 김재규에게도 원한이 사무쳤던 모양이다.

4월 10일 "각하의 심리를 교묘하게 악용하는 소위 측근자들은 각하가
실권하게 될 때 제일 먼저 배신할 괴물들, 제발 조심하시고 감찰하십시
오"라며 측근의 위험성을 지적했다.

이 4통의 편지를 모두 박정희가 읽었는지는 알 수 없지만 만일 읽었다
면 놀란 가슴을 진정시키지 못했을 것이다. 코리아게이트 와중에 이 같은
편지를 보낸 것은 '박정희를 비단과 명주로 감싸서 보호했다'는 김한조
주장의 허상을 보여주는 것이다.

만약 이 편지가 발각됐다면 불난 집에 기름을 부은 격으로 박정희와

한국은 더욱 곤경에 처했을 것이다.

김한조, 수사 중인데도 3차례 박정희 면담 시도

편지뿐만이 아니었다. 코리아게이트 수사가 진행 중일 때 김한조가 박정희를 만나겠다며 수차례나 한국을 방문하기도 했다. 보통 간 큰 행동이 아니다. 미 수사기관이 박정희와 김한조가 만난 정황을 찾기 위해 혈안이 돼 있는데 박정희를 찾아간 것이었으니 아무리 생각해도 정상적인 행동은 아니다.

김한조는 FBI의 수사가 시작된 뒤인 1977년 1월 서울을 방문했다. 이때는 박정희를 만났고 김재규를 통해 40만 달러를 받았다. 박정희와의 마지막 만남이었다.

이로부터 5개월 뒤에도 김한조는 한국을 방문했던 것으로 드러났다. 김한조는 자신의 회고록에서 1977년 6월에도 한국을 방문, 박정희를 만나려 했으나 실패했다고 고백했다. 기가 찰 노릇이다.

김한조는 1979년 위증죄에 대한 재판 중에도 한국을 찾았다. 1979년 1월 3일 모친이 위독하다며 재판부와 검찰로부터 한국 여행 허가를 받은 뒤 1월 6일 서울에 도착했다.

이경재 의원이 김한조를 인터뷰해서 쓴 책 〈코리아게이트〉에 따르면, 김한조는 박 대통령이 자신을 영웅대접해줄지 모른다, 끝까지 박 대통령을 노출시키지 않은 자신의 의로운 투쟁을 격려하고 변호사 비용은 보전해줄 것이라는 판단 하에 한국을 찾았다고 한다. 말하자면 박정희를 만나

변호사 비용을 받을 요량으로 한국을 찾았던 것이다.

김한조가 도착 즉시 청와대로 전화를 걸었으나 박정희와의 통화는 이뤄지지 않았다. 비서관이 알겠다고 말하고는 냉정하게 전화를 끊어버렸다고 한다. 두 차례 전화를 해도 연결되지 않자 박정희와 근혜에게 한번 만나고 싶다는 편지를 띄웠다.

김한조는 이 편지에서 "대통령 각하, 어려운 지경에서도 고국이 생각나고 또 형무소에 가기 전에 일차 각하를 뵈옵고저 귀국한 지도 일주일이 지났습니다. 아무리 세상이 무정하고 의리가 없다 할지라도 저를 이렇게 외면한다면 이것이 우리가 가장 소중하게 여겨야 하는 인간의 도리일까요?"라며 박정희를 원망했다.

박정희에게 이 편지가 전달됐는지 모르지만 제3자가 보더라도 무서운 편지가 아닐 수 없다.

박정희가 생각해보니 보통 일이 아니었다. 시도 때도 없이 찾아오는 김한조를 그냥 놔두면 큰 일이 날 판이었다. 그래서 김재규가 김한조의 처남을 통해 김한조에게 한국을 떠나라고 요청했다.

보통 사람이라면 괜한 의심을 사지 않기 위해서라도 자중했을 것이다. 그의 이 같은 행동은 박정희를 비단, 명주로 감싼 것이 아니라 총, 칼을 들이댄 것이나 마찬가지다.

김한조는 회고록과 인터뷰 등에서 자신이 "겨레를 제2의 한국동란으로부터 구해낸 애국자"라고 주장했다. 과연 그가 겨레를 제2의 한국동란에서 구해낸 애국자로 평가될 정도로 한국을 도왔는지를 상하원 청문회 증거와 법원재판 등을 통해 하나 하나 살펴봤다. 안타깝게도 객관적 증거는 그의 주장과는 거리가 한참 멀었다.

미국 유학-자수성가 뒤 1973년 박정희와 인연

김한조는 2012년 7월 26일 자정께 서울성모병원에서 91세를 일기로 한 많은 생을 마감했다. 그 스스로 곡기를 끊어 죽음을 초래했다는 것이 의료진의 판단이다.

1921년 서울에서 태어난 김한조는 배재중학교를 졸업한 뒤 연희전문 영문학과를 중퇴했다. 광산업을 하는 아버지와 독실한 기독교신자인 어머니 밑에서 어려서부터 신앙생활을 했다. 대학 중퇴 뒤 청주고등학교에서 영어교사로 교편을 잡다 6.25 전쟁이 발발하자 부산으로 피난살이를 떠났다.

부산에서 낮에는 한국 유엔협회에서 일하고 밤에는 영어강사로 일하면서 미국 유학의 꿈을 키웠고, 1953년 가을 문교부에서 실시하는 국비유학생 시험에 합격, 1954년 6월 화물선을 타고 미국 유학길에 올랐다.

오하이오 주 핀들레이대학에서 2년간 공부했고, 1956년 워싱턴 아메리칸대학 대학원에서 경영학을 전공했다고 한다. 그 뒤 그는 미플린 맥캔브릿지라는 제약회사에 취업해 출세가도를 달렸다. 입사 13개월 만에 중역에 올랐고 다시 11개월 뒤 전무로 승진하는 등 출세가도를 달렸다고 스스로 밝혔다.

1964년 존 앤드 비디라는 화장품회사를 창업하여 인조 속눈썹을 개발해 6개월 만에 100만 개를 파는 등 대히트를 했다. 뉴욕타임스, 워싱턴스

타 등 신문은 물론 미국 주요 TV 방송이 앞다투어 인터뷰를 할 정도로
큰 화제가 됐다고 한다. 한때 연매출이 2000만 달러에 달했다는 것이
그의 주장이나 하원 윤리위 조사결과 1971년부터는 회사가 적자상태였
고 김한조도 수입이 없었던 것으로 밝혀졌다.

1973년 황재경 목사의 권유로 한국을 방문하면서 박정희 대통령 일가
와 인연을 맺으며 칙사 대접을 받게 되고 그해 10월 1일 국군의 날 행사
때도 한국을 찾았다. 이때 각 신문, 방송의 인터뷰가 이어졌고, 그는
연매출이 2000만 달러에 달한다고 떠들어댔다. 그러나 이때는 이미
김한조의 회사는 기울고 난 한참 뒤였다.

김한조는 1974년 8월 다시 한국을 방문했다. 육영수 여사의 죽음을
목도하고 육영수의 생전 당부에 따라 조국을 위한 로비에 나섰다고 한다.

'전위대 동원, 1974년 포드 방한 성사시켰다'

김한조는 1974년 하반기부터 1976년 초까지 미국에서 박정희와 한국
을 위해 의회 로비를 했다고 알려진 인물이다.

김한조의 대미 로비에 대해 하원 윤리위 등은 한국 정부로부터 60만
달러를 받았지만 실제로 로비를 벌인 것은 테니 가이어 의원 등을 상대로
식사를 제공한 것 외에는 개인적으로 착복했다고 결론지었다.

김한조 또한 청문회에 출석해 로비 의혹에 대해 일절 발설하지 않았
으므로 그가 어떠한 로비를 펼쳤는지는 그의 회고록 등을 통해 살펴볼
수밖에 없다. 그는 회고록에서 백악관, 의회, 언론 등을 상대로 로비활

동을 펼쳤다고 주장했다. 미군철수 보류, 군사원조 지속, 포드 대통령의 방한, 친한 여론 환기 등 "코리아 로비로 2년여 동안 숨 가쁜 활동을 펼쳤다"는 것이 본인의 표현이다. 그러나 과연 어디까지 맞는지 알 수 없다. 그의 회고록에도 1975년 하반기부터의 로비활동은 찾아보기 어렵다.

1974년 11월 22일부터 23일까지 23시간 동안 포드 대통령이 한국을 방문했다. 180만 명의 서울 시민이 연도에 나가 열렬히 환영했다. 김한조는 자신이 포드 방한을 성사시켰다고 주장했다.

당시 프레이저가 포드의 방한을 결사반대했었다. 그런데 한국의 입장에서는 포드가 일본까지 와서 코앞의 한국을 들르지 않고 그냥 지나친다는 것은 보통 문제가 아니었다. 이 문제를 김한조가 해결했다는 것이다.

프레이저는 1974년 10월 11일 한국을 방문하려는 대통령의 결정은 미국의 외교정책에 몇 가지 중대한 위험을 초래한다며 이를 재고해달라는 결의안 초안을 만들었고, 이 초안을 김한조 측이 입수했다.

깜짝 놀란 김한조가 테니 가이어 의원 등 이른바 자신이 '전위대'로 표현한 공화당 의원 5명과 포드 방한 문제를 논의한 뒤 이들이 결의안을 내도록 했다고 한다. 테니 가이어, 밴더 재킷, 래리 윈, 벤저민 길먼, 라고 마르시아노 등 모두 5명의 전위대가 1975년 10월 15일 포드 방한 지지결의안을 낸 것이다.

김한조 자신 또한 백악관에 편지를 보내 포드 방한을 요구했다고 한다. 김한조는 1974년 11월 12일 백악관으로부터 편지를 받았다. 이 편지는 "한국 방문과 관련, 대통령에게 편지를 보내준 데 대해 감사한다"며 "편지는 대통령 방문을 계획하는 일을 담당하는 대통령 수석보좌관에게 전달됐다"는 내용이었다. 김한조는 또 포드 방한 시 국립묘지에 안장된 육영수의 묘를 참배해달라고 백악관에 요청하기도 했다.

프레이저 등 반한파는 포드 방한 지지결의안 등이 제출되자 하는 수 없이 기름을 넣기 위해 김포공항에 잠시 기착하고 그때 공항에서 박정희를 만나라는 치욕적인 제안을 하기도 했지만 김한조의 노력이 주효했던지 마침내 포드 방한은 성사된다. 1974년 11월 17일 백악관이 포드의 방한을 공식발표한 것이다.

'의회 로비 통해 1974년 친한 발언 3차례 성사'

김한조는 또 1974년 이른바 하원의원들의 친한 발언을 성사시켰다고 밝혔다. 김한조는 이들 의원들의 발언을 '토피도'라고 표현하며 토피도를 3발 발사했다고 주장했다. 하원 회의록을 보면 이들 의원의 발언에는 으레 "한국인 실업가 김한조 씨를 만나"라는 문구가 포함돼 있다.

김한조는 토피도 제1탄은 1974년 10월 8일 버논 톰슨 의원의 발언으로 속기록에 올랐다고 소개했다.

톰슨은 이날 의회 발언을 통해 "미국인들은 현재 한국 내 상황을 미국 방식으로 생각하고 있으나 한국은 계속 군사적 위협 아래 있으며 미국인들과 같이 안정을 즐기고 있는 국가가 아니다"라며 한국에 대한 지원을 강조했다. 톰슨 의원은 "최근 한국을 다녀온 재미 한국인 실업가 김한조 씨를 만나 한국 내의 여러 가지 실정을 알아본 결과 이와 같이 전했다"고 설명했고 "김한조가 8월 14일 영부인이 숨지기 전날 영부인을 만났다"는 대목도 회의록에 남겼다.

이로부터 사흘 뒤 김한조와 가장 가까운 하원의원인 테니 가이어도 의회에서 한국 옹호 발언에 나섰다.

가이어는 "10월 5일 제임스 웨건셀러 재향군인회장으로부터 표창을 받았으며 그 자리에서 한국민이 자유를 위해 북한 위협에 용감히 대처하고 있는 것을 보았다고 말했다"고 전했다.

가이어는 "한국군이 월남에서 우리와 동맹군으로 싸우고 있으나 미국 인들은 한국이 자신들의 안보와 평화를 원하고 있다는 사실을 잊고 있다"고 덧붙였다. 그러고는 "한국 국민을 대신해 김한조라는 오하이오 주 핀들레이대학의 훌륭한 졸업생에 대해 말하고 싶다"며 "그는 미국 시민이자 성공한 경영인이며 한미관계를 유지하는 데 큰 공헌을 했으며 핀들레이대학 도서관에 책 만 권을 기증했다"고 밝혔다.

3탄은 1974년 12월 11일 발사됐다고 한다. 역시 테니 가이어 의원이었다. 한국의 독재와 인권문제에 대해 맹비난을 퍼붓던 프레이저가 한국에 대한 군사원조를 삭감하려고 하자 그에 대해 반대 입장을 분명히 한 것이다. 이날 가이어의 발언으로 프레이저의 군사원조 삭감안은 부결되는 성과를 거뒀다. 프레이저가 5200만 달러의 대한(對韓) 군사차관을 2500만 달러, 즉 절반 정도 삭감하자는 안을 내놓았으나 부결됐고, 그 다음에는 4000만 달러만 지원하자는 수정안도 부결된 것이다.

김한조는 자신과 친분이 있는 가이어를 통해 3차례에 걸쳐 친한 발언을 이끌어내는 큰일을 해냈다고 주장했다.

포드에 편지, '각하께 박 대통령 안부 전합니다'

1974년 12월 초 가이어 의원의 지역구 주민들과 함께 백악관을 방문해 포드 대통령을 만난 김한조는 1975년에도 두 차례 이상 포드에게 편지를 보냈다.

첫 편지는 1975년 3월 3일 백악관에 보내졌고 편지내용은 공개되지 않았으나 1975년 4월 8일 백악관 답신을 통해 그 내용을 짐작할 수 있다. 이 답신은 백악관 비서진이 포드의 지시를 받아 김한조에게 보낸 것으로 "대통령이 지난 3월 3일 김한조 박사가 보낸 편지에 대해 답신을 보낼 것을 지시했다"며 "귀하께서 각하 내외분께 전해준 박 대통령의 안부와 인사에 대해 매우 감사하게 생각하고 있다"고 씌어 있다.

김한조는 1975년 3월 포드에게 박정희의 안부를 전하는 편지를 보낸 것이다. 김한조가 포드에게 박정희의 안부를 전한 것은 '내가 직접 박정희를 만났소'라는 것이나 다름없는 것이다.

또 이 편지에는 "한국의 눈부신 경제발전과 최근 국민투표에 대한 귀하의 관찰에 대한 깊은 감사를 드린다"라고 돼 있는 것으로 미뤄 한국의 발전과 국민투표가 민주적으로 진행됐음을 강조한 것으로 보인다.

김한조는 미국이 아시아 방위권에서 한국을 제외시킬 것이라는 보도가 잇따르자 1975년 4월 30일에도 포드에게 편지를 보냈고 포드는 첫 번째와 마찬가지로 백악관 직원을 시켜 1975년 6월 11일 "한미방위조약을 준수할 것"이라는 답장을 보내게 했다.

이 편지는 "대통령께서 귀하가 4월 30일자로 심사숙고해서 보낸 편지에 답장을 보내라고 지시했다"며 "아시아 방위권에서 한국 제외를 검토한다는 것은 전혀 근거가 없으며 주한미군 감축 계획도 없다"고 밝히고 있다. 포드가 한국 방위를 재확인한 것이다.

김한조는 박정희에게 이 편지를 보낸 모양이다. 김한조는 자신의 책에서 박정희가 이 편지를 받아본 뒤에야 양다리를 뻗고 편히 잠을 청할 수 있었다는 이야기를 후에 들었다고 적었다.

'로비 관련 서류 압수수색 전날 모두 옮겼다'

박동선은 자신의 집에서 의회 로비를 입증하는 결정적 서류 4건과 그의 다이어리, 경리장부 등이 모두 압수된 반면 김한조의 문서는 전혀 발견되지 않았다. 오로지 김상근이 제출한 중앙정보부 전문과 김상근 자신의 다이어리와 수표만 발견되었다. 이에 대해 김한조는 FBI 압수수색 전날 관련 서류를 모두 치웠기 때문에 단 한 건의 문서도 압수되지 않은 것이라고 주장했다.

김한조는 자신의 집에 로비의 결정적 단서가 될 박정희 대통령의 친필 서신, 박정희의 텔렉스 사본 등이 '산처럼' 쌓여 있었지만 변호사들과 함께 이를 모두 옮겼다는 것이다.

김한조는 1976년 9월 초 FBI 요원의 방문과 대배심의 심문을 받았고, 10월 말 자신의 로비 의혹이 언론 등에 제기되면서 위기를 감지하다 김상근이 1976년 11월 26일 망명하면서 결정적으로 자신에게 위험이 덮쳤음을 알게 됐다.

　김한조는 11월 26일 금요일 법무부 미셀 검사를 면담한 자리에서 김상근이 망명했음을 통보받고 자백하라는 요구를 받았다. 김상근은 11월 26일 망명했지만 이미 이틀 전 김형욱을 통해 김상근이 망명할 것임을 통보받았기 때문에 미셀은 이날 아침 김한조에게 김상근 망명을 자신 있게 말할 수 있었던 것이다.

　11월 29일 월요일은 운명의 날이었다. 이날 밤 10시 변호사들과 상의한 끝에 곧 FBI가 압수수색을 할지 모른다고 판단하고 곧바로 모든 서류를 숨기기로 결정했다. 이들은 곧바로 김한조의 집으로 가서 그의 비밀 다락방에서 박 대통령의 친서, 텔렉스 사본, 육영수가 준 결명자차 한 박스와 실크 등 모든 것을 모처로 옮겼다고 한다.

　이날 밤 이들의 판단은 적중했다. 심야의 대소동이 있은 뒤 바로 다음 날 아침 FBI가 김한조의 집에 들이닥친 것이다. 11월 30일 화요일 아침이었다. 김한조는 회고록에서 "FBI가 자신의 하인과 하녀들을 앞세워 자신의 집 36개의 방을 낱낱이 수색했다"고 말했다. 그러나 FBI는 문서 하나 찾을 수가 없었다. 이미 전날 밤 변호사들이 깨끗이 치웠기 때문이다. 그래서 로비가 밝혀지는 것을 막을 수 있었다는 것이 김한조의 주장이다. 하지만 과연 그 로비의 실체가 있었는지는 의문이다.

김한조 증언 거부― 로비자금 개인 착복 결론

　김한조에 대한 하원 윤리위 조사결과는 한마디로 말하면 로비자금 개인 착복이었다. 일부가 뇌물로 사용되긴 했지만 실제 로비에 큰돈을 쓴 적은 없고 많은 돈을 개인적으로 사용했다며, 상세한 내역을 증거로 제시했다. 박동선이 전현직 의원에게 뇌물을 준 것이 사실이며 로비 효과가 나타났다고 말한 것과는 상반된 것이다.

물론 박동선은 법무부와 상하원 조사에서 면책특권 아래 의원들에게 뇌물을 준 내역을 밝혔지만 김한조는 면책특권을 받았음에도 자신이 만난 의원이 누구인지 밝히기를 거부했고 하원 윤리위도 김한조 조사가 미완성임을 인정하기는 했다. 그렇기 때문에 로비 내역이 드러나지 않았을 가능성을 배제할 수 없다.

또 의회의 압력에도 불구하고 박정희와의 약속을 지키며 로비 대상을 보호했다는 말도 설득력이 있다. 압수수색에 앞서 김한조가 변호사들과 함께 모종의 서류를 옮김으로써 수많은 증거를 압수당한 박동선과 달리 뚜렷한 로비 증거가 발견되지 않은 것도 사실이다.

하지만 하원 윤리위 증거들을 살펴보면 중앙정보부에서 받은 돈 중 적지 않은 돈을 김한조가 개인적으로 사용했음을 알 수 있다. 또 중앙정보부에서도 로비 효과가 없다며 김한조를 의심했고 1년여 만에 포기한 것으로 드러난다. 염불보다는 잿밥에 눈이 어두웠다고 보는 것이 타당하다.

하원 윤리위는 김한조가 중앙정보부로부터 60만 달러를 받았음이 확인됐으며 이보다 40만 달러 많은 100만 달러를 받았을 가능성도 배제할 수 없다고 밝혔다.

하원 윤리위는 하원의원 가이어 외에는 로비를 한 흔적을 찾을 수 없다고 결론 냈다.

김한조는 항상 김상근 등에게 "나에게는 5명의 한국 전위대가 있다"고 말했다. 그 5명은 가이어, 윈, 밴더, 길먼, 라고 마르시아노이다.

그러나 하원 윤리위는 가이어는 부인과 함께 김한조를 단 6차례 만났으며 이 중 한 번은 라고 마르시아노 의원 부부와 함께 만났다고 결론지었다. 라고 마르시아노 의원 부부를 만난 것도 김한조가 아닌 가이어의 아이디어였다고 한다. 또 가이어와 그의 부인을 한국에서 두 번 만났던 것으로 확인됐다고 밝혔다. 그리고 이미 은퇴한 정치인인 잭슨 베츠가 1972년 김한조의 집을 방문했다.

땡!

끝난 것이다. 이게 그의 로비 내역 전부라는 것이다.

하원은 김한조의 로비 자금 수령 영수증과 은행계좌 내역을 통해 돈 받은 사실이 입증됐고, 양두원과 통화한 텔렉스 내역을 RCA통신 회사에서 입수했으며, 김한조의 이웃인 경찰관의 증언을 통해 김한조와 중앙정보부의 관계가 드러났다고 밝혔다.

김상근은 김한조의 집을 찾을 때마다 80미터 떨어진 곳에 그의 시보레 스테이션 왜건을 주차했는데 경찰관이 주차할 곳이 많은데도 자신의 집 맞은편에, 그것도 항상 역방향으로 주차하는 차를 이상하게 생각하고 차량번호를 적어놨다가 김한조 재판에서 증언했다. 그는 차량 사진 2장을 제출했고 김상근은 자신의 차라고 인정했다.

이처럼 김한조와 중앙정보부와의 관계는 입증됐지만 하원 윤리위가 하원의원 435명을 낱낱이 조사했어도 드러난 로비 의혹은 거의 없었다.

코리아게이트를 두고 한국 정부나 언론들은 '태산명동 서일필', 큰 산이 소리 내어 울었지만 겨우 쥐 한 마리 잡았다는 평가를 하지만 그야말로 그 말은 김한조에게 어울리는 말이다.

김한조의 로비와 관련한 양두원의 비밀전문, 김상근의 다이어리, 의회 제출 증거와 조사내용 등을 살펴보면 태산명동 서일필의 의미를 알 수 있다.

억울해서 펄쩍 뛴 '전위대' – 3명은 얼굴도 몰라

앞서 말한 대로 김한조가 자신의 전위대라고 말한 의원은 테니 가이어, 밴더 재킷, 래리 윈, 벤저민 길먼, 로버트 라고 마르시니아노 등 하원의원 5명이다. 하원 윤리위원회와 FBI가 나서 이들 의원들을 이 잡듯이 뒤졌다. 놀라운 것은 5명 중 3명은 김한조와 일면식도 없었다는 사실이다. 그러니 이들은 억울해서 펄쩍 뛸 수밖에 없었다.

김한조를 가장 많이 도와준 가이어 의원은 CCTV 화면까지 검토할 정도로 엄중한 조사를 받았다. 가이어 의원은 1973년 핀들레이대학 모금 파티에서 김한조와 만난 뒤 산수시 레스토랑과 김한조의 집에서 몇 번 만났을 뿐 돈을 받았다는 증거는 드러나지 않았다.

그러자 하원 윤리위 등은 가이어 의원의 휴가 내역까지 조사했다. 가이어와 그의 부인, 그리고 딸이 1975년 1월 5일부터 9일까지 라스베이거스로 휴가를 다녀왔다는 사실을 알고는 이 기간 중 가이어가 현금을 사용했는지를 추적했다. 혹시 김한조로부터 현금을 받았을 가능성을 염두에 둔 것이다. 그러나 깨끗했다. 심지어 카지노의 CCTV 필름까지 압수해 조사했지만 돈을 쓴 흔적이 없었다.

가이어가 김한조에게 소개해준 의원이 로버트 라고 마르시니아노였다. 라고 마르시니아노의 의원사무실 등을 뒤져서 명함철, 면담 일정표, 다이어리, 예금통장, 선거관리위원회에 신고한 선거기금 현황까지 뒤졌지만 돈을 받은 흔적이 없었다.

라고 마르시니아노는 1975년 6월 24일 산수시 레스토랑에서 김한조, 가이어 등과 함께 식사를 한 것으로 나타났다. 산수시 레스토랑 조사결과 이날 김한조가 예약했음이 드러났다. 그 뒤 라고 마르시니아노가 김한조를 워싱턴 시내의 폴영 식당으로 초대해 식사를 함께 했고, 1976년 6월 22일 김한조가 가이어, 라고 마르시니아노를 초대한 것으로 밝혀졌다. 라고 마르시니아노는 김한조에게 두 번 식사초대를 받았고 자신도 한 번 김한조를 초대하는 등 3번 만났다.

라고 마르시니아노는 1976년 6월 22일 김한조가 운전기사가 딸린 자신의 차를 보내겠다고 했으나 거절했고 변두리에 있는 김한조의 집을 잘 찾지 못해 헤매다가 경찰에 잡히기도 했다고 증언했다. 아마도 김한조는 한국 정부로부터 60만 달러를 받은 뒤 신형 캐딜락을 현찰로 산 데이어 운전사까지 고용했던 것으로 보인다.

나머지 의원 3명은 돈이나 식사는커녕 얼굴도 모르는 것으로 드러났다.

밴더 재킷 의원은 김한조를 한 번도 만난 적이 없었다. 하원 조사과정에서 밴더 재킷의 면담 일정표에서 '김'이라는 사람을 한 번 만났다는 기록이 나오면서 이 '김'이 김한조가 아닌가 조사했지만 김영호라는 지역구 인사인 것으로 드러났다.

래리 윈 의원도 김한조를 만난 적이 없는 것으로 드러났다. 윈은 김동조 대사가 돈봉투를 두고 사라지자 이를 즉시 돌려준 인물이기도 하다.

벤저민 길먼은 그의 이혼한 부인까지 조사했지만 김한조의 얼굴도 모르는 것으로 밝혀졌다. 재미난 것은 김한조가 벤저민 길먼의 증명사진을 한 장 가지고 있었다는 사실이다.

이처럼 김한조가 말한 '나의 전위대'는 실체가 없는 것이었다. 김한조도 이들 3명을 모른다고 증언했다. 어쩌면 이들 의원 5명은 1974년 10월 15일 포드 대통령의 방한을 촉구했다는 이유로 전위대로 얽혀버렸는지 모른다. 김한조와 일면식도 없는 하원의원들이 순수한 마음으로 한국을 도왔다가 졸지에 궁지에 몰리면서 큰 고초를 당했다.

이처럼 황당한 일들은 친한 분위기 조성은커녕 기존 친한파들조차 등을 돌리게 만들었을 것이다.

김한조가 회고록에서 말한 토피도 1탄 또한 사실을 알고 보니 황당한 것이었다. 버논 톰슨 의원은 자신의 한국 관련 발언 일정을 김한조가 알고 가이어 의원을 통해 김한조 이야기가 속기록에 오를 수 있도록 해달라고 부탁해 이를 들어준 것이라고 밝혔다. 또 발언 중 김한조 부분은 가이어가 적어온 초안을 그대로 반영한 것이라고 증언했다.

중앙정보부 비밀전문으로 본 로비 전말

김한조, '당신은 이제부터 김 교수다' 전화 통보

김상근은 1977년 10월 19일 미 하원 윤리위 증언을 통해, 1972년 가을 당시 양두원 공사의 방에서 김한조를 처음 만난 뒤 1973년 김동조 대사관저에서 열린 한국 정부대표단 환영만찬에서 김한조를 두 번째 만났다고 말했다.

김한조가 로비활동에 나서기 전까지는 사실상 김상근은 김한조와 특별한 인연이 없었던 것이다.

1974년 8월 말 김상근은 김한조로부터 운명적인 전화 한통을 받는다. 김한조는 별 면식도 없었던 김상근에게 전화해 당신은 이제부터 '김 교수'라며 자신의 일에 잘 협조하라고 말했다.

김한조의 뜬금없는 말에 김상근은 당황할 수밖에 없었다. 중정 본부의 지시도 떨어지기 전에 김한조가 먼저 나선 것이다. 김한조의 캐릭터를 잘 보여주는 장면이다.

김한조의 전화가 걸려온 뒤 며칠이 지난 9월 3일 김상근은 양두원으로부터 친필편지를 받았다.

당시 주미 중정 라인에서 김상근의 직속상관은 김용환 공사였으므로 김 공사를 통해 중정의 미국 담당부서로 보고가 되고 그 보고가 양두원으로 이어지는 것이 정상적인 보고채널이었다. 보고방법은 외교파우치를

1974년 9월 3일 양두원이 김상근에게 보낸 김한조 로비 관련 지령문으로 김한조 등의 암호명을 담고 있다. 지령문은 모두 영어로 번역돼 공개됐다.

이용하거나 전문 등 2가지였다.

그러나 양두원이 김용환 공사를 배제한 채 파우치 편으로 김상근에게 친필편지를 보냈으니 일대 사건은 사건이었다. 이 편지에는 각자의 암호명 등을 지정하는 내용이 담겼으며, 이를 시작으로 김상근은 사실상 김한조의 조종관 역할을 하게 된다.

김상근은 양두원이 업무를 지시한 20여 통의 편지를 고이 간직했다가 정치적 망명을 신청할 때 미국 정부에 건넸다.

이들 편지를 살펴보면 김한조에게 로비자금 전달 내역 등이 상세히 담겨 있고 워싱턴포스트가 박동선 로비 의혹을 폭로하자 대책 마련에 나서는 긴박한 모습도 담고 있다. 또 마지막에는 모든 것을 포기하는 듯한 양두원의 심경도 드러난다.

그러나 김한조의 로비 내역은 없었다. 민감한 내용을 편지에 담지 않았을 가능성도 크지만 아마도 로비자금은 건네졌어도 실제 로비는 제대로 이뤄지지 않았기에 그랬으리라.

암호명은 '해밀턴 박사-김 교수-신부-도지사'

김한조 로비 의혹의 시작으로 볼 수 있는 1974년 9월 3일 양두원의 친필편지는 "이 편지를 읽은 즉시 소각하고 카피를 남기지 말 것"이라는 보안지시로부터 시작된다.

양두원은 김상근에게 이 문제를 일급비밀로 취급하라며 정상적 보고 채널을 거치지 말고 오직 김상근 당신만 알아야 한다고 재차 당부했다. 직속상관인 김용환 공사에게도 절대 알리지 말고 신직수-양두원-김상근-김한조 채널만 유지하라고 지시했다. 자신도 김한조와의 모든 연락을 외교파우치만 이용할 것이라고 밝혔다.

또 김한조와의 지속적인 연락을 취할 수 있는 안전한 채널을 유지하고 재미동포에 대한 개인정보, 반정부 활동 상황 등 김한조가 요구하는 정보를 제공하라고 명령했다.

김한조의 편지를 파우치 편으로 본부로 보낼 때도 편지 겉봉에 김한조라는 이름이 드러나지 않도록 하는 등 철저한 보안유지를 당부했다. 특히 이 편지를 통해 서울과 워싱턴 간 전화통화 때 보안유지를 위해 암호명이 하달됐다.

김한조는 해밀턴 박사, 김상근은 김 교수, 양두원은 가톨릭신부, 신직수는 도지사란 암호명이 부여됐다.

마지막으로 양두원은 가톨릭신부, 즉 자신이 김한조에게 직접 지시한다고 다시 한 번 밝혔다. 다른 사람을 거치면 안 되며 자신만이 김한조를 컨트롤한다는 것을 다시 한 번 강조하는 것으로 첫 편지는 마무리됐다.

김한조 로비 의혹의 발단이 되는 첫 편지에서 박정희의 암호는 찾아볼 수 없다. 그 뒤 편지에서 박정희의 암호는 불국사주지라는 사실이 드러나며 몇 달이 지나지 않아 불국사주지라는 암호는 해성대족장으로 바뀐다.

김한조, '육 여사 서거'를 기회로 활용하다

양두원으로부터 구체적 지시를 받은 김상근은 1974년 9월 5일 또는 9월 6일 김한조의 집을 방문했다고 증언했다. 김상근을 만난 김한조는 그간의 사정을 설명했다. 자신이 한국에서 며칠 전 돌아왔다며 육영수 여사 시해사건을 언급했다. 육영수 여사는 약 20일 전인 1974년 8월 15일 국립극장에서 열린 광복절 기념식에 참석했다가 재일동포 문세광의 총에 맞아 절명했다.

김한조는 회상에 잠긴 듯 한국 방문 때마다 육 여사를 만났고 그때마다 육 여사는 한국을 위해서 역할을 해달라고 당부했으나 자신은 그저 사업가일 뿐이라며 육 여사가 권하는 역할을 사양했다고 설명했다. 육 여사가 김한조에게 당부한 한국을 위한 역할이란 미국에서 한국을 위해 적극적으로 일해달라는 뜻으로 미 의회 등에서 한국에 대한 우호적인 분위기를 조성하는 로비를 말하는 것이었다.

김한조가 박정희 대통령을 처음 만난 것이 바로 그 전 해인 1973년이니 육 여사를 만난 것은 2~3번으로 추정된다.

김한조는 김상근에게 지금까지는 조용히 살았지만 육 여사가 문세광의 총에 무참히 시해되는 것을 보고 육 여사가 생전에 자신에게 당부한 높은 뜻을 받들기로 했다고 말했다. 이는 육 여사의 유지를 받들기 위해 자신이 의회 로비에 나서겠다는 선언이었다.

김한조는 육 여사 피격 전날인 8월 14일 육 여사를 만난 것으로 전해진다. 자신을 만난 바로 다음날 육 여사가 흉탄에 갔으니 김한조도 큰 충격을 받았을 것이다.

김한조는 이날 김상근에게 곧 한국에서 중요한 물건이 올 것이라고 말했고 김상근은 그것이 무엇이냐고 물었다. 김한조는 돈이 올 것이라고 답했다.

과연 김한조가 육 여사 시해사건에 충격을 받아 자신이 존경하는 육 여사의 유지를 받들기로 한 것일까. 안타깝게도 김한조 로비 의혹 사건의 전말을 모두 살펴보면 육 여사의 유지를 받들기보다는 다른 목적이 더 컸음을 알게 된다. 다른 목적은 바로 돈이었다. 육 여사 서거를 자신이 돈을 만질 기회로 만들었다는 느낌을 지울 수 없다.

김한조는 육 여사 서거 뒤 유지를 받들겠다고 나섰고, 어떤 경로인지 분명치 않지만 중앙정보부와의 접촉이 이뤄졌다. 중앙정보부는 육 여사 시해사건 수습이 채 끝나지 않은 어수선한 상황에서 얼떨결에 김한조의 로비를 지원하게 된 것으로 보인다. 어쨌든 육 여사 서거는 김한조의 삶을 기사회생시키는 기회가 됐다. 그러나 짧은 회생, 긴 파멸이었다.

신부, '해밀턴에게 30만 달러 주고 영수증 받아라' 지시

첫 번째 편지가 도착한 지 8일 뒤, 김상근이 김한조를 만난 지 5~6일 뒤인 9월 11일 밤 김상근의 집으로 손님이 찾아왔다.

먼저 전화를 한 뒤 김상근의 돌리 매디슨 아파트에 나타난 사람은 중정 회계책임자 김학진이었다. 김학진은 김상근에게 양두원의 편지를 전했다. 두 번째 편지였다. 김학진은 다짜고짜 편지부터 읽어본 뒤 이야기하자고 말했다.

편지는 "교수에게"라는 말로 시작됐다. 교수, 즉 김 교수가 바로 김상근의 암호명이었다. 이 두 번째 편지는 김한조의 말대로 돈에 관한 내용이었다. 김한조에게 로비자금 30만 달러를 전달하라는 지시였다. 양두원은 이 편지에서 도지사가 당신의 노고를 잘 알고 있다고 적어 신직수 당시 중앙정보부장이 모든 것을 알고 있다는 것을 암시했다.

양두원은 김상근에게 아마도 오늘 중정 회계책임자로부터 25만 6000

달러를 받게 될 것이라며 통장계좌에서 돈을 찾아 30만 달러를 만든 뒤 해밀턴 박사에게 전달하라고 지시했다. 해밀턴 박사는 김한조를 말한다. 김한조에게 30만 달러를 주라는 것이다.

또 5만 6000달러는 한광년에게 전달하라고 지시했다. 가능한 한 빨리 김상근이 직접 전달하되 김한조, 한광년에게 각각 개별적으로 전하라는 것이다.

돈을 전달한 뒤에는 두 사람으로부터 영수증을 받되 특히 해밀턴 박사에게는 그의 본명, 즉 김한조 명의의 영수증을 받으라고 명령했다. 영수증은 불국사주지에게 보고되므로 결과를 보고하라고 말했다. 불국사주지는 박정희 대통령을 의미하는 암호였다. 김상근은 불국사주지가 누구를 뜻하는지 몰랐으나 김한조를 통해 불국사주지가 박 대통령이라는 사실을 알게 됐다고 하원 윤리위 증언에서 밝혔다.

김상근이 망명하면서 불국사주지가 명시된 이 편지를 미국 정부에 제출함으로써 박 대통령이 로비 사실을 사전에 알고 있다는 논란을 불러 일으키게 된다.

양두원은 해밀턴 박사에게 활동의 결실을 간절히 기다리고 있다는 것을 전하라고 말하는 것을 잊지 않았다.

중정 회계담당자, 직접 워싱턴 방문해 돈 전달

김상근은 1977년 10월 19일 하원 윤리위 증언을 통해 이날 자신이 편지를 다 읽자 김학진이 큰 가방을 내밀었다고 한다. 지폐 뭉치가 무려

26개나 됐다. 1만 달러짜리 뭉치가 25개, 6000달러 뭉치가 1개로 모두 25만 6000달러였다. 양두원의 편지 내용대로였다. 김학진은 양두원에게 보여줘야 한다며 인수증을 요구했고 김상근은 인수증을 작성해줬다.

이에 앞서 김상근은 9월 첫 주에 파우치 편으로 양두원으로부터 작은 메모 한 장과 10만 달러짜리 수표 한 장을 받았다. 양두원이 작성한 이 메모는 가능한 빨리 동봉한 수표를 당신의 계좌에 넣고 별도 지시를 기다리라고 돼 있었고, 김상근은 이 수표를 9월 10일 자신의 리그스뱅크 계좌에 입금했다.

김상근이 하원 윤리위에 제출한 수표 사본을 보면 깜짝 놀라게 된다. 이 수표가 바로 박동선이 발행한 수표이기 때문이다. 박동선의 계좌가 개설된 은행은 리그스뱅크였고 1974년 8월 30일부터 그 수표의 인출이 가능하도록 돼 있었다. 수표 사본에는 수취인 명의에 김상근의 이름이 기재돼 있었고 김상근이 인출했다는 은행 스탬프가 찍혀있었다.

하원 윤리위는 외교관 특권을 무시하고 주미한국대사관 및 직원들의 은행계좌에 자료제출명령서를 발부해 외교 마찰을 빚었다.

이때 하원이 들여다보려 했던 것은 10만 달러 수표의 발행 은행인 리그스뱅크였다. 박동선뿐 아니라 김상근도 이 은행에 계좌를 가지고 있었기 때문에 하원은 이 은행계좌를 보려 했지만 외교관 특권 침해라는 주미한국대사관의 강력한 반대로 자료제출명령을 스스로 철회했다.

당시 하원의 주미한국대사관 은행계좌 제출명령은 워싱턴 외교가의 최대 관심사였다. 외교가는 어느 나라 할 것 없이 이 조치에 반대하는 입장이었다. 미국 의회가 한국대사관 계좌를 열어본다는 것은 다른 나라

대사관의 계좌도 언제든지 추적할 수 있는 선례가 되기 때문이었다. 하원 또한 이러한 분위기를 알았기에 국제법에 명시된 외교관 특권 등을 무시할 수 없었고 결국 계좌 열람을 포기했다.

김한조 부인 30만 달러 보고 기겁

김상근은 9월 11일 김학진으로부터 25만 6000달러를 받은 뒤 이튿날인 12일 아침 일찍 집을 나섰다. 먼저 리그스뱅크로 향했다. 리그스뱅크 듀폰서클지점에 가서 지난 10일 자신의 계좌에 입금했던 10만 달러에서 4만 4000달러를 인출했다. 박동선의 수표도 리그스뱅크, 수취인 김상근의 은행도 리그스뱅크였다. 수표 발행 날짜가 8월 30일인데다 같은 은행이었기에 수표 입금 2일 만에 현금인출이 가능했다. 김상근은 그 돈을 든 채로 잠시 대사관 내 자신의 방에 들러서 30분간 업무를 본 뒤 집으로 돌아왔다.

전날 김학진에게 받은 25만 6000달러에다 이날 은행에서 인출한 4만 4000달러를 보태서 30만 달러를 만든 뒤 이날 밤 다시 김한조의 집으로 찾아갔다. 작은 방에서 30만 달러를 전해주자 김한조는 돈뭉치가 매우 크다며 한국처럼 가난한 나라로서는 정말 큰돈이라고 말했다. 김한조는 걱정스런 말투로 한국에서는 점심을 굶는 아이들도 있지 않느냐고 말하기도 했다고 한다.

김한조는 자신에 대한 자랑도 잊지 않았다. 자신이 큰 부자라며 자신의 성공담을 담은 신문기사 스크랩을 보여줬다. 1968년 8월 12일자 뉴욕타임스에 그의 인조눈썹 회사와 그의 가족 이야기가 실린 것을 감안하면 아마 이 기사 등을 보여준 것으로 짐작된다.

두 사람이 돈을 앞에 두고 이야기를 나누는 동안 김한조의 부인 김순덕이 무심코 방에 들어섰다가 돈뭉치를 보고 깜짝 놀라 뒤로 물러섰다. 30만 달러 현금뭉치를 보고 놀라지 않는 사람은 드물 것이다. 그러나 김순덕이 돈을 보고 놀란 데는 또 다른 이유가 있었다. 당시 김한조 일가는 빚에 쪼들리고 사업은 만년적자라 돈 들어올 데가 없었다. 그러니 남편 방에서 돈다발을 보고 놀라지 않을 수 없었다.

김한조는 김순덕에게 내일 모두 전달될 돈이라고 얼버무렸다. 김상근이 빤히 지켜보고 있으니 한국에서 양두원과 약속한 대로 이 돈은 내일 의회 로비에 사용될 것이라고 말한 것이다.

그러나 놀랍게도 프레이저 소위원회 조사결과 김한조가 부인에게 한 말은 실천되지 않았다. 30만 달러를 받은 다음날 돈을 쓴 곳은 전혀 엉뚱한 곳이었다.

'김한조 30만 달러 받았다' 자필 영수증 전달

김한조는 이 돈을 받은 뒤 영수증을 작성했다. 영수증에는 "1974년 9월 12일 오후 8시"라고 적혀있으며 "30만 달러를 내 집에서 정히 영수했으며 약속한 대로 내일 지정한 사람에게 이 돈을 전달하겠다"라고 돼 있다. 물론 김한조라는 자필 서명도 있다.

221

COMMITTEE EXHIBIT 6

Receipt
September 12, 1974, 8:00 p.m.

(I) duly received at my home the sum of $300,000 and promise definitely to deliver it to the designated person(s) by tomorrow (September 12 (sic)).

KIM Han-cho

1974년 9월 12일자 김한조가 작성한 30만 달러 영수증으로 9월 12일 저녁 8시에 30만 달러를 받았다고 기록했다.

후일 김한조는 이 돈을 받은 적이 없다고 주장했고 FBI 조사에서 엉뚱한 필체로 글을 써보기도 했지만 필적감정을 통해 그의 자필 서명으로 밝혀졌다.

한 저명한 언론인이 책을 집필하면서 김한조를 인터뷰하자 그는 전혀 돈을 받은 적이 없다고 말했고 그 언론인도 중앙정보부가 김한조에게 30만 달러를 전달했다는 것은 사실무근이라며 김 씨의 주장을 그대로 대변했다. 하원 윤리위보고서가 국내에 원문 그대로 전해진 적이 없으니 지금까지 그 언론인의 주장이 진실인양 받아들여지고 있지만 사실이 아니다. 하원 윤리위보고서나 김한조 재판 판결문이나 관련 서류를 단 한번이라도 봤다면 그런 주장을 하지 못했을 것이다.

김한조는 김상근에게 "서울에서 돈이 더 올 것이다. 서울에서 의논할 때 이 임무가 100만 달러짜리라고 평가했다"고 말했다. 김한조가 이날

100만 달러를 언급한 것은 실수였다. 하원 윤리위는 처음 김한조가 받은 돈이 60만 달러로 생각했지만 나중에 40만 달러가 더 입금된 것이 발견돼 100만 달러가 됐고 그 총액이 공교롭게도 이날 김상근에게 말한 액수와 일치하면서 의혹이 더 커진 것이다.

이날 김한조에게 전달된 30만 달러에 박동선의 수표 10만 달러 중 4만 4000달러가 포함된 것은 중요한 의미를 지닌다. 박동선이 미국 쌀 한국 판매에 대한 커미션으로 자신이 대미 로비를 한 데 이어 그 커미션 일부를 김한조에게 전달해 김한조의 로비에까지 사용했다는 단서가 되기 때문이다.

박정희는 '불국사주지에서 해성대족장으로' 암호 변경

김상근이 하원에 제출한 양두원의 편지 중 한 건은 날짜가 적혀있지 않았다. 그렇지만 1974년 10월 27일 이전으로 추정된다. '해성대족장'이 라는 한 단어가 그 시기를 추정하는 열쇠가 된다.

이 편지에 따르면 김상근은 김한조 관련 사항을 매주 보고한 것으로 추정된다. 김한조 관련 주례보고서는 도지사, 즉 신직수에게 잘 보고되고 있다고 적혀있다. 또 해밀턴 박사, 즉 김한조에게 우리의 기대, 즉 좋은 결과를 간절히 기다리고 있다고 전하라고 언급했다.

특히 이 편지에서 양두원은 앞으로 통신할 때는 김한조 관련 사항을 '백설작전'이라고 부르기로 했고 불국사주지의 암호명을 해성대족장으 로 바꾼다고 통보했다. 해밀턴 박사에게도 이를 알려 실수가 없도록 하라고 지시했다. 이 편지를 통해 김한조 로비의 암호명 백설작전이 처음 등장했다.

또 어떤 이유에선지 박 대통령을 지칭하는 암호가 바뀌었다. 정보유출을 우려해 보안을 강화한 것으로 생각되지만 이미 보안이 유출된 것인지도 모른다. 미국 언론들은 미국 정보기관들이 이때 청와대를 도청해 대미 로비에 박 대통령이 직접 개입했음을 파악했다고 보도한 것을 보면 이때 이미 도청을 통해 불국사주지가 누구인지 알아챘을 가능성도 배제할 수 없다.

심심하면 돈, 돈, 돈— 텔렉스 141회 타전

김한조, '옷 더 보내라'— 양두원, '성과 보여라'

김상근은 망명을 요청하면서 양두원의 편지는 물론 자신의 다이어리도 증거로 제출했다. 양두원의 편지, 김상근의 다이어리, 김상근의 증언, 김한조의 증언 등을 통해서 당시 상황을 완벽하게 추정할 수 있는 것이다.

김한조는 9월 12일 밤 30만 달러를 받은 뒤 자신과 친분이 있던 가이어 의원 등과 접촉한 것으로 보인다.

10월 11일 가이어 하원의원이 의회에서 한국에 대한 군사원조를 촉구

10/23 (at "H" home) -- to the Catholic father

*   phone call regarding two units of cloth

Instruction [of] the Catholic father
1. As for cloth, use whatever left over
2. Family head is concerned with [possible]
    exposure of Dr. H's [identity].
    Produce results within 30 days
3. Pair of spectacles and shoes
    -- spectacles -- bright and somewhat
    large size

9185

10/27 (Sunday) -- visited "H" home
(Dr. "H" states) received Hye Sung Dae
[fictitious mansion] family head's letter
of 10/7 sent to Dr. H; the letter was enclosed
in the envelope of Consul Min Hyung Ki's letter
dated 10/25 and sent by mail.

11/6 -- 9:20 p.m.
A call came [to my house in my absence] from
Yang; [I] called Mr. Park, collect call.
To deposit insurance check to the account
04 03 737 892 Sang Ho Lee

11/8 -- 23:30
Mr. Park phoned (the Embassy).
11/18 U.S. Congress session expected to discuss
military assistance to Korea. [He] emphasizes
strongly that arguments critical to Korea be
suppressed and views supporting Korea be
enhanced.

11/11 night to Dr. "H".

11/16 (Sat.)
Exit records of anti-government Korean residents
given to "H".
Called "H" on 11/16 (Sat.) about 7:30 p.m., no
answer.

1974년 10월 23일자 김상근의 다이어리

하는 발언을 했다. 가이어 의원은, 한국은 베트남에서 미군과 함께 공산

당과 맞서 싸우고 있다. 한국에서 주한미군을 철수시키면 안 된다. 한국

에 대한 지속적인 군사원조가 필요하다고 밝힌 것이다. 과연 김한조의

로비로 가이어 의원이 이 같은 발언을 했는지는 알 수 없다. 가이어 의원은 한국에 우호적인 의원이었기에 그의 발언은 놀라운 것이 아니었다. 그렇지만 김한조와의 친분도 어느 정도 영향은 끼쳤을 것이다.

김상근 다이어리에 따르면 김상근은 10월 23일 김한조의 집을 방문했다. 김상근이 김한조의 집을 찾을 때는 언제나 어둠이 깔린 뒤였다. FBI 방첩부서에 그들의 활동이 노출되는 것을 우려했기 때문이다. 이날 밤 김한조는 김상근이 보는 앞에서 서울의 양두원에게 전화를 했다. 옷 2벌을 보내라는 것이었다. 옷이란 돈을 의미한다. 옷 1벌에 10만 달러이므로 20만 달러를 더 요구한 것이다. 그러나 양두원은 이 요구를 단호하게 거부하고 성과를 보이라고 요구했다. 양두원은 앞으로 30일 내에 성과를 내야 한다며 시한을 못 박았다.

'김한조, 박정희 편지 자랑은 잘못' 서서히 의심

박정희 대통령이 김한조에게 직접 편지를 보냈다는 정황도 드러났다. 김상근이 10월 27일 일요일 김한조의 집을 찾았을 때 김한조는 해성대족장이 보낸 편지를 받았다고 말했다. 10월 7일자 편지라는 것이다. 해성대족장은 박정희를 지칭하는 암호다. 김한조의 주장대로라면 박정희의 편지를 받은 것이다.

김상근은 11월 5일 주미한국대사관 강경구 교육관이 모 신문사 홍모 특파원에게 김한조에 대한 이야기를 했음을 전해 들었다. 강 교육관은 김한조가 박정희 대통령으로부터 직접 전화를 받을 정도로 막강한 파워가 있는 사람이라고 말했다는 것이다. 그래서인지 강 교육관은 김한조가 그의 모교인 핀들레이대학에서 행한 연설을 한국 신문이 보도하도록 주선했다. 강 교육관이 특파원들에게 김한조의 파워를 설명했고 그의 연설을 전해주자 신문에 보도됐다는 것이다.

그러나 이 같은 사실은 김한조에 대한 김상근의 신뢰를 더욱 흔들리게 했다. 강 교육관의 말은 김한조가 거물임을 암시하는 것이지만 김상근은 김한조의 핀들레이대학 연설은 그저 그의 개인적인 일에 지나지 않는다고 생각했다. 또 만약 대통령의 전화를 받았다고 하더라도 이를 떠벌리는 것은 잘못된 일이라는 게 김상근의 판단이었다. 김상근은 김한조가 너무 자신을 과대포장하는 것이 아닌가 의심하기 시작했다.

11월 8일 밤 11시 30분 김상근은 대사관 내 자신의 사무실에서 박왕규의 전화를 받았다. 박왕규는 오는 17일 미 하원이 한국에 대한 원조를 논의하는데 한국에 대한 비판적 발언을 차단하고 한국 지지발언을 유도하라고 김상근에게 지시했다.

'김한조 집 보면 부자 아니다― 자화자찬 심한 사람'

김상근은 11월 11일 다시 김한조의 집으로 갔다. 11월 6일, 8일 11일 등 그야말로 일주일에 3~4차례씩 김한조를 만나는 등 중정 지시대로 김한조의 수족처럼 움직인 것이다.

이날 밤 다이어리를 보면 김 교수, 즉 김상근이 김한조에게 좋은 집으로 이사를 가라고 하자, 그는 이 집이 너무 좋다며 이사를 가지 않겠다고 말했다. 김한조는 김상근을 만나면 새 집을 살 것이라는 말을 입에 달고 살다시피 했는데 이날 그의 입장이 바뀐 것이다. 김한조는 김상근에게 집을 사주겠다, 차도 사주겠다 하면서 자신이 백만장자인 것처럼 행세했다고 한다. 그러나 김한조의 집이나 그 집의 가구를 볼 때 백만장자로 볼 수 없다는 것이 김상근의 평가였다. 정보요원의 예리한 눈으로 판단할 때 허풍이었던 것이다.

김상근은 이날 다이어리에 자신의 입지에 대한 걱정, 그리고 김한조에 대한 짧은 평가를 남겼다. 김상근은 아무도 믿을 수 없다고 적었다. 김한조에 대해서는 자화자찬이 너무 심한 사람이라고 평가했다. 자화자찬이 약점이라고 다이어리에 기록했다.

특히 김용환 공사가 마음에 걸린다고 했다. 그도 그럴 것이 백설작전, 즉 김한조 로비는 김용환을 완전히 배제한 채 신직수-양두원, 그리고 자신 간에 직통라인으로 진행되고 있었기 때문이다. 이 같은 사실을 알고 있는 김용환의 심정이 어떠했을까 짐작이 가고, 아마도 그것은 김상근을 대하는 데 있어 은연중에 표출됐을 것이다. 그래서 김상근은 두려움을 느낀 것이다.

김상근은 11월 16일 토요일에도 김한조의 집을 찾아 반한활동을 펼치는 재미동포의 인적사항 등을 전했다고 한다.

최대 업적은 '뉴욕타임스에 박정희 찬가 투고'

김한조는 김상근으로부터 30만 달러를 받은 지 4개월 만인 1975년

1월 초 마침내 최대의 성과를 올린다. 사실상 처음이자 마지막 업적이라고 해도 과언이 아니다.

1975년 1월 8일 뉴욕타임스 오피니언 란에 김한조의 박정희 찬가가 실린 것이다. 전국 방방곡곡, 전 세계 각처에서 뉴욕타임스로 수많은 투고가 접수되기 때문에 실제로 투고가 실린다는 것은 하늘의 별따기이다. 그런데 김한조가 그 별을 따낸 것이다.

김한조가 기고한 글의 제목은 '박 대통령의 찬란한 한국' [PARK'S SHINING KOREAN CAMELOT]이다. 김한조는 "지난 세월 미국은 한국에 막대한 원조를 해왔다. 그리고 이제 그 원조는 한국으로부터 되돌아와 미국 경제의 각 부분을 돕고 있다"는 말로 기고문을 시작했다.

그는 "박 대통령과 그의 동지들이 파멸의 위험을 무릅쓰고, 특히 박 대통령 자신은 생명의 위험을 무릅쓰고 비명을 지르고 울부짖는 한국을 이끌고 나가 지금의 번영된 국가로 키워냈다"고 찬양했다. 특히 "이 같은 번영이 가능하다는 믿음은 박 대통령과 그 동지들만이 품을 수 있었다"고 주장, 박 대통령의 리더십을 극찬했다.

김한조는 압도적인 장애물에 직면해 이를 신념과 용기와 헌신으로 극복한 것은 인류가 달 여행을 성사시킨 데 비견할 만한 업적이라고 밝혔다. 또 야당과 비판세력에 일침을 가하는 것도 잊지 않았다. 가혹한 비판을 일삼는 비생산적인 국내 야당세력이 있음에도 그 같은 업적을 이뤄냈다는 것이다. 또 일부 미국인과 한미 양국의 기독교계 인사들이 비상조치에 대해 억압이라고 주장하지만 이들의 터무니없는 민주주의 이상론에 불만 학생들과 무능한 정치인, 북괴 동조자들이 합친다면 박 대통령이 이룩한 빛나는 국토는 빈민굴로 전락시킬 것이라고 주장했다.

민주주의의 과정을 지나치게 강조하면 민주주의 자체의 의의를 잃게 될 것이라며 유신체제를 옹호했고 박 대통령이 국민에게 행복과 번영을 가져다 준 것은 누구도 부인하기 힘들다는 말로 끝맺었다.

이 글을 본 박정희가 뛸 듯이 기뻐한 것은 불문가지다. 국내 언론들은 일제히 김한조의 투고 전문을 번역, 보도했다. 이날은 박정희 생애 최고의 날이었을 것이다.

김한조는 뉴욕타임스에 박정희 찬가 투고가 실린 그날 청와대로부터 한국을 방문해달라는 초청을 받았다. 박정희 대통령의 초청이었다. 김한조는 1월 25일 김포공항에 도착했고 말로만 듣던 기내영접을 받았다. 양두원 중정차장보와 그의 보좌관 차성부가 비행기 안으로 들어와 그를 맞이한 것이다.

이처럼 극진한 영접을 받고, 그날 밤 곧바로 대통령 가족과 만찬을 했다. 이날 만찬에는 박정희와 근혜, 근영, 지만이 모두 참석했다. 박정희는 뉴욕타임스 기고는 김 박사가 아니면 누구도 할 수 없는 일이라고 극찬했다. 박정희는 박근영이 신문을 들고 깡충깡충 뛰었다고 말했다.

이날 만찬에서 박정희는 중앙정보부에 지시해서 김한조와 서울 간의 통신망을 구축할 것이라고 말했고, 문공부장관직을 제의했다는 것이 김한조의 주장이다. 어쨌거나 이날은 김한조 인생 최고의 날이었다.

70만 달러 썼다 주장— 증거는 120달러 영수증 한 장

김한조는 1974년 말과 1975년 초에 걸쳐 김상근을 만날 때마다 돈 이야기를 했다. 1975년 1월 8일 뉴욕타임스에 박정희 찬가가 실린 뒤로는 그의 목소리에 더욱 힘이 실렸다. 의회 로비에 60만 달러 내지 70만 달러가 들었다며 돈을 제대로 지원해주지 않는다며 투덜댔다.

그가 한국을 방문하기 전날인 1975년 1월 23일에도 김한조는 김상근을 불러다놓고 닥달했다. 백설작전에 70만 달러를 썼다고 다시 한 번 밝히고 자신의 로비로 하원의원 6명이 박정희 대통령을 지지하는 연설을 했다고 주장했다.

김상근이 70만 달러의 근거를 대달라고 요구했는지는 모르지만 김한조는 로비경비를 쓴 증거로 한 식당의 영수증을 제시했다. 산수시라는 레스토랑에서 단돈 120달러를 아맥스카드로 지불했다는 영수증이었다. 30만 달러를 받아간 김한조가 달랑 120달러짜리 영수증 하나만 제시한 것이다.

김상근은 허탈할 수밖에 없었다.

'박근혜 미국 오면 내가 안내 맡는다' 주장

김한조가 한국을 방문하고 돌아온 뒤면 어김없이 큰 변화가 생겼다. 1975년 1월 25일 박 대통령의 초청으로 한국을 방문했던 김한조는 2월 말 미국으로 돌아왔다. 개선장군처럼 금의환향해 후대를 받으며 약 한 달간 체류하다 돌아온 것이다.

한국에서 돌아온 김한조는 3월 3일 김상근을 만났다. 김한조는 김상근에게 대통령의 딸, 즉 박근혜와 신직수 중앙정보부장이 곧 미국에 올 것이며 내가 그들을 안내할 것이라고 말했다. 그러나 박근혜가 1975년 미국을 방문했다는 기록은 없다. 천만다행인 것이다. 만약 김한조 말대로 신직수-박근혜가 나란히 미국을 방문하고 김한조를 만나 안내 받았다면 이는 반드시 미국 정보기관과 언론에 노출됐을 것이다. 또 떠벌리기 좋아하는 김한조가 그냥 있지 않았을 것이다. 그야말로 '자백'이 됐을 것이고 문제는 걷잡을 수 없이 커졌을 것이다.

김한조는 또 김상협 고려대 총장이 국무총리로 지명될 것이라며 이 같은 내용은 자신이 서울에 있을 때 양두원과 이야기한 내용이라고 밝혔다. 김한조 자신이 한국의 국무총리 인선에 참여했음을 김상근에게 밝힌 것이다. 그러나 김한조의 말과는 달리 김상협은 국무총리로 임명되지 않았다. 김상협이 물망에 올랐거나 고사했는지 모르겠지만 김상협은 박정희 정권하에서 국무총리직을 맡지 않았다. 김상협은 전두환 정권 때인 1982년 9월 국무총리에 임명돼 1년 남짓 재직했다.

김상근은 당신이 장관을 맡는 것이 어떠냐고 넌지시 말하자 김한조는 기다렸다는 듯이 안 그래도 박정희가 그 같은 제안을 했지만 자신이 뿌리쳤다고 말했다.

김한조는 또 한국 방문 때 중정이 차량을 제공했으며 운전기사에게 자신이 사례를 했는데 그 사례는 운전기사의 몇 년치 월급에 해당하는 큰돈이라고 말했다.

청와대 아닌 양두원에게 141회 텔렉스 보내

김한조는 또 김상근에게 자신의 집에 텔렉스를 설치하기로 합의했다고 말했다. 박 대통령이 만찬석상에서 말한 통신망 구축이 바로 텔렉스였던 것이다. 텔렉스는 10여 일 뒤인 3월 중순 개통됐다. 김한조의 집 차고 바로 옆방이 텔렉스실이 됐다. 텔렉스 운용 통신회사는 RCA였다.

하원 윤리위는 텔렉스에 자동 저장된 수신번호, RCA의 텔렉스 내역 등을 조사해 수신처를 밝혀냈다. 김한조가 텔렉스를 보낸 번호는 787-28423이었다. 이 번호는 양두원의 전용번호였다. 박동선도 한때 자신의 비서를 시켜 이 번호로 텔렉스를 몇 차례 보냈었다.

김한조의 집과 청와대 박 대통령 간에 직통 통신망이 구성됐다는 언론 보도가 있었지만 이는 사실이 아니다. 김한조가 텔렉스를 보낸 곳은 청와대가 아니라 중앙정보부의 양두원이었다. 아마도 김한조가 양두원에게 텔렉스를 보내면 그 텔렉스가 청와대로 전달됐는지 모른다. 그러나 어디까지나 박 대통령에게 직통으로 보낸 것이 아니라 양두원이 한 번 걸러서 전달한 것이다.

김한조는 1975년 3월 27일부터 6월 17일까지 약 3개월이 조금 못 되는 기간 동안 모두 141회에 걸쳐 양두원에게 텔렉스를 보낸 것으로 확인됐다. RCA 영수증을 통해 이 같은 사실이 입증된 것은 물론이다. 80일간 141회라면 한 달에 약 45회 정도 텔렉스를 보냈음을 의미한다. 김한조는 양두원에게 하루에 1.5회 꼴로 텔렉스를 보냈던 것이다.

이 텔렉스를 보낼 때도 암호가 이용됐다. BSP는 김한조의 텔렉스 장치를 의미했고 THM은 김한조, TYQ는 양두원을 의미했다.

3월 31일 김한조는 또 다시 60만 달러에서 70만 달러가 들었다고 투덜댔다. 약 보름 전인 3월 17일 개통된 텔렉스도 언급하며 텔렉스 설치에 돈이 많이 들었다고 주장했다. 김한조는 처음 로비를 기획할 때는 파트타임 잡이었지만 이제는 풀타임 잡이 됐다며 내가 시간당 10달러 받고 일하는 사람이 아니라며 노골적으로 불만을 털어놨다.

김한조의 이러한 불평에도 불구하고 서울에서는 반응이 없었다고 한다.

김영희, '김한조로 박 대통령이 고통 겪을 것' 예언

김상근의 다이어리를 보면 김한조 로비 의혹이 미국 언론에 보도되기 1년 6개월 전인 1975년 4월 8일 중앙일보 김영희 특파원이 김한조 로비 의혹의 파장을 정확히 예언했음을 알 수 있다.

김영희 특파원은 김한조가 자기 집에 텔렉스를 설치했고 청와대와 직통으로 교신한다고 말하는데 이는 잘못된 행동이라고 지적했다. 자신이 청와대와 텔렉스를 한다고 자랑삼아 떠벌리고 다니는 것은 큰일날 일이라고 판단한 것이다.

김영희는 또 김한조가 김용환 공사를 한방에 날릴 수 있는 중정 고위관계자와 접촉하고 있다고 말하며 만약 김용환 공사가 자신에게 화를 낸다면 김 공사는 파면될 것이라고 주장했다고 한다. 김한조가 자신은 김용환의 상사인 양두원과 접촉하고 있으니 김용환이 기분 나빠하거나 자기에게 항의를 한다면 목을 날려버릴 것이라고 말한 것이다.

Minister Kim may be fired, [that is, if he
angers Hancho Kim].

@ Hancho Kim said to Kim Young Hi: he
   [Hancho Kim] has a contact among KCIA
   agents who told him to this effect.

States he has long severed relations with CIA.

@ Park Chae Bum says Min. Kim had uttered
   nonsensical things
@ Better stay away from Hancho Kim (Park)
@ Hancho Kim states: I have long severed
   my relations with the KCIA.
@ Showed correspondent Kim a photo taken
   together with the president and children.

Correspondent Kim says: President Park may
suffer damages by Hancho Kim [Kim may cause
embarrassment for President Park].

Despite his claim of being a millionaire, he
in fact has nothing, he says.

Hancho Kim denies the above allegations.
Kim is said to have a girlfriend in Seoul,
Kim's wife is nervous.

1975년 4월 8일자 김상근의 다이어리로 박 대통령은 김한조로 인해 고통받을 것이라
는 김영희의 말이 적혀있다.

또 김한조는 김영희에게 박 대통령과 그 자녀들과 함께 찍은 사진을
보여줬다고 한다. 아마도 뉴욕타임스에 투고가 실린 뒤 청와대에 초청돼
박정희 일가와 만찬 때 찍은 사진을 가리키는 것으로 보인다.

김영희는 김한조에게 들은 이야기들을 김상근에게 전한 뒤 자신의
판단을 말했다. 김영희는 "박 대통령은 김한조 때문에 고통을 입을 수도
있다. 김한조가 아마 대통령이 쩔쩔맬 수밖에 없는 상황으로 몰아갈 수도
있다"고 예언했다. 정확한 판단인 것이다.

김영희의 예언대로 1년 6개월 뒤 박정희는 김한조에게 쩔쩔맬 수밖에 없었고, 그로부터 1년 3개월 뒤 한국 정부는 김한조에게 또 40만 달러를 주게 된다.

김한조는 회고록에서 자신의 회사 돈으로 로비를 했다고 주장하고, 1977년 1월 법무부 수사가 진행되는 중간에 한국을 방문해 박정희를 만났고, 40만 달러를 보전받았다고 털어놨다.

김한조 '모 특파원에게 올스모빌 사줬다' 주장

김한조와 김상근은 종종 워싱턴 특파원들을 그들의 대화에 올렸다. 김한조는 모 특파원에게 올스모빌 차량을 사줬다고 김상근에게 자랑하듯 이 말했다. 하원 윤리위가 확보한 김상근의 다이어리에는 이 특파원이 누구인지 이름이 명시돼 있지만 허풍이 심한 점을 감안하면 액면 그대로 믿어야 할지 의문이다.

김상근은 한국에서 돈이 오면 귀찮게 구는 모 특파원에게 200~300달러 주라고 김한조에게 말하기도 했다는 것이 하원 윤리위 증언을 통해 드러났다.

김상근은 김한조의 평판도 좋지 않았다고 말했다. 김한조와 접촉해본 모든 사람들이 김한조는 나쁜 사람이고 믿을 수 없다고 말했다는 것이다. 심지어 김한조의 친구들도 그가 할리데이인 매니저를 하다가 국회의원이 된 노진환과 다를 게 없는 사람이라고 악평했다고 한다. 백만장자라는 주장도 거짓이며, 김한조가 한국에 드나들며 여자친구가 생겼고 그것을 알게 된 부인이 불같이 화를 내기도 했다고 한다.

1975년 4월 20일 김한조가 김상근에게 전화를 했다. 김한조가 자신은 박동선을 전혀 모르는데 당신은 혹시 박동선을 아느냐고 묻자 김상근은 모른다고 답했다.

김한조는 워싱턴포스트가 박동선 로비 의혹에 대한 기사를 쓸 것 같은데 양두원과 연관지을까 우려된다며 양두원이 난처해질 수 있으므로 이를 막아야 한다고 주장했다.

김한조는 박동선 로비 의혹이 오닐 하원의장, 맥스 대통령 보좌관, 김형욱 전 중앙정보부장이 연관된 매우 복잡한 사건이라며 박동선이 양두원에게 모든 것을 뒤집어씌우면 큰일 난다고 말했다. 특히 김한조는 현재 12명의 기자들이 박동선 로비 의혹을 취재 중이며, 자신이 양두원 관련 기사를 3번이나 막았다고 자신 있게 말했다.

4월 21일에도 두 사람이 만났다. 김한조는 김영희 특파원이 3번이나 전화를 해서 어쩔 수 없이 한 번 전화를 받았더니 사소한 문제였다고 밝혔다. 김한조는 긴장했으나 이날 질문은 인도차이나 사태로 한국이 위기국면에 처했는데 재미동포로서 어떻게 생각하느냐는 것이었다고 한다. 김한조는 김영희가 자신의 로비 의혹을 취재하는 것으로 알고 매우 선동적인 인간이라고 비난하며 김 특파원을 피했으나, 이날 그의 전화를 받은 것을 보면 김 특파원에 대한 태도가 변했음을 의미한다고 김상근은 다이어리에 적고 있다.

김상근이 김 특파원을 달래는 것이 어떠냐고 말하자, 김한조는 김 특파원이 포드 대통령과 인터뷰 등을 계속 요구하는데 그 부탁을 들어주는 것이 효과적일 것이라고 답했다. 김한조는 가끔 김영희와 함께 식사도 같이 하고 또 모종의 편의를 봐줬다고 말했다고 한다.

김상근은 이날 THM이 TYQ와 통화하기를 원한다고 적었다. THM은 김한조, TYQ는 양두원을 뜻한다. 김한조가 '양두원과 직접 통화 좀 하자'고 요청한 것이다.

김한조 포드 대통령 만났다ー 백악관은 부인

이날 김한조는 자신이 4월 17일 오전 9시 15분 백악관을 방문해 포드 대통령을 만났다고 주장했다. 가이어 의원이 포드 대통령을 예방할 때 자신도 함께 가서 포드 대통령을 만났고 헨리 키신저 보좌관도 함께 있었다는 것이다. 김한조는 그 증거로 일정표를 보여줬지만 사진 등은 없었다. 이 일정표에는 "김한조가 가이어 의원과 함께 오전 9시 15분 헨리 키신저와 대통령을 만났다"라고 돼 있다. 이 일정표가 누구의 일정표라는 설명은 없었으나 아마도 김한조 자신의 수첩으로 생각된다.

김한조는 1974년 12월 18일에도 가이어 의원과 함께 포드 대통령을 만났다고 주장했다. 가이어 의원 지역구 주민들과 함께 가이어의 안내로 백악관에 가서 포드 대통령을 만났다는 것이다. 당시의 사진이 남아있다. 포드 대통령이 가운데 있고 김한조-김순덕 부부가 양옆에 선 사진이다. 김한조는 이 사진을 백악관으로부터 받았다고 밝혔다. 언제 어디인지는 알 수 없지만 포드 대통령과 사진을 찍은 것은 틀림없는 사실이다.

그러나 백악관은 이를 전면 부인했다. 워싱턴포스트지 1977년 11월

12일자를 보면 가이어 의원이 몇 차례나 김한조와 포드 대통령과의 면담을 시도했지만 실패했고, 1975년 6월 가이어 의원과 함께 면담약속이 잡혔으나 취소됐다는 것이다. 백악관 측은 가이어 의원이 자기 지역구의 대학인 핀들레이대학의 유력 인사를 포드 대통령에게 소개시킨다면서 1975년과 1976년 3차례 포드 대통령과 김한조와의 만남을 주선하려 했었으나 불발됐다고 구체적으로 설명했다. 김한조가 미 의회를 매수하려 했다는 의혹이 연일 신문에 대서특필되는 상황에서 대통령이 그를 만났다고 할 수는 없었을 것이다.

1974년 12월 18일에는 김한조 부부가 포드 대통령을 잠시 만나 사진을 찍었던 것이 확실해 보인다. 당시 상황에서 백악관이 시인하기는 힘들었을 것이다. 그러나 1975년 4월 17일 포드 대통령을 만났다는 김한조의 주장은 아리송하다. 백악관도 부인했고 가이어 의원도 김한조가 포드를 만나지 않았다고 증언했기 때문이다.

1975년 또 30만 달러— 그는 거짓말쟁이

'김한조는 거짓말쟁이' 김상근, 다이어리에 기록

4월 22일 밤 김상근은 김한조를 만나고 자신의 집으로 돌아왔는데 자정이 가까운 밤 11시 45분 김한조로부터 갑자기 전화가 걸려왔다.

김상근은 이날 통화에 대해 김한조가 가톨릭신부, 즉 양두원과 통화했고 옷감 문제, 즉 돈을 더 달라고 요구했는데 양두원을 이해시키는 데 실패한 것 같았다고 증언했다. 김한조는 이 같은 사정을 설명한 뒤 내일 만나서 자세히 이야기하자고 하고는 전화를 끊었다.

김상근은 김한조의 추가 지원을 양두원이 거절하자 김한조가 충격을 받은 듯했다고 말했다.

5분 뒤인 밤 11시 50분 다시 김한조에게서 전화가 걸려왔다. 옷감 문제는 전화로 말하지 말자고 했다. 즉, 돈 문제는 전화통화보다는 만나서 이야기하는 게 낫겠다는 것이다. 5분 전 흥분해서 옷감 문제를 말하더니 해서는 안 될 말을 전화로 했다는 것을 깨달은 것이다.

양두원은 김한조가 직접 전화를 걸자, 왜 텔렉스를 사용하지 않느냐고 말했다고 한다. 양두원 역시 도청을 우려해 김한조가 전화하는 것을 못마땅하게 생각했다. 김한조는 매우 의기소침해했다. "내일 밤 기자들을 만나기로 약속했지만 무의미한 일이다. 약속을 취소하고 김상근 당신을 만날 테니 퇴근시간에 내게 전화를 달라"고 요구했다. 김한조는 양두원이 돈을 안 준다고 하자 절망한 것이다.

다음날인 4월 22일 김상근을 만난 김한조는 지난번 한국 방문 때도 자기 돈 2만 8000달러를 썼다고 주장했고 또 다시 가톨릭신부, 즉 양두원에게 편지를 썼으니 파우치 편으로 전해달라고 말했다. 편지 내용은 돈 문제였다는 것이 김상근의 증언이다. 지난번 한국 방문이란 1월 25일 박정희의 초청으로 방문해 한 달간 머물 때를 말한다. 그때는 그야말로 칙사 대접을 받을 때였는데 그때 2만 8000달러를 썼다는 것이다.

이날 김상근은 자신의 다이어리에 결정적 한마디를 남긴다.

"거짓말쟁이!"

김한조에게 여러 가지 의구심을 가지다 마침내 그가 거짓말쟁이라고 결론 낸 것이다.

9200

Producing a telegram (which described anti-U.S. movement held in Seoul), he said he showed it to Congressmen and asked their support for Korea telling them otherwise the Korean situation might turn to be explosive.

He said the hearing would be cancelled (there are many unclear points).

He said he called Ambassador, saying find someone else [for the mission] since he was exhausted.

A LIAR!

9201

5/8 -- night - To Mr. Park

1. On May 5, sent Miss Shin's school record to "H".
2. Mr. Mook of New York says it will take at least two weeks.
3. No weekly report this time.

[NOTE: Entries are out of order. Go to 9204 for 5/12/75 and 5/14/75.]

On May 18, 08:00 "H" left for Seoul, returned on June 4. -

On 5/18, talked with Lee Kwang Jae [radio broadcaster in Washington] over phone.
Assistant Cha VTR
Support not available

1975년 4월 22일자 김상근의 다이어리

김한조 병원 갔다 와서는 의원 만났다 거짓말

김상근이 김한조를 거짓말쟁이라고 볼 수밖에 없는 일이 5월 1일 또다시 발생했다. 김상근의 다이어리에는 날짜 옆에 "비 내리는 밤(rainy night)"이라고 적혀있었다.

이날 밤 10시 15분 김한조의 집으로 전화를 걸었더니 김한조의 장모가 받았다. 김상근이 전화한 이유는 김한조가 하원의원 6~7명을 이날 밤 만난다고 했기 때문에 그 결과를 알아보기 위해서였다. 장모는 뜻밖에도 김한조가 병원에 갔다고 말했다. 김상근은 의원을 만난다는 김한조의 주장이 거짓임을 직감했다. 그러나 김한조는 그날 밤 늦게 자신의 집으로 찾아온 김상근에게 지친 모습으로 나타나 의원들과 함께 있었다고 말했다. 김한조의 장모가 김상근에게 병원에 갔다고 말한 사실을 미처 몰랐던 것이다. 김상근은 명백한 거짓이라고 생각했고 석연찮은 부분이 한두 가지가 아니었다고 하원 윤리위에서 증언했다.

5월 8일 김상근의 다이어리는 아마도 박, 그러니까 박왕규에게 보낸 전문을 적은 듯하다. 거기에는 첫째, 지난 5월 5일 미스 신의 학교 기록을 김한조에게 보냈다. 둘째, 뉴욕의 미스터 무크는 적어도 2주가 소요될 것이라고 말했다. 셋째, 이번 주에는 주례보고서가 없다는 내용이 적혀있었다. 미스 신이 누구일까 궁금하지 않을 수 없다. 등장인물들로 볼 때 신직수와 관련될 인물일 가능성이 크다. 언젠가 김한조가 신직수 자녀의 하버드 입학문제를 도와준다고 말했기 때문이다.

1975년 5월 14일 다이어리에는 지난 12일 김한조가 신직수에게 명예

박사학위를 수여하는 문제와 관련, 한국을 방문하기 위해 비자를 신청했다고 적혀있다.

454호는 439호의 임무에 절대 관여치 말라

1975년 5월 25일 다이어리에는 454호와 439호라는 암호명이 등장한다. 내용을 살펴보건데 김용환에게 다시 한 번 김상근의 업무에 관여하지 말라는 지시였다. 중정본부가 김용환에게 보낸 전문을 김상근이 살짝 베껴놓은 것이다. 그러나 이 전문이 언제 온 전문인지는 기록돼 있지 않았다.

```
9202              USW - 05286 (5/20/75)

            1.  454 [Minister Kim] shall relieve 439
                [Kim Sang Keun] from the current
                assignments and have him handle director's
                specific assignments exclusively.

            2.  454 shall not ask about 439's
                assignments; provide him maximum
                support.
            3.  454 shall not be concerned at all with
                irregular working hours of 439.
            4.  454 shall take measure regarding this
                matter and report on the actions taken.
                (including the name of person who carries
                out 439's [regular] assignments)
```

1975년 5월 20일자 김상근의 다이어리

메모는 총 네 개항으로 이뤄져 있다. 첫째 항은 454호는 439호에게 현재 수행 중인 일반 업무를 더 이상 수행하지 않도록 하고 전적으로 부장 특별지시 사항만 수행케 하라는 것이었다. 김상근은 하원 윤리위 증언에서 454호는 김용환 공사, 439호는 자신을 가리키는 암호라고 밝혔다.

둘째, 454호는 439호를 최대한 지원하되 439호의 임무가 무엇인지 묻지 말라. 셋째, 454호는 439호의 비규칙적인 업무시간에 관심을 갖지 말라. 다시 말해 출퇴근이 불규칙하더라도 신경 끄라는 것이었다. 넷째는 454호는 위 사항을 고려해서 기존 439호의 임무를 누가 수행할지를 포함해 제반사항을 보고하라는 것이었다.

김용환으로서는 속이 뒤집힐 정도의 내용이었다. 부하를 상전으로 모시라는 것이나 다름없었으니 그 속은 짐작이 가고도 남는다. 이 같은 중정요원 내부의 갈등도 코리아게이트의 촉매제로 작용할 수밖에 없었다.

1975년 6월 6일 30만 달러 또 전달— 암호는 '사전'

김한조는 앞서 언급한 대로 5월 12일 한국 비자를 신청한 뒤 5월 18일 한국을 방문해 5월 25일 핀들레이대학의 신직수 명예법학박사학위 수여식 등에 참석한 뒤 6월 4일 미국으로 돌아왔다.

이때는 마침 하원의원들이 한국을 방문했을 때였다. 김한조는 이때 자신의 전위대 5명 중 3명이 한국을 방문했으며 자신이 이들을 돌보면서 10만 달러나 썼다고 김상근에게 말했다. 김상근의 다이어리에 적힌 내용이다. 김한조는 1974년에 70만 달러를, 1975년 1월 방한 때 2만 8000달러를, 1975년 5월 방한 때 10만 달러를 썼다고 말하는 등 틈날 때마다 돈이 많이 필요하다고 말했다.

김한조가 미국을 다녀올 때마다 꼭 놀랄만한 일이 발생했다. 1974년 8월 한국을 방문하고 돌아온 뒤 그에게 30만 달러가 전달됐고, 1975년 1월 박 대통령 초청으로 한국에 갔다 온 뒤에는 그의 집에 텔렉스가 설치됐다. 이번에도 예외가 아니었다. 한국에서 추가 자금 30만 달러를 해결하고 돌아온 것이다. 돈, 돈, 돈 하던 그에게 마침내 다시 돈이 지급된 것이다.

1975년 6월 3일 양두원의 보좌관 박왕규가 김상근에게 편지를 보내 30만 달러를 보냈다고 전했다. 박왕규는 주미한국대사관에서 박정일이라는 가명으로 근무한 중정요원이다. 이 편지에서 H박사가 곧 미국으로 돌아갈 것이며 30만 달러를 S7653 봉투에 넣어 파우치 편으로 보낸다고 밝혔다. 박왕규는 돈을 받는 즉시 자신에게 전화를 하되 "사전을 안전하게 잘 받았다"고 말하라고 지시했다. 30만 달러의 암호가 '사전'인 것이다.

또 지체 없이 H박사에게 이를 전달하라고 명령했다. 박왕규는 실수가 없도록 세심한 주의를 기울였지만 만약 돈을 못 받는다면 전화로 "사전이 안 왔다"고 통보한 뒤 주미한국대사관의 파우치 담당자에게 배달 여부를 확인하라고 덧붙였다. H박사는 해밀턴 박사를 말하는 것으로 김한조의 암호명이다.

김한조가 미국으로 돌아오기도 전에 중앙정보부 본부에게 돈을 보냈다는 전갈이 온 것이다. 중정 책임자인 신직수에게 명예법학 박사학위를 안겼더니 그동안 사정사정하던 돈 문제가 해결된 것이다.

특이한 것은 이때는 김상근에게 김한조로부터 영수증을 받으라는 지시가 없었다. 1974년 9월 30만 달러를 전달할 때는 양두원으로부터 김한조의 자필 영수증을 반드시 받으라고 했지만 이때는 신속히 전달하라는 지시만 내려졌다. 그래서 이때는 영수증을 받지 않았다.

'처치 회의록 유리하게 고쳤다' 주장도 사실무근

도시 걸프사 회장이 한국 공화당에 400만 달러의 정치자금을 줬다고 증언한 청문회가 상원 외교위의 다국적기업소위원회였다. 1973년부터 1976년까지 약 4년 가까이 진행된 이 청문회는 당시 소위원회 위원장인 처치 상원의원의 이름을 따서 '처치 위원회'라고 불리기도 한다.

김한조는 이 청문회를 놓치지 않았다.

도시 걸프사 회장은 1975년 5월 16일 결정타를 날렸지만 도시의 증언에 앞서서 록히드, 모토롤라, 카이저, 다나, 카길 등 한국에 투자한 다국적 기업들의 증언에서도 한국에 불리한 내용이 적지 않았다.

하루는 김한조가 처치 청문회 속기록을 김상근에게 보여주며 자신이 처치 의원과 의논해서 속기록 내 한국 정부에 불리한 내용을 다른 내용으로 고쳤다고 주장했다. 아마도 정치헌금 등의 부분이었던 모양이다.

그러나 김상근이 처치 위원회 회의록 원본을 상원에서 구해본 결과 김한조가 제시한 회의록은 원본과 달랐다고 한다. 김한조는 불리한 내용을 교체했다고 했지만 사실무근이었던 것이다. 처치 의원 또한 김한조를 만난 사실도 없다고 밝혔다. 김한조의 거짓말이 다시 한 번 드러난 것이다.

김상근은 김한조가 1975년 6월 30만 달러를 받기 전 처치 위원회에 대해 여러 차례 말했지만 돈을 받은 뒤에는 일체 언급이 없었다고 중언했다. 김상근은 김한조가 30만 달러를 더 받아내기 위해 처지 위원회를 들먹거렸다고 주장했다.

김한조는 가이어 의원과 라스무센 핀들레이대 총장 등과의 친분을 강조하며 그들을 통해 일명 전위대를 구축하고 의회 로비에 나섰다고 밝혔다. 그러나 김한조가 각별한 관계라고 말했지만 이들은 김한조가 로비에 나서기 불과 1년 전인 1973년 친분을 맺었던 사람들인 것으로 드러났다. 가이어와 1973년 동창회에서 알게 됐고 그 자리에서 라스무센 총장과도 인연을 맺은 것이다.

의회 조사와 법원 판결 '착복' 결론

알고 보니 김한조 빈털터리─ 빚으로 연명

김한조는 1974년 9월 30만 달러, 1975년 6월 30만 달러, 1977년 1월 40만 달러 등 모두 100만 달러를 송금받았다. 이는 그 자신이 김상근에게 이 백설작전의 가치가 100만 달러라는 것이 중정본부의 판단이라고 말한 부분과 일치한다.

하원 윤리위는 먼저 김한조의 은행 채무관계를 조사했다. 1972년 김한조는 필라델피아생명보험에서 2건, 서버번크레디트에서 1건, 아메리칸파이낸스에서 1건 등 4차례에 걸쳐 융자를 받았다. 또 1972년 8월에는 유니버시티뱅크로부터 자신의 집을 담보로 2차 모기지로 1만 9000달러를 빌렸으며, 두 달 뒤인 10월에는 빌딩서플라이로부터 빌린 돈을 못 갚아서 1만 3000달러 지불각서를 쓴 것으로 확인됐다.

In July of 1974, however, Kim went back to the American Finance Corp. He owed them money at the time, but he asked them for an additional $3,500 loan. American Finance turned down Kim's request for more money for two reasons: first, he had been slow in paying off his existing loan and, second, he could not show any income in the United States. Kim told American Finance he was unable to make any profit from John and Bee Dee Co., his only business. He claimed he was receiving $1,000 a month from an unspecified source in Korea. Kim's business, according to tax returns, lost money during this period. Its principal employee had left in July 1972 leaving Kim's brother-in-law as its only employee.

With respect to his loans from the various financial institutions like Citizens Bank, United Virginia Mortgage Corp., American Finance, and Suburban Trust, Kim was not able to make his monthly payments. Kim's revolving charges at a number of stores—Lord & Taylor, Garfinckel's, W. & J. Sloan—also had large unpaid balances. He frequently missed monthly payments, and the payments he did make were typically small.

In the early part of September 1974, the tuition was due for Kim's two sons at the Landon School. Kim's wife, Soonduk, wrote two checks for a total of $6,000. Those two checks were sent to the Landon School and were deposited on September 9, 1974. On September 11, both checks bounced. Records of Kim's only personal account which was maintained at Citizens Bank reveal that on that day there was a total of $65 in Kim's checking account.

하원 윤리위보고서 중 김한조 부분. 김한조의 예금 잔고가 65달러라는 내용을 담고 있다.

1973년이라고 해서 나아진 것은 없었다. 그야말로 '대출인생'이었다. 콘티넨털생명보험에서 1건, 아메리칸파이낸스에서 1건 등 2건의 융자를 받았고, 1년 만에 다시 집을 담보로 또 다시 3만 달러의 2차 모기지를 얻었다. 이번에는 유나이티드버지니아모기지에서 대출한 것이었다. 1973년 12월에는 1972년 돈을 빌렸던 서버번크레디트에서 5000달러를 빌렸다. 그렇지만 그중 4000달러는 대출 즉시 1972년 빌린 돈을 갚는 조건이었다. 결국 5000달러를 빌렸지만 손에 쥔 돈은 1000달러였다.

은행 '수입 전혀 없다' 대출 거부— 예금 잔고는 65달러

김한조에게 1974년은 한마디로 천당과 지옥을 왔다 갔다 한 해였다. 김한조는 1974년 벽두부터 부채상환에 시달렸다. 집을 담보로 한 1차 모기지와 2차 모기지 그리고 아메리칸파이낸스 등 3개 금융기관의 상환 압력을 받았다. 한 달에 3개 금융기관에 들어가는 돈만 1460달러였다. 또 1972년 구입한 캐딜락도 GM금융회사에서 돈을 빌려 산 것이어서 GM의 상환압력도 만만치 않았고 하마터면 차를 다시 빼앗길 판이었다.

사정이 이렇게 되자 1974년 7월 김한조는 아메리칸파이낸스에 3500달러를 추가 대출해달라고 요구했지만 보기 좋게 거절당했다. 아메리칸파이낸스는 첫째, 기존에 빌려준 돈을 제대로 갚지 않고 있고 둘째, 김한조가 미국에서 소득이 전혀 없다는 이유로 대출을 거절한 것이다.

아메리칸파이낸스가 김한조의 회사인 존앤비디사 세금보고 서류를 조사한 결과 이 회사는 적자상태였다고 한다. 김한조 자신도 회사가 적자 상태임을 시인했다. 김한조는 아메리칸파이낸스에 자신의 인조눈썹 생산 회사인 존앤비디사는 수익이 없지만 그래도 한국으로부터 매달 1000달러가 들어온다고 설명했다. 이 당시 존앤비디사의 직원은 5~6명 정도였으며 이 회사 직원이던 김한조의 처남도 이미 지난 1972년 7월 전망이 없다며 자신의 사업을 한다고 회사를 떠났다는 것이 하원 조사결과였다.

이 대목은 시사하는 바가 크다. 김한조는 김상근에게 자신이 백만장자라고 주장한 것은 물론 자신의 회고록에서도 1974년 당시 회사가 엄청난 수익을 내고 있다고 말했다. 그러나 은행에는 회사가 적자상태임을 시인했다. 그가 거짓말을 한 것이다.

운명의 1974년 9월 초 김한조의 부인 김순덕이 두 아들의 학비로 6000달러의 수표를 학교에 전했다. 학교는 이 수표를 9월 9일 은행에 입금시켰으나 보기 좋게 펑크가 나고 말았다. 예금 잔고가 부족해서 부도가 난 것이다. 이때 김한조의 유일한 은행계좌인 시티즌뱅크 계좌의 잔고는 65달러였다.

30만 달러 받자마자 빚잔치— 74년 서울행 비행기도 외상

파산으로 치달았던 김한조의 인생은 1974년 9월 13일부터 180도 달라졌다. 그야말로 인생역전이었다. 바로 전날인 9월 12일 밤 중앙정보부로부터 김상근을 통해 30만 달러가 전달됐기 때문이다. 김순덕이 그날 밤 김한조와 김상근이 돈을 전달하는 방에 무심코 들어왔다가 깜짝 놀란 것은 극심한 빚 독촉에 시달리다 돈다발을 보자 꿈인지 생시인지 믿어지지 않았기 때문이다.

9월 13일부터 빚잔치가 시작된다. 출처를 밝힐 수 없는 돈이었기에 은행계좌에 넣을 수 없었다. 캐시로 모든 돈을 갚기 시작했다.

The next day, September 12, according to KSK, Hancho Kim received $300,000 in cash. Immediately after that, Hancho Kim had money, much of it in cash, like never before.

On the morning of September 13, 1974, for example, Soonduk Kim appeared at the Landon School with $3,100 in $100 bills to pay for the tuition of her two sons.

Kim's monthly payment to GMAC for his Cadillac was $171.71. He made only four payments in the first 8 months of 1974. On September 13, 1974, Kim paid off the balance of $686.84.

At Garfinckel's Kim's balance through most of 1974 up to September ranged around $700 to $900. He was making payments of about $60 to $80 monthly. On September 13, 1974, Kim paid off Garfinckel's the balance of his account: $897.23.

At W. & J. Sloan furniture store the story was the same. Kim had consistently large outstanding balances. He paid very little each month. In June of 1974, he had a balance of about $957. He made no payment in July or August of 1974. September 13, 1974, he went to Sloan's and paid off the balance: $968.80 in cash.

Kim owed Eurasia Global Travel Agency $1,825 since July 18, 1974. On September 13, 1974, he paid off the balance.

Kim had owed a catering service, Braun's Finest Caterers, $241 since February of 1974. That bill was not paid until September 17, 1974, when it was paid in full.

Kim made very few payments to Lord & Taylor during the first 8½ months of 1974. Sometime between September 12 and October 12, 1974, however, Hancho Kim paid off the balance of that account of $731.21.

하원 윤리위보고서 중 김한조가 30만 달러를 받자마자 빚잔치를 벌였다는 내용

김한조의 부인은 9월 13일 날이 밝자 먼저 아들 학교부터 찾아가 캐시로 3100달러를 지불했다. 9월 13일 캐딜락 미상환금 686달러 전액을 캐시로 깨끗이 갚았다.

가펑클이란 회사에 대한 미지급급 897달러도 9월 13일 캐시로 지급했다. W&J SLOAN이라는 가구회사에 밀린 돈 967달러도 9월 13일 현금으로 해결했다.

유라시아여행사라는 곳에서 한국행 비행기표 외상값 1825달러도 9월 13일 캐시로 갚았다. 이는 한 달 전인 1974년 8월 한국에 갈 때 비행기표

도 외상으로 끊어서 갔음을 의미한다. 로드앤테일러 미상환금 241달러도 9월 13일 모두 상환했다.

9월 17일도 빚잔치는 이어졌다. 지난 2월부터 계속 월 상환금을 내지 못했던 케이터링브라운에 전체 외상값 241달러를 한 번에 갚았다. 또 1972년 5000달러를 빌렸던 서버번크레디트에 미상환액 4012달러도 이날 모두 갚아버렸다.

같은 날 캐딜락 새차를 한 대 뽑았다. 1975년형 캐딜락 프리트우드 브로엄이었다. 은행융자 없이 캐시로 매입했다.

이틀 뒤인 9월 17일에는 자신의 모교인 핀들레이대학에 1만 달러를 수표로 기부했고 9월 20일에는 핀들레이의 한 교회에 1000달러를 기부했다. 돈을 갚고 기부까지 한 것이다.

1975년 6월 6일 김상근으로부터 30만 달러를 받은 뒤에도 비슷한 패턴이 유지됐다. 1975년 6월 13일 가구회사에 5526달러를 캐시로 지급했고 그해 여름 부인 김순덕은 대한항공에서 비행기표를 사며 5000달러를 현금으로, 8월 5일 또 다시 가구회사에 6700달러를 현금을 지불했다. 이후 다시 그의 통장에 10만 달러가 입금됐다.

은행 빚 독촉에 시달리고 은행잔고가 65달러이던 사람이 김상근에게 30만 달러를 받았다고 영수증을 써준 바로 다음날부터 현금잔치를 했다는 것은 30만 달러를 김상근에게 받았다는 것 외에는 어떤 식으로도 설명되지 않으며, 1975년 추가 30만 달러 전달 이후의 상황도 마찬가지인 것이다.

김한조가 국세청에 신고한 세금보고 내용도 그가 특별한 수입이 없었다는 점을 잘 입증한다. 김한조가 1974년 수입이라며 국세청에 신고한 액수는 1만 달러도 안 되는 9741달러, 1975년 수입은 1만 5556달러에 불과했다. 현금잔치가 도저히 불가능한 수입이다. 이처럼 명확한 증거에도 불구하고 김한조는 단 한 푼도 받지 않았다고 주장하다 결국 FBI의 필적감정 등에 의해 30만 달러 영수증이 자필 영수증임이 드러나게 된다.

60만 달러가 과연 로비자금으로 쓰였을까? 하원 윤리위가 밝힌 것처럼 그 돈은 모두 김한조 개인 빚 갚는 데 투입됐고 캐딜락 등을 사고 운전기사 월급을 주는 데 사용됐다. 하원 윤리위는 종합보고서에서 김한조는 로비자금을 개인 용도로 사용했다고 결론지었다.

참으로 공교롭게도 박정희는 기독교인인 김한조에게, 박근혜는 목사인 최태민에게 비슷한 일을 당했다. 인정이 너무 많고 사람을 쉽게 믿기 때문일까? 도둑질하라고 멍석을 깔아준 셈이다.

1977년 1월 또 40만 달러 — 연방검사 '폭로 협박' 의심

김한조에 대한 법무부 조사는 1976년 9월부터 시작됐다. 그러나 조사가 시작된 4개월 뒤 느닷없이 김한조 계좌에 40만 달러가 입금됐다. 이 돈은 서울 외환은행에서 1977년 1월 27일 김한조의 서버번크레디트 계좌로 송금됐다.

김한조는 외환은행 자신의 계좌에 1975년 1월 28일 20만 달러, 1975년 5월 20일 10만 달러, 1975년 8월 7일 10만 달러를 입금했다며 관련 서류를 제시했다. 이 돈을 미국으로 가져왔다는 것이다. 이 서류들은 김한조가 제출한 것이지 FBI가 수사를 통해 스스로 확보한 것은 아니다.

이 돈을 둘러싼 의문이 그치지 않았다. 하원 윤리위는 법무부 조사 시작 전도 아니고 왜 조사가 한창 진행 중일 때 돈이 들어왔을까 의문을 가졌다. 하원은 김상근이 김한조에게 전달한 돈이 60만 달러만 확인됐기 때문에 40만 달러가 남아있다는 것을 보여줌으로써 김한조가 로비를 하지 않았다는 것을 입증하기 위해 한국 정부가 억지 알라바이를 만들었을 가능성을 염두에 뒀다.

국세청은 김한조가 연간 수입으로 1만 달러에서 1만 5000달러를 신고 했음에도 불구하고 실제 쓰임새를 철저히 추적해 그가 쓴 돈을 추정해냈다. 국세청은 김한조가 1974년에 5만 달러, 1975년에 14만 달러, 핀들레이대학에 1만 달러 기부 등을 모두 합쳐 2년간 최소 20만 달러를 쓴 것으로 결론지었다.

하원은 국세청 추정을 토대로 김한조가 한국 정부에서 받은 60만 달러 중 20만 달러는 개인적으로 사용했고, 나머지 40만 달러를 로비에 쓴 것은 아닌지 추적했다. 40만 달러가 김한조 계좌에 입금됨으로써 60만 달러 사용처가 모두 입증된 듯했지만 의회와 재판부는 조작이라고 판단했다.

하원은 한국 정부가 통제하고 중앙정보부가 손바닥 들여다보듯 감시하는 외환은행에서 돈이 입금된 것은 김한조가 한국에 사기를 쳐서 돈을 더 빼냈거나 한국 정부가 로비자금에 사용되지 않았다는 증거를 제시하기 위해 40만 달러를 입금시킨 것이라고 결론 냈다. 김한조의 돈이 아니라 한국 정부의 돈이라는 하원의 판단은 정확하게 사실과 부합했다.

이에 대해 김한조는 후일 자신의 회고록에서 자신이 한국 정부에서 한 푼도 받지 않았고 자신의 회사 돈 40만 달러를 로비자금으로 지출했기 때문에 그 돈을 한국 정부에서 되돌려 받은 것이라고 주장했다. 1977년 1월 한국을 방문해 40만 달러를 돌려받으면서 입금날짜는 자신이 한국을 방문한 날짜로 조작했다는 것이다. 그리고 이때 조작된 입금서류 등을 받기 위해 김재규의 사무실에 들렀다가 로비자금 사용처를 추궁하는 김재규와 육탄전을 벌이기도 했다는 것이 김한조의 주장이다.

그러나 이 같은 김한조의 주장은 무리가 있다. 하원 윤리위 조사에서 밝혀졌듯 김한조는 1972년부터 1974년까지 사실상 파산상태였고 회사는 적자상태였다. 심지어 그와 같이 일하던 처남도 먹고 살길을 찾아 떠난 뒤였다. 그런 상황에서 자신의 회사 돈 40만 달러를 로비에 사용했다는 것은 이해할 수 없는 일이다.

김한조 재판에서 연방검찰은 이 40만 달러에 대해 김한조가 박정희를 협박해 받아냈거나 한국 정부 스스로 김한조의 입을 막기 위해 40만 달러를 준 것이라는 주장을 펴기도 했었다. 연방법원 또한 40만 달러에 대한 김한조의 주장을 믿지 않았고, 외환은행에 김한조가 법원에 제시한 입금전표 외에 실제 계좌 내역서를 제출하라고 명령했지만 외환은행은 이를 제출하지 않았다. 조작된 전표였기 때문에 외환은행에 계좌 내역서가 있을 리 만무했다.

너무나 미심쩍은 허풍쟁이?

법원, '60만 달러 받았으나 의원 매수 안 했다'

김한조는 1977년 9월 27일 위증죄로 기소돼 1978년 5월 19일 징역 3년에 6개월을 복역하라고 선고받았다. 이때 김한조에게는 중앙정보부로부터 돈을 받아서 미 의원들을 매수하려고 시도했다는 것과 중앙정보부로부터 60만 달러를 받고도 받지 않았다고 위증한 혐의가 적용됐다. 즉, 의원 매수가 아니고 매수 시도 혐의로 유죄가 선고된 것이다. 이는 의원을 매수한 적이 없음을 의미한다.

법원은 판결을 통해 김한조가 60만 달러를 받았으며 그 돈을 의원 매수에 실제로 사용하지는 않았음을 명백하게 밝힌 것이다. 결국 60만 달러를 개인적으로 착복했다고 결론 낸 것이다.

김한조는 1979년 1월 16일 항소했으나 1979년 3월 12일 고등법원이 항소를 기각함으로써 6개월 형을 살게 된다. 1심에서 김한조가 의원을 매수하려고 시도했다고 판결한 데 대해서는 김한조도 항소심에서 이의를 제기하지 않았다. 실제로 의원을 매수하지 않았다는 판결이기에 왈가왈부할 것이 없었던 것이다.

그러나 김한조는 항소심에서 60만 달러 착복혐의에 대해서는 사실이 아니라고 주장했다. 김한조는 만약 자신이 60만 달러를 착복했다면 코리아게이트가 이슈화된 뒤인 1977년 1월과 6월 두 차례 한국을 방문했을 때 왜 한국 정부가 자신에게 책임을 묻지 않았겠느냐고 항변했다.

그러나 김한조의 이 같은 주장은 설득력이 없었다. 김한조가 박정희의 안부편지 등을 갖고 있으며 코리아게이트가 연일 대서특필되는 상황에서 한국 정부는 억울한 면이 있어도 김한조를 터치할 형편이 아니었을 것이다. 잘못하면 긁어 부스럼이 될 수도 있었기 때문이다.

역으로 김한조는 더 기세등등해진 것이다. 이런 점 때문에 박정희는 김한조에게 끌려다닐 수밖에 없었고 야단치기는커녕 1977년 1월 김한조에게 40만 달러를 추가 지급했던 것이다.

김한조는 1979년 7월 6일부터 1979년 11월 30일까지 약 5개월간 복역했으며 교도소 수감 중 박 대통령 서거 소식을 듣게 된다.

'130만 달러 전달 – 박정희와 나만 안다'

김한조는 회고록 등에서 130만 달러를 ○○○에게 전달했다고 주장했다. 이 같은 사실은 김한조 자신과 박 대통령, 그리고 돈을 받은 당사자만이 알고 있는 극비사항이라는 것이다. 그러나 김한조가 이 같은 주장을 한 것은 박정희가 김재규의 총에 사망한 한참 뒤였다.

1987년 이경재 의원과의 인터뷰를 통해 이 같은 주장을 했고 1995년 자신의 회고록에서도 같은 주장을 했다. 그러나 이때는 이미 박정희가 저 세상 사람이어서 김한조 또는 돈을 받은 사람을 통해서만 확인할 수 있는 사안이었다. 이는 사실상 확인이 불가능함을 의미하는 것이다.

김한조는 회고록에서 1977년 1월 7일 방한해서 그날 밤 청와대로 올라가 박정희를 만났다고 했다. 이때 박정희는 집무실에서 김한조의 귀에다 귀엣말을 했다고 한다. 김한조가 "각하, 왜 귀엣말을 합니까?" 물어보자 박정희는 "여기 도청장치가 돼 있는지 모른다"고 말했다는 것이다.

박정희는 김한조에게 ○○○에게 준 100만 달러와 30만 달러가 문제되지 않겠느냐고 물었고, 김한조는 100만 달러 및 30만 달러 영수증 및 감사편지 등을 전달했다고 한다. 130만 달러를 누구에겐가 확실히 전달했다는 말이다. 과연 실제로 전달이 됐는지, 전달이 됐다면 그 대상은 누구인지 궁금하지만 박정희는 1979년에, 김한조는 2012년 7월에 사망함으로써 밝힐 수 없는 일이 돼 버렸다.

이날 김한조는 자신의 회사 공금 40만 달러를 지출했다며 보전해달라고 말했고 박정희는 이미 40만 달러를 메워주기로 결정했다고 설명했다.

그러나 검찰은 물론 법원까지 김한조의 재산은 40만 달러는커녕 은행잔고 65달러가 전부라고 판단했다. 그의 회사도 적어도 1972년 이후부터는 계속 적자였고, 김한조는 미국 내에서 수입이 단 한 푼도 없었음을 알 수 있다. 그래서 검찰은 김한조가 이때 사실상 박정희를 협박했을 가능성도 배제할 수 없다고 주장한 것이다.

이처럼 김한조가 130만 달러를 누구에게 전달한 것이 사실인지 판단하는 것은 쉽지 않다. 김한조는 이 부분만큼은 오직 자신과 박정희만 알고 있다는 말만 계속해서 강조했다. 그는 회고록에서 돈을 준 뒤 받은 영수증도 박정희에게 전달했기 때문에 자신은 가진 게 없다고 말했다. 즉, '죽은 박정희가 영수증을 가지고 있는데 내가 어떻게 증명하느냐, 나는 입증할 수 없다'고 말하는 것이다. 130만 달러 전달 여부는 현재는 여러 정황을 통해 추정만 할 수 있을 뿐 진실은 알 수 없다. 그의 인생행적에다 의회 조사결과, 법원 판결 등을 참고하면 쉽게 추정할 수 있는 일이다.

'방이 36개' - 알고 보니 건평 115평

김한조의 회고록에는 1976년 11월 30일 화요일 FBI의 압수수색을 설명하는 내용이 있다. 김한조는 회고록에서 "FBI가 자신의 하인과 하녀들을 앞세워 자신의 집 36개의 방을 낱낱이 수색했다"고 기록하고 있다. 방이 36개라면 엄청난 저택이다. 아마도 김한조는 자신이 백만장자라는 사실을 강조하기 위해 자기 집 방이 36개라고 적어둔 모양이다. 결론을 말하자면 새빨간 거짓말이다.

김한조의 소송서류, 상하원 청문회보고서 등을 통해 김한조의 집이 어디인지 찾는 것은 어렵지 않았다. 김한조는 회고록 등에서 1962년 메릴랜드 랜함에 5에이커의 땅을 사서 집을 지었다고 밝혔다. FBI가 압수수색한 집의 주소는 바로 메릴랜드 랜함의 마틴스레인 ○○○번지였다. 이 주소를 토대로 과연 이 집의 방이 36개인지 확인해보니 사실이 아니었다.

메릴랜드 주 프린스조지 카운티 등기소를 통해 이 부동산과 관련한 1964년 이후 현재까지의 계약서 등을 모두 입수해 검토했다.

김한조와 그의 부인 김순덕이 1964년 8월 4일 이 집의 소유주가 됐으며 같은 날 은행으로부터 2만 5000달러의 모기지를 얻었다. 그러다 김한조는 2003년 8월 19일 주한미국대사관에서 위임장을 작성해 미국으로 보냈고 그날로 이 집의 소유권을 김한조, 김순덕에서 김순덕과 그의 아들 존 김에게 넘겼으며, 이듬해인 2004년 3월 24일 소유권이전등기를 한 것으로 확인됐다.

김한조는 이에 앞서 2000년 8월 10일자로 서울의 신세계합동법률사무소에서 한글 위임장을 작성했으며 김한조의 가족은 이 위임장을 받아 2000년 9월 25일 집을 담보로 12만 달러의 모기지를 얻은 것으로 드러났다. 이 모기지 서류에는 김한조와 김순덕의 소셜시큐리티넘버까지 기재돼 있다. 지금도 이 집은 김한조의 부인 김순덕과 아들 존의 소유로 돼 있다.

김한조는 1962년 집을 짓기 시작해 1964년 주인이 된 뒤 한 차례도 이 집을 떠난 적이 없고 이 집 외에 다른 주택을 소유한 적도 없는 것으로 확인됐다.

이 집은 김한조의 주장과 달리 대지가 5에이커가 아니라 그 10분의 1인 0.5에이커, 613평이고, 건평이 4107제곱피트로 115평이었다. 프린스조지 카운티 서류에는 이 집에 화장실이 3.5개라고 기록돼 있다. 상식적으로 생각해도 건평 115평에 방이 36개라는 것은 있을 수 없는 일이다.

프린스조지 카운티가 재산세 부과를 위해 산정한 이 집의 2012년 평가액은 36만 2000달러였으며 부동산전문평가기관의 평가액은 한 곳은 24만 3000달러, 다른 한 곳은 35만 8000달러였다.

김한조가 말한 하인과 하녀, 방 36개는 카운티의 기록과는 너무나 달랐다.

김한조는 자신의 집에 자녀들을 위한 40평짜리 놀이방이 있었고 자신의 사무실도 있었다고 회고록에서 밝혔다. 건평 115평짜리 집에 40평짜리 놀이방이 있고 그 집을 쪼개 사무실도 만들었다면 방이 36개가 나올래야 나올 수가 없는 것이다.

김상근도 자신의 다이어리에 김한조의 집과 관련된 내용을 기록했다. 김한조는 스스로 백만장자라고 주장하지만 김상근이 보기에 김한조의 집을 보면 도저히 백만장자라고 볼 수 없다는 것이다. 또 김한조가 큰 집으로 이사가겠다는 말을 자주 했다는 것이다.

투고는 논설, 김 씨는 김 박사로− 지나쳤다?

김한조는 전체적으로 자신을 과대포장하고 과대 선전하는 경향이 심했던 것 같다.

김한조의 회고록을 보면 1975년 1월 뉴욕타임스에 자신의 독자투고가 게재된 데 대해 자신의 논설이 대서특필됐다고 적었다. 이처럼 뉴욕타임스, 워싱턴스타 등에 게재된 자신의 독자투고를 설명하면서 항상 '김한조의 논설'이라고 설명했다.

백악관에 편지를 보내면 편지를 받았다는 연락이 온다. 김한조는 회고록에 이 같은 백악관의 수신확인 편지 사진을 게재하고 이를 해석했다. 백악관 편지 원문에는 '미스터 김'이라고 돼 있지만 김한조는 그것을 번역하면서 '김 박사'라고 기록했다. 김 씨라고 한 것을 김 박사라고 호칭한 것처럼 고쳐버린 것이다.

그는 아메리칸대학에서 박사과정에 재학했다고 말했지만 박사학위를 받지는 못했다. 그는 1974년 9월 12일 김상근으로부터 30만 달러를 받은 닷새 뒤인 9월 17일 핀들레이대학에 1만 달러를 기부했다. 그러자 핀들레이대학은 한 달 뒤인 10월 17일 재단이사회를 열어 명예박사학위를 주기로 결정했고 11월 1일 '김한조 극동센터' 창립행사를 열면서 명예박사학위를 수여했다. 그래서 돈으로 학위를 산 것이 아니냐는 논란이 일었다.

라스무센 핀들레이대학 총장은 1978년 3월 28일 김한조 재판에 증인으로 출석해 김한조 학위논란에 대해 "김한조가 핀들레이대학에 한 학기만 다녔지만 그렇다고 해서 명예학위를 주지 못할 이유는 없다"고 해명했다. 라스무센 총장은 핀들레이대학에서의 한 학기가 그가 성공하는 데 큰 영향을 미쳤기 때문에 명예학위를 준 것이라고 강조했다.

김한조는 회고록에서 1954년 여름 도미해 핀들레이대학에서 여름학기까지 들으며 2년 만에 6학기를 끝내고 졸업했다고 밝혔고, 이경재는 그의 책에서 김한조가 3학년으로 편입, 2년 뒤 졸업했다고 썼다. 김한조는 또 그 뒤 1956년 아메리칸대학에 들어가 석사과정을 끝낸 뒤 박사과정 재학 중 제약회사에 취직했다고 밝혔다. 그러나 라스무센 총장은 김한조가 핀들레이대학에 한 학기만 다녔다고 증언했고 언론은 이를 대서특필했다. 하원보고서도 김한조가 핀들레이대학에 한 학기만 다녔다고 명시했다. 무엇이 맞는지 알 수 없다.

439호 요원 김상근의 망명

김상근은 한때 김형욱의 비서로 일하면서 학자풍으로 기억됐던 중앙정보부 요원이다. 이상호라는 가명으로 활동했던 양두원의 신임을 받으면서 김한조와의 연락책으로 지정됐고, 그로 인해 이례적으로 6년이라는 오랜 기간을 워싱턴에서 근무했다.

이른바 '백설작전'으로 명명된 김한조 대미 로비를 전담하면서 직속상관을 제치고 양두원과 직통라인을 구축했다. 김한조에게 두 차례 60만 달러를 직접 전달했던 김상근은 김한조를 만나면서 느꼈던 점 등을 다이어리에 빠짐없이 기록했다. 그 다이어리는 김한조에 대한 신뢰가 무너져가는 과정을 담고 있다.

코리아게이트가 언론에 대서특필되자 김형욱을 통해 미국에 망명하면서 백설작전과 관련한 양두원의 지령편지를 미 법무부와 의회에 제출, 파문을 일으켰다. 김상근은 박정희 정권이 무너진 뒤 다음 정권에서 이 사건을 조사할 경우 자신은 그저 상부의 지시를 성실히 이행했을 뿐이라는 사실을 입증하기 위해 양두원의 지령편지를 보관했다고 밝혔다. 그가 느끼기에도 박정희 정권은 아슬아슬했던 것이다.

김상근의 망명은 그의 직속상관인 김용환 등에게도 영향을 미쳤다. 김용환도 문책이 두려워 사표를 내고 미국에 남겠다고 선언하자 중앙정보부가 발칵 뒤집히면서 설득에 나서기도 했다.

김한조 로비 의혹 제기되자 망명

김상근 본명은 김규진— 김형욱 비서 출신

이재현이 1973년 망명한 뒤, 1976년 11월 26일 주미한국대사관에 근무하던 중정요원 김상근이 망명한다.

워싱턴포스트가 1976년 10월 15일 박동선 로비 의혹을 폭로한 뒤에도 외견상 그는 흔들리지 않았으나 한 달 뒤 뉴욕타임스가 그와 직접 관련이 있는 김한조 로비 의혹을 터트리자 망명하고 말았다.

당시 43세이던 김상근은 부인과 세 자녀를 두고 있었으며 본명은 김규진이었다. 다른 중정요원들이 그러했듯 김상근이란 가명으로 활동했다.

김상근은 1963년 서울대에서 석사학위를 받았으며 서울대 졸업 직후인 1961년 7월 중앙정보부에 들어가 국가안보 분야에서 3년 반 동안 일한 뒤 1964년부터 2년간은 이문동의 해외부서에서 활동했다. 그 뒤 1966년부터 1967년 말까지 2년간 김형욱 당시 중앙정보부장 비서실에서 일한 뒤 다시 해외부서에 배치됐다. 남동아시아를 담당하는 부서로 홍콩, 타이완, 인도네시아의 보고서를 취합하고 평가하는 임무를 담당했다.

1970년 3월에는 요원 5명과 함께 일본을 방문, 일본엑스포를 참관하는 한국인에 대한 조총련의 접근을 차단하는 임무를 수행했다. 1970년 10월

13일 주미한국대사관에 1등 서기관으로 파견됐으며 망명하는 해인 1976년 3월 31일 참사관으로 승진했다. 1976년 11월 26일 망명했으니 워싱턴에서 6년이란 적지 않은 세월을 보낸 것이다.

그가 워싱턴에 부임한 1970년은 김동조 대사, 윤승국 공사 시절이었으며 1971년 말부터 중점거점장 직책을 이상호가 이어받았다. 이상호는 양두원의 가명이다. 양두원이 승진해 국내로 돌아가자 1974년 초 김용환이 뒤를 이었다.

김상근은 김용환의 지시를 받아야했지만 양두원이 귀임한 뒤에도 직속상관인 김용환을 제끼고 양두원의 지시만 받았다. 양두원이 누구에게도 말하지 말고 김한조를 은밀히 뒷바라지하도록 지시했기 때문이다.

양두원, 박동선 수표 40만 달러 보내 – 암호는 '번역문'

김상근이 망명하면서 제출한 비밀편지를 살펴보면 김한조와의 업무 지시 외에도 양두원 자신의 사적인 부탁도 담겨있음을 알 수 있다.

1975년 6월 17일 가톨릭신부, 즉 양두원은 김상근에게 수표 3장을 보냈다. 김상근에게 이 수표를 은행에 입금시키고 별도 지시를 기다리라고 지시했다. 또 수표를 잘 받으면 '번역문을 잘 받았다'고 전화하고 편지를 읽은 다음 소각하라고 당부했다. 수표 3장의 암호가 '번역문'인 것이다.

이 수표는 20만 달러짜리 1장, 10만 달러짜리 2장으로 모두 40만 달러에 달했고 김상근의 리그스뱅크 계좌에 입금됐다. 2월 28일과 3월 30일,

5월 15일이 지불 날짜이다. 이 수표는 모두 박동선의 수표로 리그스뱅크에서 발행했다. 박동선이 양두원의 요구에 못 이겨 돈을 준 것이다. 명목상으로는 빌려준 돈이라지만 박동선은 혹시 쌀 사업에 지장을 받을까봐 돈을 줬다고 증언했다.

양두원은 이에 앞서 지난 1974년 8월, 박동선에게서 받은 10만 달러 수표를 김상근에게 보냈다. 정확히 말하면 양두원이 박동선에게 받은 자금은 수표 4장, 총액 50만 달러였다. 그 뒤 박동선이 돈을 돌려받았다는 말은 없으니 사실상 50만 달러를 뜯긴 셈이다.

이 돈 중 40만 달러는 김상근이 1975년 7월 최제영에게 전달했다. 최제영은 이 돈을 외환은행에 입금해서 관리하다 1년 뒤인 1976년 9월 5만 달러를 인출해 디플로매트내셔널뱅크 주식을 매입한 것으로 확인됐다. 이 은행은 통일교와 박동선이 지분 절반 정도를 보유했으며 유명한 칼럼니스트 잭 앤더슨이 이사장을 맡은 것으로 드러나기도 했다.

양두원은 약 20일 뒤인 7월 7일 암호명 가톨릭신부가 아니라 자신의 성인 '양'으로 된 편지를 보냈다.

양두원은 자신이 예전에 보낸 번역물 한 권을 8월 15일경에 입금시키라고 지시했다. 번역물은 '수표'를 의미한다. 즉, 수표의 입금날짜를 지시한 것이다. 기존 수표 외에 다른 수표도 있었을 가능성을 엿볼 수 있다.

또 다이어리를 받는 즉시 최제창 박사에게 전해달라고 말했다. 최제창은 최제영의 사촌으로 워싱턴 한인의사회 회장을 맡고 있는 의사였다. 다이어리가 무엇을 의미하는지, 진짜 다이어리인지, 돈 등을 의미하는 암호인지는 확실하지 않았으나 후일 돈을 의미하는 것으로 밝혀졌다.

프레이저 청문회가 최제창 등을 조사한 결과 이 다이어리 속에 돈 1만 달러가 있었던 것으로 드러났다. 최제창은 이 1만 달러를 자신이 사용한 것이 아니라 정규섭이라는 전직 외교관에게 전달했으며 정 씨도 돈을 받았음을 시인했다.

미 국무부가 발행한 '1968~69 미국주재 외교관 리스트'에 따르면 정규섭은 이 당시 주미공사로 근무했음이 확인됐다. 김상근은 또 양두원의 지시로 통일교의 박보희에게 일본 통일교 신자의 미국 경비 조로 3000달러를 전달하기도 했다.

40만 달러 조사하자 양두원 안절부절

박동선의 계좌를 살피던 미국 정부가 마침내 40만 달러를 추적하기 시작했다. 1976년 11월 10일 양두원은 편지 겉봉에 자신의 본명을 쓴 채 김상근에게 편지를 보냈다. 편지 내용은 다급한 것이었다. 미국 정부가 최제영 사장에게 보낸 40만 달러에 대한 조사를 시작하려고 한다며 대응지침을 최제영 사장에게 전달하라고 지시했다.

대응 지침은 첫째, 최 사장이 유능한 변호사를 고용해 조사에 응하지 않거나 조사를 최대한 지연시키도록 하라. 둘째, 40만 달러는 김상근의 부탁으로 잠시 예치한 것이라고 대답하라. 셋째, 김상근이 요청하면 언제든지 돌려줄 것이라고 답하라. 넷째, 만약 최 사장이 그 돈을 사용했다면 김상근 모르게 그 돈을 자신의 사업에 사용했다고 답하라. 다섯째, 만약 최 사장이 그 돈을 그의 한국 내 사업을 위해 사용했다면 사실대로 답하라는 것이었다.

양두원은 김상근의 요청에 의해 최 사장이 돈을 잠시 보관하고 있다는 것이 결론이라고 말하고 만일 최 사장이 그 돈을 일시적으로 사용했다면 그 자신의 사업을 위해서 사용했다고 말해야 한다고 지시했다.

양두원과 최제영의 관계는 잘 알려지지 않았지만 양두원이 자신의 미래를 위해 거금을 맡길 정도로 친밀한 관계였던 것으로 보인다. 특히 1970년대 초 가발상이던 최제영이 중앙정보부에 장비를 납품하게 된 것도 아마 양두원이 뒤를 봐줬기 때문에 가능했던 것으로 보인다.

이 미스터리한 인물은 1980년대 초에도 한국 언론을 장식하게 되지만 한국에서는 그가 누군지 잘 몰랐다. 바로 1980년대 한국을 떠들썩하게 했던 저질탄 수입 사건의 당사자가 최제영이었던 것이다. 이때 가발상 최제영이 석탄 수출에 관여하게 된 것도 그와 중앙정보부, 그와 양두원의 인연이 작용했던 것으로 짐작된다.

양두원 마지막 편지에 김상근 절망– 망명 결심

1976년 11월 20일께 김상근에게 전해진 양두원의 편지는 매우 위험스런 상황에 직면했음을 알 수 있게 한다. 이 편지에서는 잘 사용되지 않던 숫자 암호명이 사용됐고 편지 속에 메모와 또 다른 편지가 동봉돼 있었다.

양두원은 김상근에게 보낸 편지에서 439호는 동봉편지를 잘 봉함한 뒤 C-10에게 전달하고 439호가 보는 앞에서 C-10이 그 편지를 읽게 하고 파기시키라는 지시였다. 김상근이 하원 윤리위에서 이 편지를 자신이 최제영에게 전했다고 증언한 것으로 미뤄 C-10은 최제영을 의미하는 것이다. 439호가 김상근임은 이미 밝혀졌다.

김상근은 이 편지를 1976년 11월 23일 최제영에게 전하고 함께 읽었다. 동봉한 편지는 11월 16일 작성된 것이었다. 내용은 절망적이었다. 최 사장이 소유하고 있는 40만 달러에 대한 미국 정부 조사는 이제 피할 수 없는 것처럼 보인다며 최 사장과 김상근이 머리를 맞대고 합리적인 이유를 찾으려 노력한 것을 잘 알고 있다고 밝혔다.

양두원은 "그 돈이 한국으로 보내져 나에게 전달됐다는 근거 없는 소문이 나돌고 있으니 사실을 말해달라. 내가 이렇게 진실을 말해달라고 요청하는 것은 내 30년 공직생활에 오점을 남기지 않고 물러나고 싶기 때문이다. 우리가 지금까지 이야기한 것처럼 이 문제를 김상근-최제영 두 사람의 문제로 한정짓고 나를 개입시키지 않는 것이 현명한 결정이다. 제발 내 대응방침에 따라달라"는 것이었다.

양두원 편지의 핵심은 40만 달러 수표에 김상근의 이름이 있고 이 돈이 최제영에게 입금되는 등 두 사람의 이름만 언급된 만큼 두 사람이 모든 것을 감수해달라는 것이었다. 이들 두 사람, 특히 김상근이 더 충격적으로 받아들인 것은 양두원이 30년 공직생활에 오점을 남기지 않고 물러나고 싶다고 한 말이었다.

이 편지를 최제영에게 전한 1976년 11월 23일, 엎친 데 덮친 격으로 뉴욕타임스가 김한조의 로비 의혹을 대대적으로 보도했다. 워싱턴포스트가 1976년 10월 15일 박동선 로비 의혹을 폭로하자 선수를 놓친 뉴욕타임스는 절치부심 끝에 40일 만에 김한조 로비 의혹이라는 홈런을 터트린 것이다. 1976년 10월 28일 워싱턴포스트도 김한조에 대해 짧게 언급했지

COMMITTEE EXHIBIT 17

Front of envelope:

    To: KIM Sang-keun, Counsellor
         Korean Embassy in the United States
         #1116
         (Confidential)
         (Urgent)

Back of envelope:

    Assistant Director, Intelligence

                                                    11/16

To: CHOI Che-yung

        I have not written to you for a long time. How is your family?
I am anxious to know whether or not your wife's illness has improved.

        I am sorry for the unexpected trouble I am causing you. I
learned of your anguish over an unresolvable dilemma from Counsellor
KIM.

        According to several reports by Counsellor KIM, you and Counsellor
KIM had (an) exhaustive discussion(s) in order to present a most plausible
reason for having the money ($400,000) in your custody temporarily. I
understand that it was a preparation for possible unavoidable investiga-
tions by the U.S. authorities.

        Although I don't know in detail, my guess is that you think it
will be more convenient for you to answer that instead of saying that you
took the money temporarily into your custody for your business reasons, it
may be a good story that the money was received as charges for goods or
for an advance payment of a contract.

        Even though you may suffer a little loss (for instance, interest
payment for earnings (sic) or non-reporting of your earnings), you should
answer truly that you, requested by Counsellor KIM Sang-keun, have been
keeping the money temporarily and you should return it whenever Counsellor
Kim requests.

        Your answer should be fair and open. I already instructed Coun-
sellor KIM to urge you to answer like I am telling you in this letter. I
am asking you so that your compliance with my suggestion will help my pre-
dicament here.

1976년 11월 16일 양두원이 최제영에게 보낸 편지로 공직생활을 오점없이 마무리하고 싶다는 내용을 담고 있다.

만 뉴욕타임스 기사에 비할 바가 아니었다.

김상근은 이날 양두원의 절망적 편지와 뉴욕타임스 보도를 보고 이제 자신이 살 수 있는 유일한 길은 망명뿐임을 직감하고 망명 결심을 굳혔다.

불길한 징조들— 망명 전야의 공포

1976년 초 한국 정부, '김한조 무용지물' 판단

박동선이 미국 사교계에서 유명해지고 언론의 주목을 받게 되면서 박동선을 대신할 인물로 김한조가 선정됐다고 김형욱이 청문회에서 주장했지만, 김한조는 사실상 등장한 지 2년이 채 못돼 한국 정부로부터 '무용지물'이라는 평가를 받았음이 청문회를 통해 입증됐다.

1976년 3월 김상근이 한국에 귀국했을 때 양두원은 "이제 김한조에게 아무것도 기대하지 않는다"고 말했던 것이다. 그러면서 양두원은 "김한조는 큰 가치가 있는 사람이 아니다"라고 잘라 말했다. 중앙정보부에서 김한조에게 60만 달러를 주고 로비를 시켜봤지만 별다른 성과를 내지 못했던 것이다. 게다가 계속 돈만 요구하고 거짓말만 일삼자 김상근이 일찌감치 1년 전인 1975년 4월 자신의 다이어리에 '거짓말쟁이'라고 평가했으며 중앙정보부 본부의 판단도 다르지 않았던 것이다.

양두원뿐 아니라 양두원의 보좌관 박왕규도 마찬가지였다. 박왕규는 김상근에게 "김한조는 그동안 도대체 뭘 했느냐"고 질책했다는 것이 김상근의 증언이다.

김한조가 '무용지물'로 평가받았음을 입증하는 또 다른 증거도 있다.

김한조는 1976년 8월 '느낌이 좋지 않다. 불길하다'며 김상근을 자신의 집으로 오게 했다. 그리고는 한다는 말이 "함병춘이 가이어에게 접근해서 2만 달러를 줬거나 주려고 시도하고 있다"고 불평했다. 그러면서 한국 정부가 방한한 가이어에게 "김한조보다 함병춘과 관계를 유지하라"고 말했다는 것이다. 김한조는 "아마도 한국 정부가 내 역할을 다른 사람에게 맡기려 하는 것 같다"고 불안해했다.

김한조는 가이어로부터 이 같은 정보를 얻었으므로 정확한 내용이었다. 한국 정부는 김한조가 무용지물이라고 판단하고 김한조와 가장 절친한 가이어에게조차도 이제부터는 김한조를 멀리하고 함병춘을 만나보라고 말했다.

윤일균, '너는 뭐하는 놈이냐!' ― 불길한 전조들

사실 김상근이 망명 결심을 하기에 앞서 불길한 전조들이 잇따랐다. 김상근은 언젠가 미국이 백설작전을 알게 된다면 자신이 문책받게 될 것을 우려하고 있었다. 또 다행히 미국이 이를 모르더라도 박정희 정권이 무너진다면 자신에게 위기가 닥칠 것을 걱정했다고 하원 청문회에서 증언했다. 중정요원의 판단으로도 박정희 정권이 언제 무너질지 모를 정도로 아슬아슬해 보였던 것이다.

새 정권이 들어서서 박정희 정권의 모든 비리를 파헤친다면 중앙정보부의 대미 로비가 밝혀질 것이 불 보듯 뻔했다. 그래서 김상근은 백설작전과 관련해 양두원이 자신에게 지시한 극비전문을 모두 간직해두었다고 청문회에서 밝혔다. 만약 새 정권이 들어서서 조사를 한다면 자신은 상관의 지시를 성실히 이행했을 뿐이라는 것을 입증하기 위해서였다고 한다.

그러나 박 정권이 무너지기 전에 미국 측이 먼저 백설작전을 알아채면서 그토록 우려했던 상황이 현실로 닥친 것이다.

김상근이 양두원과 직거래를 하면서 그의 직속상관인 김용환의 불만도 컸지만 김용환뿐 아니라 윤일균 차장의 불만도 이만저만이 아니었다. 자신이 해외담당 차장임에도 불구하고 부장 특별지시로 대미 관계, 특히 대미 로비는 양두원이 직접 핸들링했기 때문이다.

김상근도 이 같은 상황을 우려하던 차에 워싱턴포스트가 박동선 로비 의혹을 폭로한 시기보다 7개월 앞선 1976년 3월 자신에게 어두운 먹구름이 밀려오고 있음을 실감한다.

1976년 3월 김상근은 업무협의차 한국에 귀국했다. 양두원 등을 만났지만 그래도 명색이 명령계통상의 상관인 윤일균을 무시할 수 없었다. 김상근이 윤일균에게 예의상 전화를 해서 안부를 물었다. 좋은 말이 나오리라 생각하지 않았지만 윤일균의 태도는 두려움 그 자체였다.

"너는 도대체 뭐하는 놈이냐!"

윤일균은 대뜸 고함을 질렀다.

윤일균은 "나는 네가 미국에서 한 일과 아무런 관련이 없고 무슨 일을 했는지도 모른다"며 "앞으로도 네 마음대로 행동하라"고 말하고는 전화를 끊어버렸다.

윤일균은 김상근을 사실상 '내 놓은 자식' 취급했다. 자신의 활동상황과 관련해서 단 한 줄의 보고도 없었으니 그럴 만도 하다. 윤일균의 이 같은 발언은 김상근에게는 사실상 '네 살 길은 네가 찾으라'는 최후통첩이나 마찬가지였다.

그래서 김상근은 양두원에게 마지막 희망을 걸었건만 양두원이 무너지자 망명할 수밖에 없었던 것이다.

한병기도 맹비난─ 김한조 '김용환이 정보 준 것 같다'

윤일균의 최후통첩 직후 유엔부대사 직함으로 뉴욕에서 중정요원들을 지휘하던 한병기도 불길한 말을 내뱉었다. 당시 한병기는 뉴욕에서 외무부장관 김동조를 만난 뒤 워싱턴 주미한국대사관에 들러 중정요원들을 집합시켰다.

한병기는 "본부 명령을 듣지 않고 엉뚱하게 행동하는 돌대가리들이 많다"고 소리쳤다. '바보'라는 말을 서슴지 않았다. 그러나 김상근에게는 그보다 더 충격적인 말이 있었다. 한병기가 "신직수 부장이 양두원을 맹비난하고 있다"고 말한 것이다. 이는 자신이 마지막 동아줄로 믿고 따르던 양두원의 목숨이 경각에 달린 것을 의미했다.

한병기는 한마디 더 했다. "명령은 듣지 않고 시키지 않은 일을 제멋대로 하는 놈들이 있다"고 윽박지른 것이다. '명령은 듣지 않고 시키지 않은 일을 하는 놈'은 바로 김상근을 가리키는 말이었다.

이 같은 불길한 징조는 곧 바로 현실로 닥쳤다. 1976년 7월부터 FBI가 김상근과 김한조를 밀착 감시하기 시작한 것이다. 1976년 9월 초 FBI가 김한조를 찾아왔다. FBI는 말을 돌리지 않고 바로 들이댔다.

"김한조 씨, 주미한국대사관에 근무하는 김상근을 아십니까?"

아연실색하지 않을 수 없었다.

FBI가 김한조를 만나고 돌아간 뒤 김상근은 김한조를 방문했다. 김한조 말이 걸작이었다. 김용환이 FBI에게 정보를 흘린 것 같다는 말이었다. 김한조는 이 말의 출처 또한 밝혔다. 주미한국대사관의 M 1등 서기관이 자신에게 전해준 내용이라는 것이다.

김상근은 놀라지 않을 수 없었다. 김용환이 아무리 김상근에 대한 원한이 사무쳤다 한들 미치지 않고서는 그 같은 정보를 FBI에게 자진해서 흘리지는 않았을 것이다. 아마도 FBI가 이미 모든 것을 입증할 증거를 입수했음을 파악했기 때문에 사태를 돌이킬 수 없다는 판단을 했을 가능성이 크다. 그래서 이 같은 상황이 발생한 것이다.

김상근 입장에서는 보통 일이 아니었다. 김용환을 원망하고 말고 할 겨를이 없었다. 김상근은 즉시 중앙정보부 본부로 귀국하고 싶다는 전문을 날렸다.

30분 뒤 "김상근 모친 사망, 즉시 귀국 바람"라는 전문이 하달됐다. 김상근이 귀국할 수 있는 구실을 만들어준 것이다.

이때도 윤일균을 만났지만 똑같은 호통이었다. "너는 도대체 무엇을 하고 다니는 거냐!"는 것이었다.

함병춘-김용환, '양두원-김상근이 책임' 보고

함병춘 주미한국대사도 1976년 10월 미 법무부가 한국대사관에 대한 조사를 시작하자 백방으로 무마에 나섰다. 그러나 사태는 이미 대사가 나서서 해결할 수 있는 단계를 지나 걷잡을 수 없이 불붙고 있었다. 함병춘 또한 이제 파문을 최소한으로 줄일 수 있을지 모르지만 그대로 덮을 수는 없음을 알게 됐다.

함병춘은 1976년 10월 17일 UPI 통신에다 "바람직하지 않은 행동을 하는 인물이 있으며 이들을 해결하면 모든 것이 풀릴 것"이라는 말로 숙청을 암시했다.

함병춘은 박정희에게 직접 현지상황을 설명하고 대책을 건의하는 보고서를 보냈다. 그는 박정희에게 "사태수습을 위해서는 서울의 양두원과 미국 현지의 김상근이 책임을 져야 한다"고 건의했다. 책임져야 한다는 것은 양두원·김상근 두 사람이 한국 정부와 무관하게 로비를 추진한 것으로 몰아서 두 사람을 자르라는 말이다.

당시 유혁인 청와대 정무수석이 방미한 자리에서도 이 같은 말이 나왔다. 유혁인이 함병춘, 김상근을 불러놓고 대책을 협의할 때 함병춘이 "미안하지만 양두원과 당신이 책임질 수밖에 없다"고 말한 것이다.

김용환도 신직수에게 '양두원-김상근 책임론'을 보고했다. 함병춘은 박정희에게, 김용환은 신직수에게 양두원, 김상근 두 사람에게 책임을 물어 파면해야 한다고 건의한 것이다. 주미한국대사관의 투톱이 같은 건의를 올렸으니 채택될 것이 뻔했다.

김용환은 1976년 11월 초 김상근에게 더 구체적으로 말했다. 김상근은 하원 윤리위 청문회에서 "김용환이 당신이 감옥에 가야 한다고 말했느냐"고 묻자 "그렇다. 김용환이, 김상근 당신이 1년만 감옥에 가면 해결된다고 말했다"고 증언했다.

단순히 잘리는 것에 그치지 않고 형사적 책임까지 져야 한다는 말에 김상근은 좌절할 수밖에 없었다.

망명 전야— 부하 직원도 명령 거부 '아, 끝이구나!'

김상근은 1976년 11월 23일 뉴욕타임스가 김한조 로비 의혹을 폭로한 데다 최제영과 함께 양두원의 절망적 편지를 본 뒤 적극적으로 망명을 고려했지만, 바로 이날 밤 망명을 결행할 수밖에 없는 또 다른 결정적 사건이 발생했다.

김상근이 최제영을 만난 뒤 지친 몸을 이끌고 집으로 돌아오자 8국 국장이 전화를 걸어왔다. 당시 8국은 해외공작국이었다. 8국 국장은 최제영을 만났는지를 물어본 뒤 면담 내용을 즉각 보고하라고 지시했다. 김상근은 이때 양두원이 해임됐음을 다시 한 번 확인했다.

김상근은 즉각 주미한국대사관 내 통신실을 관리하던 중정요원에게 전화했다. 직급상 자신의 부하직원이었다.

"서울과 교신해야 하니 즉각 대사관으로 나오라"고 명령했다.

하지만 세상은 이미 달라진 뒤였다. 통신실 관리 중정요원은 김상근의 명령을 거부했다. "지금 나갈 수 없다. 당신 스스로도 전문을 보낼 수 있지 않느냐"는 답변이 돌아온 것이다.

명령을 이행하기는커녕 비아냥거린 것이다. 지금까지 너 혼자 멋대로 돌아다니더니 이제 와서 왜 나를 찾느냐는 식이었다.

정상적인 체계 하에서는 상상도 할 수 없는 일이었다. 김상근은 좌절했다. 자신의 부하임에도 지시를 거부하는 것을 보고 '아! 이들이 이미 내가 모르는 비밀들을 많이 알고 있구나. 이미 상황이 완전히 변했구나!' 하고 생각했다는 것이다.

그날 밤 김상근은 통신실 열쇠는 물론 대사관 열쇠도 없었고 암호책도 없었다. 우여곡절 끝에 8국장에게 보고전문을 보내기는 했지만 이날 밤 해프닝으로 '이제 떠날 수밖에 없다'는 생각을 굳히고 다음날 망명을 결행했다고 증언했다.

용서할 테니 제발 돌아만 오라

그레이하운드 타고 뉴욕 잠입 – 김형욱 도움 받아 망명

좌절한 김상근에게 퍼뜩 생각나는 인물은 바로 김형욱이었다. 바로 몇 달 전 뉴저지에서 만났던 자신의 상관 김형욱이 생각난 것이다. 김상근은 한때 비서실에 근무하며 김형욱을 직접 보필하기도 했었다.

김상근은 1976년 7월 자신의 동생이 의사로 활동하는 있는 뉴저지로 휴가를 갔고, 휴가 중에 뉴저지 알파인에 살던 김형욱을 만났다.

김상근은 소환명령을 받고, 11월 23일 전문을 보내 11월 27일 오전 8시 대한항공 편으로 김포공항에 도착한다고 보고한 상태였다. 이미 망명 결심을 굳혔던 김상근이 중앙정보부 본부를 안심시키기 위해 곧 들어간다는 제스처를 취한 것이다.

부하직원의 명령 거부라는 간밤의 대소동을 겪은 김상근은 다음날인 11월 24일 자신의 차로 집을 나섰다.

이튿날인 11월 25일이 추수감사절이기 때문에 11월 24일부터 추수감사절 연휴였다. 가족들은 집에 둔 채 자신만 홀로 나섰다. 아내에게 머리를 식히고 올 테니 이삿짐을 싸라고 말했다. 중정요원들이 감시하는 것을 감안해 아내조차 속이고 이삿짐을 싸라고 한 것이다.

그리고는 워싱턴 시내를 빙빙 돌았다. 돌았던 길을 돌고 또 돌았다. 그러면서 뒤를 살폈다. 한때는 동료요 부하였던 주미한국대사관 중정요원들이 자신을 감시하고 있을지 모른다는 우려에서였다.

1973년 6월 이재현의 망명 때도 망명 전 일주일 정도 중정요원 등이 이재현의 집을 감시하기도 했다. 당시 김상근이 주미한국대사관에 근무했으므로 상황을 너무나 잘 알았기 때문에 자신도 틀림없이 동료들이 감시하고 있을 것으로 판단했다.

김상근은 워싱턴 시내를 빙빙 돌다 어느 지하철역 앞에 차를 세운 뒤 재빨리 지하철에 몸을 실었다. 그리고는 그레이하운드 터미널로 달려갔고 뉴욕행 버스에 올라탔다. 김형욱에게 달려간 것이다.

김형욱에게 전화를 걸어 상황을 설명하고 망명을 주선해달라고 요청했다. 김형욱은 연휴임에도 불구하고 단숨에 뛰어나와 김상근을 만났다. 김상근의 망명 결심을 들었지만 마침 추수감사절 연휴라 그 즉시 조치를 취할 수가 없었다.

김형욱은 김상근에게 이틀 뒤인 11월 26일 뉴욕 퀸즈의 라과디아호텔 옆 라과디아 홀리데이인 커피숍으로 오라고 말했다. 추수감사절 다음날인 11월 26일 FBI를 만나도록 주선한 것이다.

김상근은 만 하루 이상을 '뉴욕에도 중정요원들이 있는데……' 하며 불안에 떨었을 것이다.

김형욱과 약속한 11월 26일 김상근은 라과디아 홀리데이인 커피숍에 나타났고, 미리 와서 기다리던 FBI 요원 3명에게 신병이 인도됐다.

신직수, '용서할 테니 제발 돌아만 오라' 애원

미 국무부는 김상근이 FBI의 보호 하에 들어간 11월 26일 당일 전화로 주미한국대사관에 김상근 망명 사실을 통보했다. FBI는 법무부를 통해 국무부에 김상근 망명 사실을 통보했고, 국무부가 한국 측에 이를 알린 것이다. 국무부는 김상근이 정치적 망명을 신청한 이상 미국법에 따라 처리될 것이며 대사관이 원한다면 면담을 주선하겠다고 말했다.

그러나 한국 정부는 12월 1일 국무부가 김상근이 정치적 망명을 신청하고 체류자격 변경을 요청했다고 공식발표하기 이전은 물론 발표한 뒤에도 김상근의 마음을 돌리기 위해 안간힘을 썼다. 하지만 버스 지나가고 손드는 격이었다. 국무부가 공식발표까지 한 이상 김상근의 망명을 막는다는 것은 불가능한 일이었다.

미 국무부가 최근 비밀해제한 비밀전문에 따르면 이때 신직수는 애원에 가까운 설득 편지를 보낸 것으로 드러났다. 1976년 11월 28일 국무부가 출장 중이던 국무부장관과 주한미국대사관에 보낸 비밀전문에 따르면, 하루 전인 11월 27일 함병춘이 FBI의 보호를 받고 있던 김상근에게 전해달라며 신직수의 편지를 국무부에 전달했다. 국무부는 이 편지를 다 뜯어서 읽었고 한글 편지를 영문으로 번역해 이 전문에 실었다.

신직수는 "김상근이 한국으로 돌아오지 않겠다고 결정한 것이 나에게는 큰 걱정거리가 되고 있다"며 "만일 한국으로 돌아와준다면 김상근의 경험 등을 살려서 중앙정보부에서 일할 수 있게 하겠다"며 한국으로 돌아오라고 호소했다. 신직수는 "만일 당신이 마음을 바꿔서 한국으로 돌아온다면 나는 당초 결심대로 당신이 중정에서 일할 수 있도록 할 것이며 최근의 사태는 불문에 붙이겠다"고 약속했다.

신직수는 또 "만일 김상근이 귀국을 검토한다면 각서까지 작성, 미국정부에 제출하겠다"며 애원조로 귀국을 설득했다. 신직수는 "만약 내가 이 편지 내용을 어긴다면 당신이 다시 한국을 떠날 수 있도록 보장하겠다"고 재차 약속한 뒤 "내 제안을 신중히 검토해달라"며 자신의 서명을 덧붙였다.

함병춘도 신직수의 편지와 함께 자신의 편지도 전해달라고 요청했다. 함병춘은 "당신이 매우 어려운 처지에 처해 있음을 알고 있다. 아래는

```
SECRET
PAGE 01 STATE 290718 TOSEC 310193
63
ORIGIN NODS-00
INFO OCT-01 ISO-00 /001 R
DRAFTED BY EA/K:EHURWITZ:CB
APPROVED BY EA/K:EHURWITZ
S/S- O:LRMACFARLANE
------------------ 026218
O 280042Z NOV 76 ZFF4
FM SECSTATE WASHDC
TO USDEL SECRETARY IMMEDIATE
AMEMBASSY SEOUL NIACT IMMEDIATE
S E C R E T STATE 290718 TOSEC 310193
NODIS
E.O. 11652: XGDS-3
TAGS: PFOR, PDIP, US, KS
SUBJECT: REQUEST OF KCIA AGENT FOR ASYLUM
REF: STATE 290695, TOSEC 310183
FOLLOWING IS INFORMAL TRANSLATION OF LETTER WHICH ROKG
AMBASSADOR HAHM GAVE TO DEPARTMENT NOVEMBER 27 FOR
TRANSMITTAL THROUGH JUSTICE TO KIM SANG-KUN.
QUOTE: I REALIZE YOU ARE GOING THROUGH GREAT DIFFICULTIES.
BELOW IS THE CONTENT OF A MESSAGE CABLED DIRECTLY
TO ME BY DIRECTOR SIN CHIK-SU. I HOPE YOU WILL STUDY
IT CAREFULLY.
QUOTE: CONSELOR KIM'S DECISION NOT TO RETURN HOME HAS
CAUSED ME A GREAT DEAL OF CONCERN. I HAD ORIGINALLY
THOUGHT THAT WHEN COUNSELOR KIM RETURNED TO KOREA, WE
COULD USE HIS EXPERIENCE AND HAVE HIM WORK IN THE AGENCY.
IF COUNSELOR KIM WERE TO CHANGE HIS MIND AND RETURN NOW
SECRET
SECRET
PAGE 02 STATE 290718 TOSEC 310193
TO KOREA, I WOULD NOT CHANGE IN THE LEAST BIT MY ORIGINAL
PLAN TO HAVE HIM WORK IN THE AGENCY, AND I WOULD PROMISE
TO COMPLETELY FORGET THE EVENTS OF THESE DAYS.
QUOTE: IF COUNSELOR KIM CONSIDERS IT NECESSARY, I WOULD
TRANSMIT MY WRITTEN WORD OF HONOR TO THE US GOVERNMENT
SIDE. IN THIS DOCUMENT I WOULD ALSO GUARANTEE THAT IF
I BROKE MY PROMISE, COUNSELOR KIM COULD LEAVE THE
COUNTRY IF THE US GOVERNMENT SO REQUESTED. I HOPE YOU
WILL CAREFULLY WEIGH MY PROPOSAL. (SIGNED) KCIA DIRECTOR.
QUOTE: I UNDERSTAND THE STRAINS YOU ARE EXPERIENCING.
BUT I HOPE YOU DEEPLY PONDER DIRECTOR SIN'S THOUGHTS.
IF YOU THINK THAT OUR GOVERNMENT HAS CAUSED YOU ANY
OTHER DIFFICULTY, I HOPE YOU WILL NOT HOLD BACK, BUT
WILL LET US KNOW YOUR VIEWS. ALSO, IN ORDER TO HELP
TAKE CARE OF ANY PROBLEMS, I OR ANY OTHER MEMBERS OF
THE STAFF YOU MIGHT WANT WOULD BE READY TO TALK FRANKLY
WITH YOU.
QUOTE: I HOPE YOU WILL GIVE AN ANSWER TO THIS LETTER.
(SIGNED) HAHM PYONG-CHUN. NOVEMBER 27, 1976, 3:00 P.M.
END QUOTE. ROBINSON
SECRET
NNN
```

1976년 11월 28일 국무부가 주한미국대사관에 타전한 비밀전문으로 신직수 중앙정보
부장이 김상근에게 모든 것을 용서할 테니 한국으로 돌아오라는 전문을 보냈다는 내용
을 담고 있다.

신직수 중앙정보부장이 직접 보내온 전문이니 신중히 검토해주기 바란다"고 썼다. 또 "우리는 직접 언제든지 당신과 모든 것을 털어놓고 솔직하게 이야기할 준비가 돼 있다. 당신의 답변을 기다리겠다"는 말로 끝맺었다. 이 편지를 쓴 시간은 1976년 11월 27일 오후 3시였다.

한편, 한국 정부는 김상근 망명 뒤 미국 지역 중정 책임자인 김용환 공사를 비롯해 25명의 요원 전원에 대해 한국 귀국 명령을 내렸다. 중앙정보부 요원들이 청문회 등에 소환될 것을 우려한 조치였다. 이렇게 되자 김용환 등이 다시 망명할 움직임을 보였고 깜짝 놀란 중정 고위간부가 방미해 간신히 이들을 설득했다.

"한국에 들어오지 않고 미국에 머물러도 좋다. 미국에 잘 정착할 수 있도록 최대한 지원하겠다. 그러니 망명만 하지 말아달라"며 달랬다는 것이다.

김상근 동생도 방미 - 면담 추진했으나 불발

신직수가 자신의 편지를 써서 망명 결심을 번복해달라고 애원조로 호소한 데 이어 한국 정부는 미 국무부가 처음 약속과는 달리 김상근과의 면담을 주선하지 않자 외교 경로 등을 통해 강력히 항의했다.

국무부가 김상근이 망명했음을 발표한 12월 1일 당시 국무총리 최규하는 주한미국대사를 불러 문제해결을 위한 미국 측의 성의있는 협조를 요청했다. 또 12월 3일에는 외무부가 주한미국대사관 관계자를 불러 미국 측의 적극적인 협조 결여로 김상근과의 면담이 이뤄지지 않고 있다며 강경한 어조의 비망록을 전했다.

특히 한국 정부는 12월 4일 김상근의 마음을 돌리기 위해 그의 동생 김윤진을 미국으로 보냈다. 김윤진은 워싱턴에 도착한 뒤 주미한국대사관 직원의 안내를 받아 김상근의 집으로 갔다. 김상근은 FBI 보호 하에 장소가 알려지지 않은 곳에 머물고 있었지만 가족들은 거처를 옮기지 않은 채 그대로 집에 머물며 FBI의 보호를 받고 있었다.

김상근의 아파트에 도착한 김윤진은 FBI에게 자신이 김상근의 친동생이라며 형수를 만나고 싶다고 말했다. 그러나 FBI는 김윤진의 면담을 즉각 허락하지 않고 본부에 보고하는 등 한동안 법석을 떤 다음에야 형수를 만날 수 있게 해줬다. 형수를 만났지만 자세한 상황을 모르니 아무 성과가 없었다.

김윤진은 국무부에 형인 김상근을 만나게 해달라고 끈질기게 요청했지만 면담은 끝내 성사되지 않았다. 김윤진은 엿새만인 12월 9일 귀국할 수밖에 없었다.

국무부, 김상근 사직서 전달— 면담 불가 통보

김상근의 동생 김윤진이 형을 만나려다 포기하고 귀국한 것은 귀국 하루 전날 국무부가 김상근의 사직서와 함께 면담 불가라는 강경방침을 다시 한 번 한국 정부에 전달한 데 따른 것이었다.

국무부가 1976년 12월 9일 주한미국대사관에 보낸 전문은 12월 8일 함병춘 주미한국대사를 불러 김상근이 자필로 작성한 한글과 영문사직서를 전달하고 한국 정부는 김상근을 만날 수 없다는 미국방침을 다시 한 번 알렸다는 사실을 담고 있다.

이 전문에 따르면 김상근은 "1976년 11월 25일부로 개인적 사유로 사임합니다. 나는 이날 이후로 당신을 만나거나 대화하지 않을 것입니다. 나는 타인의 강요가 아닌 내 자발적 의지로 미국에 남을 것입니다. 나는 건강하고 안전하게 미국에 체류할 것입니다. 나는 오해 등을 해소하기 위해 중립적 국제기구의 대표를 만나기를 원합니다. 김상근"이라고 썼다.

이 사직서에서 '당신'은 함병춘을 지칭한다고 국무부는 전문을 통해 설명했다. 또 함 대사를 불러 이 사직서를 전달한 뒤 함병춘 등 한국 정부가 김상근을 만날 수 없다는 사실을 다시 한 번 알렸으며 함병춘은 이를 이해했고 한국 정부에 보고하기로 했다고 덧붙였다.

한국 정부는 1976년 12월 28일 최규하 국무총리의 평통보고 형식을 통해 지난 9일 미 국무부가 김상근이 FBI 보호 하에 있다는 종전의 말을 바꿔서 연방치안관 사무소의 보호를 받고 있으며 김상근 본인이 면담을 원하지 않는다고 한국에 통보했다고 밝혔다. 또 최규하는 한미 양국 간에 면접자, 장소, 분위기 등에 대한 견해차가 크기 때문에 아직 김상근과 한국 정부의 면담은 이뤄지지 않고 있다고 설명하고 그럼에도 불구하고 박동선 로비, 청와대 도청, 김상근 망명 등 이른바 한미 3대 현안은 사실상 수습됐다고 보고했다.

하지만 한국 정부는 신직수가 김상근에게 돌아오라는 애원조의 편지를 보낸 사실, 김상근이 사직서를 제출한 사실 등은 일체 알리지 않았다. 그리고 3대 현안도 해결이나 수습은커녕 이제 막 시작돼 확대일로로 치달을 서막단계에 불과했지만 국민을 속였다. 실제로 그 뒤 2년간 한미 관계를 최악으로 몰아넣은 상하원의 3개 청문회는 그 다음해 2월부터 시작됐다.

미국 데스크 3명 보직 마친 뒤 모두 미국 근무

김상근은 중앙정보부의 대미 로비 계획과 관련, '76년도 대미공작방안'을 보지는 못했지만 1975년에 비슷한 문서를 봤다고 증언했다. 말하자면 '75년도 대미공작방안'인 것이다.

1974년부터 매년 미국에 대한 작전 계획이 있었느냐는 질문에 그렇다고 답했고 8국의 미국섹션에서 초안을 작성한다고 밝혔다. 또 '76년 대미공작방안'도 처음 보는 것이지만 중앙정보부 문서가 맞다고 주장했으며 1975년 작전 계획은 황문영이 자신에게 보여줬다고 밝혔다.

김상근은 또 1974년 이후 8국 미국섹션의 책임자 3명이 임무를 마친 뒤 모두 미주 지역으로 발령받아 근무했다고 설명했다. 이문우는 뉴욕에 보임돼 2년간 근무했고 황문영은 주미한국대사관에서 참사관으로 일했으며 이영인도 1976년 11월 미국에 도착했다고 밝혔다. 이영인은 뉴욕 유엔대표부에 근무하다 손호영의 망명 뒤 사직하고 미국에 잔류했으며 '76년도 대미공작방안' 작성자로 지목돼 김형욱으로부터 청문회에 나와서 증언하라는 설득을 받았으나 거절했다.

김상근은 또 1974년부터 한국 정부가 반정부 활동을 벌이는 외국인에 대해 입국금지자 리스트를 작성, 관리했다고 폭로했다. 외국인 입국금지자 리스트는 모두 3개 등급으로 나눠져 있다는 것이다. 1등급은 입국금지, 2등급은 감시 하에 입국, 3등급은 한국 시각으로 설득시킨다는 것이었다고 설명했다.

김상근은 또 워싱턴에는 모두 3개의 한국 신문이 있고 그중 정기영이 운영하던 한민신보, 강영제, 장선남, 신대식이 공동운영하던 프리리퍼블릭 등 2개 신문은 반정부 신문이었다고 밝혔다. 그래서 한광년이 발행하던 신문인 한국신문을 친정부 신문으로 육성키로 하고 지원했다고 주장했다. 처음에는 1973년 1년만 지원하면 궤도에 오를 것으로 생각하고 매달 3000달러씩 지원했으나 계획대로 되지 않았다고 한다. 그래서 양두원의 지시로 1974년 5만 6000달러를 지원하는 등 6~7회 더 돈을 전달했다고 증언했다.

양두원 처제 영주권 스폰서— 신직수 자녀 유학 도와

김한조는 양두원 처의 여자 형제, 즉 처형 또는 처제가 미국에서 영주권을 받을 수 있도록 영주권 스폰서를 해줬다고 김상근에게 말했다. 그래서 미국에서 추방되지 않도록 도와줬다는 것이다. 또 신직수 당시 중앙정보부장이 핀들레이대학으로부터 명예법학박사 학위를 받을 수 있도록 주선한 것은 물론 신직수 자녀의 하버드대학 입학을 도왔다는 것이 김한조의 주장이었다.

또 김한조는 김상근에게 신직수와 대통령 딸, 즉 박근혜가 미국에 오면 자신이 안내를 맡을 것이라고 말했으나 이들의 방미는 성사되지 않은 것으로 보인다. 공교롭게도 양두원이 미국 공사로 재직 당시 법무부 장관인 신직수 아들의 유학을 도와주기도 했었다. 그 아들이 커서 하버드 대학에 입학할 때는 양두원의 조종을 받던 김한조의 도움을 받은 것으로 보인다.

부인과 함께
의회 로비한 김동조

김동조는 박정희 정권에서 주일대사, 주미대사, 외무부장관 등을 지낸 박정희 외교의 대표주자다. 특히 그가 주미대사로 재직한 1967년 말부터 1973년 말까지 6년간은 김신조 일당의 청와대 습격사건과 푸에블로호 납치사건으로 미국에 대한 박정희의 불신이 싹트기 시작했고, 주한미군 철수, 베트남전 종전협상을 둘러싼 한미갈등 등 바람 잘 날 없는 시기였다. 또 박정희의 반민주적 정치행태로 말미암아 미 의회가 경제원조와 군사원조를 대폭 줄이던 때였다.

그는 이처럼 한미관계가 실타래처럼 엉켰던 시기에 미 의회에서 한국에 대한 지지를 얻어내기 위해 종횡무진했다. 그의 말대로 주재국에 한국의 상황을 설명하고 지지를 획득하는 것은 대사의 당연한 업무였다.

그러나 그 지지를 얻어내기 위해 의원들에게 돈봉투를 돌렸다는 의혹을 받았다. 또 외무부장관으로 일할 때 그의 아내가 방한한 미 의원의 부인들에게 돈봉투를 돌렸다는 사실도 폭로됐다. 중앙정보부 비밀문서는 박동선과 김동조가 의회 로비를 둘러싼 경쟁자라고 명시하기도 했다. 하지만 이 같은 로비가 김동조나 그의 부인의 사욕을 채우기 위한 것이 아니었음은 분명히 해야 할 것이다.

김동조는 의원, 부인은 의원 부인 상대

이재현 '김동조 봉투에 100달러짜리 넣어 의회로 갔다'

하원 윤리위원회 조사에서 박동선, 김한조와 함께 김동조, 수지 박 톰슨, 박종규 등도 로비를 한 당사자로 지목됐다. 하원은 김동조, 박종규 등은 한국 공직자가 직접 로비를 한 사례로, 수지 박 톰슨은 미국 공직자가 로비를 한 사례로 의심된다며 철저히 조사했고, 증거를 발견하지는 못했지만 정황은 있다며 보고서에 그 사례를 자세하게 설명했다.

김동조 주미한국대사는 1964년부터 1967년 10월까지 주일대사로, 1967년 말부터 1973년 11월까지 주미대사, 1973년 12월부터 1975년 12월까지 외무부장관, 1976년 4월부터 1978년 6월까지 대통령 외교담당 특별보좌관으로 재직하는 등 관운이 뛰어난 사람이었다.

김동조는 이재현이 1977년 프레이저 소위원회에 출석, 주미대사가 로비했다는 의혹을 제기함으로써 하원 청문회의 주요 증인으로 떠오르게 됐다. 이재현은 1973년 봄 김동조가 중앙정보부 요원 등 10명 정도가 참석하는 회의를 열어 미 유력 인사들, 특히 상하원의원들을 매수하는 방법 등을 논의했다고 주장했다. 특히 주미공사 양두원은 이 작전이 주미대사와 중정요원들에게 하달된 것이라며 다른 대사관 직원들은 알 필요가 없다고 못 박기도 했다. 이 회의는 회의가 끝날 때마다 자료를 회수할 정도로 극비회의였다고 밝혔다.

특히 문제가 된 것은 이재현의 목격담이었다. 이재현은 자신이 김동조 대사의 방에 접근할 수 있는 다섯 명 정도의 직원 중 한 사람이었다고 했다. 말하자면 그는 대사 방에 무시로 출입할 수 있는 고위직 5인방이었다는 것이다. 어느 날 노크 없이 대사 방에 들어갔더니 김동조가 봉투에 100달러짜리 지폐를 넣고 있었으며 그 봉투를 자신의 주머니와 서류가방에 넣었다고 증언했다. 김동조는 이재현에게 의회에 "이것 배달하러 간다"고 말하고는 나갔다고 말했다.

의원들과 조사관들은 대사가 의회에 돈봉투를 전달했다는 이재현의 주장에 대해 처음에는 '대사가 어떤 게 그런 일을…' 하며 회의적으로 생각했다고 한다. 그러나 조사과정에서 이와 연관된 뜻밖의 증언을 얻게 됨으로써 대사가 직접 로비를 했을 수도 있다는 의혹을 가지게 됐다고 밝혔다.

여비서, '김동조가 100달러짜리 1인치 봉투 줬다'

하원 윤리위가 김동조를 본격적으로 의심한 것은 하원의원 래리 윈 주니어의 개인 여비서 낸 엘더의 증언 때문이었다. 낸 엘더는 래리 윈 주니어 사무실에서 근무하는 최측근이었다. 특히 8년 반이나 의회에서 잔뼈가 굵었으므로 눈썰미도 예사롭지 않았음은 물론이다. 낸 엘더는 1977년 10월 공개청문회에서 위증을 할 경우 처벌을 받겠다는 선서를 한 뒤 증언에 나섰다.

엘더는 래리 윈 주니어의 사무실은 의회 내 캐넌빌딩 428호실이며 사무실에는 방이 3개 있고 의원실은 사무실의 왼쪽, 보좌관 방은 오른쪽이었으며 자신의 자리는 리셉션룸이었다고 밝혔다. 그녀는 1972년 9월 또는 10월께 한국대사관 직원이라는 남자가 전화해서 이름을 밝히지 않은 채 지금 의사당 내에 있는데 잠시 윈 의원을 예방할 수 있는지 물었다고 한다.

엘더가 가능하다고 말하자 몇 분 뒤 한국인 남자가 사무실에 와서 윈 의원 방에서 윈을 만난 뒤 1~2분 만에 떠났다고 한다. 곧바로 윈 의원도 사무실 밖으로 나갔으나 엘더에게 전화를 걸어 자신의 방에 가서 책상 맨 위 서랍에 놓여있는 흰 봉투 속에 무엇이 들어있는지 확인하라고 지시했다. 윈은 책상 맨 위 서랍을 늘 열어두고 서랍 위에 팔을 올리는 습관이 있어서 서랍은 항상 열려 있었다. 봉투 속을 봤더니 100달러짜리 지폐가 가득 차 있었고, 그녀는 평생 이렇게 큰돈은 처음 본다고 대답했다. 그러자 윈은 빨리 돌려줘야 된다고 소리쳤고, 엘더는 자신이 돌려줄 테니 걱정 말라고 말한 뒤 한국대사관에 전화를 했다.

전화를 받은 직원에게 방금 의회에 온 한국대사관 남자를 찾아달라고 연락한 다음 그 남자가 갔을 만한 사무실로 전화했더니 그가 있다는 것이다. 낸 엘더가 지금 즉시 만나야 한다며 그곳으로 가겠다고 했더니 그 남자가 그럴 필요 없다며 다시 윈 사무실로 올라왔다. 다른 의원의 사무실에 있다가 급히 달려온 것이다.

엘더는 그 남자에게 감사하지만 우리는 이 봉투를 받을 수 없다며 정중히 돌려줬다. 엘더는 봉투 속의 100달러짜리 지폐 두께가 1인치는 돼 보였다고 증언했다. 1인치는 2.54센티미터이므로 100달러 신권이라면 족히 200장, 2만 달러 정도가 되는 두께다.

엘더는 그 남자가 찾아오기 하루나 이틀 전에 원이 한국대사관 초청으로 대사관 리셉션에 참석했었다는 사실도 진술했다. 사무실 일정표에 적혀있다는 것이다.

14장 사진 제시하자 김동조 사진 정확히 찾아

엘더의 진술이 너무나 구체적이었다. 한국대사관 직원이라며 전화를 한 뒤 사무실에 들렀고, 한국대사관에 전화를 해서 그 남자를 찾았더니 금방 달려왔다면 한국대사관 직원임이 틀림없다. 또 봉투 속에 난생 처음 볼 정도의 큰돈이 들어있었다니 돈봉투가 분명한 것이다. 단지 엘더는 그 남자가 처음 본 사람이었고 그 이후로도 한 번도 본적이 없었다고 밝혔다. 그는 누구였을까?

하원 윤리위는 엘더에게 한국인 남자 14명의 사진을 제시했고 엘더는 정확히 한 사람의 사진을 집어냈다. 바로 김동조의 사진이었다. 수차례 확인하라고 했지만 바로 그때 돈봉투를 놓고 갔던, 그리고 그 돈봉투를 돌려받았던 그 사람이 맞다고 증언했다.

당시 원은 과학기술위원회 소속이었다. 얼핏 보기에 한국에 대한 원조나 군사지원 등과는 전혀 상관이 없는 상임위였다. 한국이 군이 로비를 할 필요가 없는 의원이었던 것이다.

그러나 이 의문도 곧 풀렸다. 윈이 1972년 9월 또는 10월에는 과학기술위원회 소속이었지만 1973년 1월부터는 외교위원회로 옮기기로 이미 결정이 나 있었던 것이다. 외교위원회라면 한국과 직결되는 상임위원회다. 그래서 윈이 외교위원회로 옮긴다는 것이 결정된 뒤 곧바로 '작업'에 들어갔던 것으로 볼 수 있다.

의원들은 엘더에게 김동조가 다시 돌아오기 전 어느 의원의 사무실에 있었느냐고 물어봤다. 엘더는 지금은 밝힐 수 없지만 조사과정에서 해당 의원의 이름을 이미 말했다고 답했다. 의원들은 윈 외에도 김동조가 다른 의원사무실에도 들러 돈봉투를 전했을 가능성이 있다고 생각한 것이다.

엘더는 돈봉투를 놓고 나갔던 남자가 다시 사무실로 돌아온 것은 10분에서 15분 뒤의 짧은 시간이었다고 말했다. 의원들이 어떻게 그 남자가 있을 법한 사무실을 정확히 알 수 있었냐고 묻자 딱 한 사람이 떠올랐고 전화했더니 그가 바로 그곳에 있었다고 말했다.

과연 누굴까?

이 책을 읽어보면 한 사람 짐작되는 사람을 금방 찾을 수 있다. 김동조와 의회를 이어주던 바로 그 사람, 수지 박일 가능성이 크다. 칼 알버트 의장실에 김동조가 있었을 것이다. 그 정도로 의회 직원들도 한국이라고 하면 누구와 연결된다는 것을 훤히 알고 있었던 것이다.

엘더의 증언은 윈의 증언과도 일치했고 하원 윤리위는 김동조의 로비가 사실이라는 쪽으로 점점 더 기울게 된다.

'한국과 관련 없는 의원' 김동조 답변은 거짓

김동조는 1년여 뒤인 1978년 8월 19일 하원 윤리위의 질문지를 받았고 한 달 뒤인 1978년 9월 18일자로 답신을 보냈다. 이 답신에서 래리 윈에게 돈봉투를 전달하려 했던 사실에 대해 해명했다.

김동조는 래리 윈 의원 여비서의 증언에도 불구하고 1972년 9월 또는 10월에 래리 윈 사무실에 간 적이 없다고 밝혔다. 특히 사전에 약속하지 않고 방문한 적은 없었으므로 만약 갔다면 윈의 다이어리에 기록돼 있을 것이라며 그 기록을 보면 알 것이라고 주장했다. 또 윈은 과학기술위원회와 원호위원회 소속이므로 한국 안보와 무관하다고 밝혔다.

김동조의 답변과 엘더의 증언을 비교하면 김동조의 답변이 거짓일 가능성이 크다는 것을 쉽게 알 수 있다. 김동조는 사전에 약속을 하지 않고 의원사무실을 방문한 적이 없다고 밝혔다. 그러나 김동조가 하루나 이틀 전에 미리 윈 의원의 사무실에 전화해 약속을 정하진 않았지만 당일 전화를 걸어 의사당에 이미 와 있으니 잠깐 만날 수 없는지 물어본 것으로 드러났다. 돈봉투를 전달할 때 사전에 약속을 정하고 전달한다면 증거를 남기는 일이 될 것이다. 그러니 그런 일을 할 때는 사전약속을 하지 않는 것이 상식이다. 다만 방문 직전에 당사자가 사무실에 있는지만 체크하면 되는 일이다. 의원사무실 일정표에 그의 방문 사실이 없다고 해서 그가 방문하지 않았다는 것을 입증하는 것은 아니다.

또 윈 의원이 과학기술위원회와 원호위원회 소속이므로 한국 안보와 무관하다고 답했지만 이 또한 사실과 거리가 멀다. 돈봉투를 전달할 당시 과학기술위원회 소속이었지만 3개월 뒤인 1973년 1월부터 윈은 외교위원회에서 활동한다고 이미 결정이 나 있었기 때문이다. 그래서 방문 하루 이틀 전 한국대사관 리셉션에도 그를 초청했던 것이다.

이처럼 김동조의 답변은 의문투성이였지만 어차피 하원 윤리위도 조사의 마지막 요식절차로 생각했고 답변이 도착한 시점이 의회가 사실상 폐회하는 시기였기에 더 이상 문제를 제기하지 않았다.

김동조 부인, 하원의원 부인에게 돈봉투 돌려

김동조가 의심받는 두 번째 이유는 1975년 8월 하원의원단 방한 때 발생한 의원 부인 돈봉투 전달 사건 때문이다.

1975년 8월 8일 11명의 하원의원이 한국을 찾았다. 레스터 울프가 단장이었고 김한조가 전위대라고 말했던 테니 가이어를 비롯해 스티븐 솔라즈, 드 라 가르자, 존 마이어스 등이 끼어 있었다. 이들은 8월 1일 미국을 떠나 필리핀, 인도네시아를 거쳐 한국을 찾은 것이다. 사흘간의 짧은 일정이었지만 이들은 그야말로 칙사 대접을 받았다. 9일 밤에는 정일권 국회의장 초청 만찬에 참석했고 10일 밤에는 삼청각에서 열린 만찬에 초대됐다. 당시 조선호텔에 투숙했던 이들은 지하 양복점에서 의원 한 사람당 최고급 양복으로 다섯 벌씩을 맞추는 것은 물론 다른 사람 선물용으로 양복을 맞추기도 했다. 과연 누가 양복 값을 냈는지는 굳이 말을 하지 않아도 짐작이 간다.

당시 방한 중 어느 날 밤에 사단이 발생했다. 김동조 당시 외무부장관의 부인이 의원 부인들에게 돈봉투를 돌린 것이다. 하원이 의원들에게 질문지를 돌린 결과 2명의 의원 부인이 당시 돈봉투를 받았다고 신고했다. 존 마이어스의 부인과 드 라 가르자의 부인이었다.

이들 의원 부인 2명도 1977년 10월 하원 청문회에 출석, 그날의 상황을 설명했다.

드 라 가르자 부인은 김동조가 주미대사일 때 주미한국대사관 리셉션 등에 초대된 적이 있었기에 김동조의 부인을 알았다고 한다. 서울에 체류하던 중 하루는 김동조의 부인이 의원 부인들에게 만찬을 베풀었고 밤 11시 30분쯤 호텔로 돌아와 남편 가르자 의원과 함께 방에 머물고 있는데 누군가 노크를 했다. 문을 열고 나갔더니 김동조의 부인이었다. 가르자 부인은 김동조의 부인이 아니시냐고 하며 안으로 들어오라고 했고 한국 여행이 어떤지 등과 워싱턴이 기억난다는 등 몇 마디 인사를 나눴다고 한다. 그 뒤 김동조 부인이 떠나면서 문 앞에서 지갑을 열고 가르자 부인에게 봉투를 전달했다. "당신 남편 선거운동을 위해 준비했다"며 가르자 부인의 이름이 적힌 작은 봉투를 내밀었다는 것이다. 그때 가르자 부인은 의원 부인 경력만 25년이었는데, 난생 처음으로 모욕감을 느꼈다고 주장했다. 다음날 아침 남편 가르자가 김동조에게 직접 돈봉투를 돌려 줬다고 증언했다.

마이어스 부인도 마찬가지였다. 가르자 부인이 봉투를 받았던 바로 그날 밤 자신도 한국인 여성에게 돈봉투를 받았다고 한다. 당시 마이어스 부인은 김동조의 부인을 알지 못했지만 그 이후 그 여인이 김동조의 부인임을 알았다고 증언했다. 마이어스 또한 그 돈을 돌려줬다.

하원의원 돈봉투 반납 – 1만 달러 들어있었다

과연 그 봉투에 얼마가 들어있었는지가 문제였다. 가르자 부인은 얼마인지 모르지만 제법 두꺼운 흰 봉투에 100달러짜리가 가득 들어있었다고만 말했다. 그러나 마이어스 의원이 그 돈이 얼마인지 세어본 모양이다. 100달러짜리 100장, 총 1만 달러였다.

당시 하원의원 11명이 한국을 찾았지만 돈봉투를 받았다고 신고한 의원 부인은 두 사람이었다. 그렇다면 과연 두 사람에게만 돈봉투를 돌렸을까?

마이어스는 세출위 소속, 드 라 가르자 의원은 농업위 소속이었다. 굳이 따지자면 한국과 밀접한 연관이 있는 외교위원회나 국방위원회 등에 소속된 의원은 아니었다. 방한단 중에는 단장 역할을 맡은 울프가 외교위 소속이었으며 야트런, 길먼, 가이어, 솔라즈 등도 한국에 대한 군사원조 등을 심의하는 외교위 소속이었다. 한국과 관련 없는 상임위 소속 의원의 부인에게만 돈봉투를 전하고 한국에 대한 생사여탈권을 쥔 외교위 소속 의원들의 부인에게 아무 것도 전달하지 않았다면 그것도 이상한 일일 것이다. 아마도 나머지 의원들이 뭔가를 숨겼을지도 모른다.

하원은 이 부분에 대해서도 김동조에게 물었다. 1974년부터 1975년까지 상하원의원을 접촉했느냐는 질문에는 당시 자신은 한국 외무부장관으로 재직했고 미국에 없었다고 답했다. 하원이 이 같은 질문을 한 것은 1975년 8월의 의원 부인 돈봉투 사건을 염두에 둔 것이었지만 김동조는 자신은 당시 미국 대사가 아니었다는 식으로 답변을 회피했던 것이다. 동문서답이었다. 이 부분도 의원 부인과 김동조 답변을 비교해보면 무엇이 진실인지 쉽게 알 수 있다.

명예총영사에 3000달러씩 현금 전달 증언도 나와

하원 윤리위는 김동조가 외무부장관 시절인 1974년 10월 워싱턴을 방문해 돈봉투를 돌린 사실도 밝혀냈다. 김동조는 방미 때 명예총영사 회의를 소집했고 조지아 주 한국명예총영사 도널드 클라크와 콜로라도 주 한국명예총영사 드와이트 해밀턴에게 각각 캐시 3000달러를 전달했다. 이들 두 명예총영사는 하원 윤리위 조사에서 캐시 3000달러를 받은 사실을 시인했다. 드와이트 해밀턴은 1978년 11월 9일, 도널드 클라크는 1978년 12월 5일 각각 조사를 받았다. 이들은 김동조가 이 돈으로 자신의 관할지역에서 주 상하원의원 출마자들 등에게 소스가 드러나지 않게 소액으로 지원하라는 명목으로 돈을 받았다고 증언했다.

이외에도 하원 윤리위는 정보기관으로부터 입수한 정보에 따르면 김동조 대사가 외무부장관으로 승진한 뒤에도 주미한국대사관 관리들이 4자리 수의 돈을 4명의 현직 하원들에게 전달했으며 이들 의원의 이름은 윤리위에 통보됐다고 밝혔다. 또 김동조가 다른 하원의원 2명에게 5자리 수의 돈을 주려고 시도했다고 주장했다.

한국 상황 설명 - 미국 지지 획득은 대사 임무

이 같은 의혹에 대해 하원 윤리위는 김동조가 청문회에 출석해 증언해야 한다고 주장했다. 외교관 특권이 있는 대사에게 청문회 출석을 요구하는 것은 국제법에 상충되는 비상식적 행위지만 하원은 어떻게든 주미한국대사의 미 의원 매수 의혹을 밝히려고 안간힘을 썼다. 한미 간에 이 문제는 큰 갈등을 낳다가 결국 하원 윤리위가 질문을 하면 김동조가 개인 자격으로 편지를 보내는 것으로 합의됐다.

김동조에 대한 하원 윤리위 질문지는 1978년 8월 19일 전해졌고 한 달 뒤인 1978년 9월 18일자로 답신을 보냈다.

김동조는 사신에서 먼저 자신이 주미대사로 부임하던 당시의 상황을 설명했다. 자신이 존슨 대통령에게 신임장을 제정한 것은 1967년 11월 9일이었으며 당시 한국은 월남에 2개 사단을 파병한 상태였다. 주미대사 부임 직후인 1968년 1월에는 김신조 일당이 청와대를 습격했고 이틀 뒤에는 미국의 정찰함 푸에블로호가 납치돼 원산으로 끌려가는 상황이 발생하는 등 남북관계가 극도로 긴장된 상황이었다고 설명했다.

또 1969년 4월 15일에는 미군 정찰기 EC-121이 격추됐고 그해 10월 레어드 국방장관이 의회에서 주한미군 감축 계획을 밝히고는 1971년 3월 7사단을 철수해버렸다.

김동조는 이 같은 상황에서 주미대사로서 미국의 행정부, 입법부, 학계, 언론계, 경제계 등 각계 지도층에게 한반도 안정이 동북아 전체의 안정은 물론 미국 국익에도 직결된다는 사실을 인식시켜서 이들의 적극적 지원을 확보해야 했다는 것이다. 그것이 바로 주미대사로서의 당연한 임무라고 주장했다.

김동조는 놀랍게도 윤리위가 자신의 활동 전반에 대해 의원 전원에게 질문서를 배포함으로써 정상적 외교활동을 부당한 행위로 간주하고 조사하려는 인상을 받았다고 말했다. 객관적 증거도 없이 일방적 주장만을 토대로 오랜 시간 조사함으로써 의원들과 자신, 그리고 가족들까지 명예를 훼손당했다는 것이다.

특히 한국 정부가 미 의회를 부패시킬 계획을 가지고 있었다는 허황된 주장을 함으로써 한국 정부 이미지가 손상된 것은 심히 유감이라는 것이다.

또 국제법과 외교관례에 따라 의회 조사에 최대한 협조했고 사신으로 해명하려고 했지만 하원이 이를 거부하고 직접 출두해서 선서를 한 뒤 증언을 요구한 것은 있을 수 없는 일이며 한국도 주권국가로서 받아들일 수 없는 일이라고 지적했다.

국무부가 외국 대사에 대해 증언을 강요할 수 없다고 공식 견해를 밝혔음에도 압력을 가하기 위해 한국에 대한 잉여농산물 차관 지급 중단을 결의한 것은 미 의회의 양식을 의심할 수밖에 없는 일이라는 점도 강조했다.

또 자신이 주미대사 재직 때 이용했던 사교클럽인 버닝트리클럽과 아메리칸익스프레스에 대해 자료제출명령서를 발부한 것은 사생활 침해라고 주장했다.

의원-공직자에 돈 준 적 없다─ 선물은 미풍양속

김동조는 하원 질문서에 우방국 전직 외교관에게 물을 수 없는 질문이 많다고 지적하고, 그러나 한미 양국 간의 전통적 우의를 생각하고 사실을 밝힘으로써 하원의원들의 명예와 위신을 회복해주고 자신과 가족의 명예를 지키기 위해 답을 하기로 결심했다고 밝혔다.

하지만 질문서가 신문 형식으로 돼 있기 때문에 설문별로 답하는 것은 신문에 응하는 결과가 되기 때문에 그렇게 할 수 없으며 양심에 따라 포괄적으로 답하겠다고 말했다.

김동조는 미국 의원이나 공직자에게 직접 또는 간접으로 돈을 준 적이 없을 뿐더러 돈을 주려 한 적도 없다는 말로 답변을 시작했다.

제롬 워디 의원의 만찬 티켓을 산 것은 부득이한 경우였다며 그 앞뒤를 설명했다. 김동조는 캘리포니아 출신의 제롬 워디가 자신의 지역구 출신 병사에 대해 도움을 청함으로써 그를 알게 됐다고 밝혔다. 이 병사가 한국에서 살인 등의 중범으로 사형을 선고받았으나 제롬 워디가 간곡히 요청해 한국 정부에 건의해 신병을 미국으로 이송시켜줬다고 말했다. 그 뒤 워디는 1973년 5월 캘리포니아 주지사 후보선출을 위한 민주당 예비선거에 출마하면서 2000달러 상당의 모금만찬 티켓을 주미한국대사관에 보내와 당황했다고 한다. 정면으로 거절하기 힘들었기 때문에 티켓을 구입해 그 지역구에 사는 한국 동포에게 전달했고 실제 그 사람이 만찬에 참가했다고 밝혔다.

김동조가 돈봉투를 전달했다는 래리 윈 의원 여비서의 증언에 대해서는 당시 의회에 간 적이 없고 윈 의원 소속 상임위가 한국과는 무관하다고 답변했다.

선물에 대해서는 개인적으로 친한 사람들에게 생일이나 자녀 결혼

등 가족 경사와 성탄절 등에 선물을 준 적이 있고 자신도 또한 그들로부터 선물을 받았다고 설명했다. 특히 닉슨 대통령 자녀 결혼선물로 나전칠기 과자함을 보냈고 자신도 딸 결혼식에 많은 미국 친구로부터 선물을 받았다며 이는 동서양을 막론하고 우의를 표시하는 인간의 아름다운 관습이라고 주장했다. 자신이 준 선물은 한국산 실크천이 대부분이었고 한국 인형, 인삼, 인삼차, 토산 장식품, 자개화병이라고 말했다

수지는 아내 친척―'로비했으면 원조 줄었겠나'

수지 박 톰슨을 통해 의회 로비를 했다는 주장에 대해서도 답변했다. 수지의 부모와 자신의 처의 부모가 경남 통영의 고향사람으로 미국에 오기 전부터 처와 수지가 잘 아는 사이였으며, 미국에서도 친근한 관계를 유지했다고 밝혔다. 그녀에게 직·간접으로 돈을 주거나 의원 면담 또는 연회 주선 요청을 한 적이 없다고 밝혔다.

한국에 대한 특별군원과 관련해 로비를 했다는 데 대해서는 특별군원이 통과되지 못했다고 말했다. 1969년 하원에서는 칼 알버트 민주당 원내총무, 제럴드 포드 공화당 원내총무의 지원으로 특별군원안이 가결됐으나 상원에서는 제임스 풀브라이트 의원과 마이크 맨스필드 의원의 반대로 통과되지 못해 상하 양원협의회에서 격렬한 논쟁이 됐다며, 하원 주장대로 로비를 했다면 군원안이 통과되지 못했겠느냐고 반문했다.

1970년에는 1971년부터 5개년간 추진될 한국군 현대화계획에 대한 지원 문제가 매년 미 의회의 대한군원안 토의의 주 내용이 됐으며 1971년을 제외하고는 매년 행정부 요청액의 거의 절반이 삭감돼 현대화계획의

추진에 큰 차질을 초래했다고 설명했다.

또 1972년에 일반적인 삭감추세에 대해서 원조액의 10% 현지 통화 예치안이 채택됨으로써 한국이 상당한 문제를 제기했었다고 주장했다.

마지막으로 1974년에서 1975년 상하원의원을 접촉했느냐는 질문에는 당시 자신은 한국 외무부장관으로 재직했었다고 답했다.

사실 김동조의 사신은 하원 윤리위 청문회를 마무리를 짓는 하나의 요식절차였다. 그래서 하원 윤리위도 처음부터 이 사신에 대한 반박 또는 재질문을 할 의도도, 그럴 시간도 없었다. 김동조의 답변 중 일부 답변, 1974년에서 1975년 의원 접촉 등은 김동조가 아닌 김동조 부인이 의원 부인의 접촉을 언급한 것이었다. 그렇지만 이를 알면서도 김동조는 나는 외무부장관이었다는 단 한마디로 그냥 넘겨버린 것이다.

정계 거물 홀린
한국의 마타하리 수지 박

수지 박 톰슨은 한국인으로서는 가장 먼저 미 의회에서 보좌관 생활을 한 사람이
다. 1년 남짓 근무한 사람은 있었지만, 10여 년 이상을 근무하고 그중 6년 정도를
하원의장의 보좌관으로 일한 사람은 그녀뿐이었다. 수지는 칼 알버트 하원의장의
보좌관이 된 1971년부터 본격적으로 한국을 위한 로비에 나섰다. 마침 그녀가
김동조 당시 주미대사 부인과 동향에다 먼 친척 간이라는 점도 그녀가 한국 정부
의 눈에 띈 이유였다.

그녀는 김동조와 중앙정보부의 도움을 받아가며 의원들에게 자연스럽게 로비를
펼쳤다. 특히 그녀가 동양적 미모로 칼 알버트 의장을 사로 잡았기 때문에 한국은
알게 모르게 적지 않은 도움을 받았을 것으로 추정할 수 있다. 어이없게도 미국
내 중앙정보부 책임자인 주미공사의 부인의 입을 통해 그녀와 중정과의 관계가
드러났다.

미 의원 사로잡은 수지

연봉 1만 5000달러 비서가 5000달러씩 예금

하원 윤리위는 박동선, 김한조, 김동조 등과 함께 또 다른 의회 로비의 한 갈래로 칼 알버트 하원의장의 비서였던 수지 박 톰슨을 지목했다.

수지 박 톰슨은 1931년 10월 31일 경남 통영에서 태어났으며 본명은 박숙내이다. 1954년 10월 3일 사우스캐롤라이나의 컬럼비아칼리지에 입학하기 위해 미국으로 왔고 1959년 10월 17일 미국 시민권자인 윌리엄 캠벨 톰슨과 결혼했다. 수지는 시민권자의 배우자 자격으로 1969년 3월 25일 시민권을 받았으나 약 2년 뒤인 1971년 1월부터는 톰슨과 별거했고 1975년 4월 이혼한 것으로 조사됐다.

수지의 의회 경력은 1965년으로 거슬러 올라간다. 수지는 1965년 팻시 민크 의원사무실에서 일하면서 의회와 인연을 맺었고 1966년부터 1967년까지는 허버트 텐저 의원사무실에서 근무했다. 그 뒤 윌리엄 헌케이트 의원사무실에서 잠시 일한 뒤 1969년부터 1971년 1월까지 레스터 울프 의원사무실에서 일했다. 레스터 울프는 1970년대 중반 하원 외교위원장이 된 사람이다.

이처럼 의회에서 6년 정도 경력을 쌓은 뒤 1971년 2월부터 칼 알버트 하원의장 사무실로 옮겨서 1977년 1월 칼 알버트가 은퇴할 때까지 그의 비서로서 함께 했다. 알버트 의장 사무실에서 일할 때 연봉은 1만 2500달러였으며 퇴직 전 최고 연봉이 1만 5000달러였다.

하원 윤리위 조사결과 1971년 이전까지 수지는 경제적으로 큰 어려움을 겪었고 은행 잔고 부족으로 그녀가 발행한 수표가 펑크 나는 일도 많았다고 밝혔다. 심지어 2달러를 예금한 적도 있었다는 것이다.

그러나 1971년부터는 200달러에서 600달러씩 예금하는 등 예금단위가 커졌고 이 예금 중 일부는 캐시였다고 한다.

특히 1975년 10월 6일에는 그녀 명의의 2개 예금계좌에 모두 5400달러를 예금한 사실이 드러났다. 그녀 연봉의 3분의 1에 해당하는 거액이었다. 제퍼슨 연합신용대출 은행에 3250달러, 라이트패트만 의원 신용조합에 2156달러를 넣은 것이었다.

하원이 그녀의 세금보고서를 입수해 검토해본 결과 이 돈은 그녀의 1975년 세금보고에 전혀 포함되지 않았다. 말하자면 정체불명의 검은돈이었다.

김동조의 먼 친척 - 여비서가 걸핏하면 파티, 파티

수지는 자신의 아파트에서 소규모 파티를 자주 열었다고 한다. 보통 6명에서 10명 정도가 참가하는 디너파티였다. 또 200~300명이 참석하는 신년 맞이 파티를 그녀 집 인근의 레스토랑에서 열기도 했다. 연봉 1만 5000달러 여비서로서는 걸맞지 않은 소비행태였다.

또 수지 자신의 아파트단지의 레크리에이션룸을 빌려서 50명에서 100명이 참석하는 파티를 열었으며 파티 때마다 벼루에 먹을 갈아 직접 한지에 글을 써주곤 했는데 뛰어난 서예솜씨로 유명했다고 한다.

그녀 파티에는 의원들이나 의원사무실 직원들이 주로 참석했지만 항상 정체불명의 한국인 남자 2~3명이 눈에 띄었다. 하원 윤리위는 바로 이 정체불명의 한국인들을 주미한국대사관 직원들이라고 추정했다. 의원들이 저 한국인들이 누구냐고 물으면 수지는 미국식 민주주의를 가르쳐주기 위해 한국인들을 초대했다고 설명했다.

하원 윤리위는 파티 참석자들을 대상으로 조사를 펼쳐 정체불명의 한국인들이 김동조, 김용환, 임규일 등이었다고 밝혔다. 김용환은 미국 내 중정 책임자였으며 임규일은 중정요원이었다. 즉 수지 파티에는 대사와 중정요원들이 수시로 참석했다는 것이다.

수지는 하원 윤리위에 출석, 김동조 부인과 먼 친척 사이로 대사관으로부터 돈이나 술 박스 등을 받은 사실은 없지만 김동조 부인으로부터 한국 음식이나 소량의 술은 몇 달에 한 번씩 정기적으로 받았다고 시인했다.

김동조 또한 하원 윤리위에 보낸 사신을 통해 수지를 통해 의회 로비를 했다는 의혹에 대해서도 답변했다. 수지의 부모와 자신의 처의 부모가 경남 통영의 고향사람으로 미국에 오기 전부터 처와 수지가 잘 아는 사이였으며 미국에서도 친근한 관계를 유지했다고 밝혔다. 그녀에게 직간접으로 돈을 주거나 의원 면담 또는 연회 주선 요청을 한 적이 없다고 밝혔다.

수지와 김동조의 부인에도 불구하고 수지의 의회 로비 주선은 아이러 니하게도 주미한국대사관 직원들의 증언으로 사실로 드러나게 된다.

정인식, '수지 집에 의원들과 젊은 여성 있더라'

김동조의 의회 로비 의혹을 제기한 이재현에 이어서 주미공보관장직 을 수행한 사람은 정인식이었다.

한국에 비수를 꽂은 이재현에 이어 공교롭게도 정인식도 수지의 로비 의혹을 하원 윤리위에 알렸다. 정인식은 1973년 7월부터 1975년 7월까지 워싱턴에 근무하면서 김용환 공사와 잘 어울렸다. 김용환을 따라서 수지 집에서 열린 파티에 갔었다며 당시 상황을 설명했다.

하원의원 5명과 젊은 여성 5명이 어울려 파티를 즐기고 있었다는 것이 다. 의원들에게 젊은 여성과의 만남을 주선했다는 의혹이 일 수 있는 대목이다.

그러나 윤리위는 이 젊은 여성들의 정체에 대해서는 캐묻지 않고 슬그 머니 덮으려는 태도를 취했다. '가재는 게 편'이라고 의원 섹스스캔들로 이어질 것을 우려했던 모양이다.

당시 파티에 참석한 한국인은 김용환과 자신뿐이었으며 약 한 시간 뒤에 의원들이 떠났다고 밝혔다. 김용환이 자신에게 수지가 파티를 열 때마다 300달러에서 400달러씩 지원한다고 말했다는 사실도 털어났다.

김동조의 비서인 마가렛 진 헤프론도 하원 윤리위 조사를 받았다. 1970년부터 1973년까지 김동조의 비서였던 마가렛은 김동조의 부인이 칼 알버트 의장과 수지를 종종 접대했다고 진술했다. 김동조도 의원사무실을 자주 방문했는데 방문 전에 수지가 의원들과 일정을 잡은 다음 김동조에게 연락하면 김동조가 의회로 갔다고 밝혔다. 또 김동조는 수지가 주최한 파티에 대부분 참석했고 그 파티에는 항상 알버트 의장, 휴 케리 전 의원, 레스터 울프 등이 있었다고 증언했다.

김동조 비서가 김동조와 수지의 연계를 털어놓은 것이다.

김상근, 의회 주차장서 수지 차 트렁크에 술 전달

김상근 또한 수지에 대해서 증언했다. 1971년 중정요원 임규일과 함께 수지 아파트에 가서 술을 한 박스 전달했다는 것이다. 1972년에도 임규일의 지시로 의회 내 레이번 빌딩의 지하 주차장에서 수지에게 술을 전해줬다고 밝혔다. 자신이 그의 차 트렁크에 술 박스를 싣고 와서 수지의 차 트렁크에 술을 실어줬다는 것이다. 마치 돈이 든 사과박스를 트렁크에서 트렁크로 전달하듯 술 박스를 전달한 것이다.

당시 임규일은 수지가 항상 술을 더 많이 요구하고 있고 김동조와 직접 연락하므로 자신의 말을 잘 듣지 않는다고 불평했다고 한다. 말하자면 수지가 김동조와 직통라인을 개설, 움직이기 때문에 부하직원인 자신의 말은 거들떠보지 않는다는 것이었다.

또 수지는 김용환과 가까운 관계를 유지했으며 김상근도 수지가 개최한 파티에 참석한 적이 있다고 밝혔다. 70~80명이 참석한 파티였는데 자신이 알아볼 수 있었던 의원은 칼 알버트 의장뿐이었고 한국인은 김상근 자신과 상관 임규일뿐이었다고 말했다.

김용환 부인 말실수로 중정-수지 커넥션 최초 확인

아이러니하게도 수지가 중앙정보부의 지원을 받는다는 사실은 김용환 부인으로부터 확인됐다. 수지가 종종 한국 외교관 부인들을 업신여기곤 했던 것이 화근이 된 것이다. 그도 그럴 것이 하원의장의 은밀한 사생활까지 책임졌던 특급비서인데다 김동조 대사의 부인과도 절친했기 때문에 외교관 부인들이 절절맬 수밖에 없었다.

워싱턴포스트의 맥신 체서가 어느 날 김용환의 부인에게 전화를 해서 "당신이 수지에게 김치 등 한국 음식을 제공하느냐"고 물었다.

김용환의 부인은 당황했고 모욕 당했다고 생각했다.

김용환의 부인은 "나는 수지에게 음식을 해준 적이 없다. 수지에게 김치 등 한국 음식을 만들어다 주는 사람은 임규일의 부인과 식모다. 그들이 몇 차례 음식을 해준 적이 있다. 당신이 오해했다"라고 말하고 말았다.

김용환의 부인은 또 임규일은 내 남편을 보좌하는 사람이라고도 말했다. 임규일의 공식 직책은 주미한국대사관 무관이었지만 실제로는 중앙정보부 요원으로 김용환의 부하였다. 이로써 중앙정보부가 수지의 파티를 지원한다는 사실이 처음 확인된 것이다.

수지-중앙정보부 커넥션이 확인된 것이다.

맥신 체서는 곧바로 수지에게 전화했다. 수지는 당시 2차 하원의원단을 따라 한국을 방문 중이었다.

맥신 체서는 "한국대사관에서 음식을 물론 술까지 갖다 주는 것 아니냐"고 물었다. 그러나 수지는 "음식을 해준 사람은 임규일의 부인이 아니라 내 여동생이다. 또 술을 가져다 준 사람은 여동생 남편인 제임스 허이다"라고 둘러댔다.

김상근 또한 수지와 임규일의 관계를 암시하는 증언을 했다. 한 번은 자신이 임규일의 아파트에 갔는데 그곳에 수지가 와 있었다는 것이다. 수지가 임규일의 아파트에 있었다는 것은 자칫 묘한 오해를 일으킬 수 있는 증언이었지만 맥신 체서의 이야기를 들으면 그곳에 간 이유를 알 수 있다. 아마도 음식 때문에 임규일의 집에 들렀을 것이다.

사고 나면 제부 정비소에 맡겨– FBI는 도청 의심

수지는 툭하면 의회 내에서 사고를 내는 악명 높은 배드드라이버였다. 레게트 하원의원은 수지가 한번은 알버트 의장의 차를 몰고 가다가 사고를 내기도 했다고 말했다. 이때 수지는 워싱턴의 유명한 나이트클럽인 제브라 룸에서 밤새워 놀다가 새벽에 집으로 들어가던 참이었다. 수지가 새벽에 하원의장의 차를 몰고 놀러 다니다 사고를 냈다는 것은 수지와 알버트의 관계를 잘 설명해준다.

하지만 또 다른 문제가 있었다. 수지는 의회에서 의원들의 차와 부딪히는 사고를 내면 언제나 자신이 차를 고쳐준다며 자신의 여동생 남편 스티브 허가 운영하는 정비소에 수리를 맡겼다. 차를 일단 정비소에 맡기면 정비소에서 어떤 일이 벌어지는지 아무도 모른다.

이 때문에 FBI는 수지가 사고를 내면 항상 걱정했다고 한다. 스티브 허가 의원들의 차를 수리하는 척하면서 차 속에 고성능 도청장치를 설치

할지 모른다는 우려 때문이었다. FBI는 CIA가 한국에 고성능 도청장치를 많이 공급했다며 의원 몰래 이 장치를 차속에 심을 수 있다고 말했다는 것이다.

특히 수지는 맥신 체서에 대해 깊은 증오를 드러내기도 했다.

수지는 코리아게이트가 쟁점이 된 뒤 ABC의 굿모닝 아메리카에 출연해 모든 문제가 한 여인의 시기심에서 비롯됐다고 밝혔다. 그녀는 그 여인이 누군지 직접 거론하지 않았지만 그녀의 변호사는 맥신 체서의 이름을 언급했던 것이다.

수지는 알버트 의장의 정부— 레게트와도 관계

수지는 알버트 하원의장의 비서였지만 업무상 비서였을 뿐 아니라 은밀한 역할의 비서이기도 했다. 알버트 의장의 정부였던 것이다. 동양적인 깜찍한 미모로 알버트를 사로잡았던 것이다. 수지가 열었던 파티에는 항상 알버트가 있었고 그랬기에 그에게 줄을 대려는 의원들이 몰렸다고 한다. 알버트가 다른 명사들의 초청을 받아 파티에 참석할 때도 수지를 동반하는 경우가 많았다고 한다.

맥신 체서는 알버트가 심지어 부통령 애그뉴가 자신의 집에서 개최한 파티에도 수지를 데려갔었다고 증언했다. 알버트의 부인이 사실상 알코올중독 상태였기에 수지에게 마음이 쏠렸다는 것이다.

로버트 레게트 의원 또한 수지가 자신과 섹스하는 관계라고 털어놨다. 레게트는 어느 날 워싱턴포스트를 찾아와 자신이 본부인 외에 두 번째 부인이 있다고 털어놓으면서 수지와의 관계도 고백했다. 당시 수지는 46살이었지만 레게트는 수지가 31살인 줄 알았다고 말했다. 특히 레게트는 수지에게 7만 5000달러짜리 아파트를 사준 사실도 고백했다.

하원의장과 의원들을 혹하게 한 수지는 일명 '600만 달러의 여인'으로 불리기도 했다고 한다. 얼굴 여기저기를 뜯어고쳤고 가슴 확대 수술을 받았다는 소문이 일면서 당시 인기를 끌던 TV 드라마 '600만 달러의 사나이'에 빗대 '600만 달러의 여인'으로 통했다는 것이다.

수지 6회 방한, 의원 부인에 금목걸이 주기도

수지는 의회에서 일하는 동안 한국을 6번이나 방문했던 것으로 드러났다. 1970년 단 한 차례만 자신의 돈으로 한국을 방문했고 나머지 5번은 의원방문단을 수행해서 갔다.

박동선의 사촌 김광이 해너 의원사무실 등에서 일하면서 해너 방한에 따라나서려고 무진 애를 썼지만 국무부 등의 반대로 번번이 무산된 것을 감안하면 하원의장 비서였던 그녀의 파워는 무시할 수 없었던 모양이다.

5번의 방한 중 미국 정부가 경비를 댄 것이 많았지만 대만의 정부산하 기관과 한국의 재향군인회가 경비를 대기도 한 것으로 조사됐다.

김동조 부인이 의원 부인들에게 돈봉투를 전달했던 1975년 8월에 수지도 방한단의 일원으로 한국에 갔다. 이때 김동조 부인의 돈봉투와는 별개로 수지가 한 하원의원 부인에게 김동조 부인이 주는 것이라며 금목걸이를 전달했음도 밝혀졌다. 1975년 방한이 끝난 몇 달 뒤 수지는 의원 부인 2명을 중국 레스토랑으로 초대, 식사를 대접했다고 한다.

수지가 하원의장 비서였던 탓에 의원 부인들도 그녀를 무시하지 못했던 것 같다. 의장의 권한이 막강했기 때문이다.

찰스 위긴스 의원은 1974년 8월 수지로부터 함병춘 대사에게 모리스 우덜 의원을 소개시켜주라는 요구를 받았다고 증언했다. 의원 부인은 물론 의원에게까지 영향력을 행사한 것이다.

손호영이 미국에 망명하면서 법무부에 제출한 '1976년 공작방안'에는 수지에 대해 예전에 이용한 인물이라며 "1976년에도 계속 활용할 타깃"이라고 기록돼 있었다.

수지, 박동선과 친밀— 자기 인맥 5명 알려줘

박동선과 칼 알버트 하원의장의 비서 수지 톰슨이 어떤 관계인지를 암시하는 증거도 발견됐다.

박동선의 부하직원 이봉양이 작성했던 메모로, 이 메모를 이봉양이 세절기로 파기했으나 상원 윤리위가 이를 일일이 이어 붙여서 복원했다. 이봉양은 1975년 4월 24일 작성한 메모에서 자신이 칼 알버트 의장의 여비서인 수 톰슨을 만났다고 밝혔다. 수 톰슨은 수지 박 톰슨을 말하는 것이다. 이때 수지는 최근 박동선 관련 신문기사에 대해 박동선에게 깊은 위로를 전해달라고 말했다. 또한 그녀는 언론에서 박동선에 대해 어떻게 보도하든 간에 자신은 박동선의 의회 친구로서 변함 없는 우정을 발휘할 것이라고 다짐했다.

791

<u>RECONSTRUCTED</u>

MEMO from B.Y. Lee
REPORT. II   April 24.75
I met with Mrs. Sew Thompson who Is
working with House Speaker Carl
Albert's office as assistant to the
Speaker.
                              sincere
She asked me to extend her/ personal
sympathy with TSP for the articles, news,
in recent days.
Also
She is sure that TSP's Congressional
friends are reaffirming to maintain good
friendship regardless what articles in the
newspapers, newsradios, reported throughout
nation.
*
For your information, Mrs. Thompson is
close information source to
Cong. Wolff (D.N.Y.)
Cong. Brademas (D.Ind.)
Cong. Albert Johnson (R-Pa.)
Cong. Sony Montgomery (D.Miss.)
Cong. Matsunaga (D.Hawaii)

1975년 4월 20일 이봉양이 수지 박 톰슨을 만난 뒤 작성한 메모로 수지와 박동선의 친분을 잘 보여주고 있다.

이봉양의 메모 작성일자로 미뤄 박동선에 대한 신문기사란 낸시 호위의 남편인 제임스 호위의 권총자살 관련 보도가 확실하다. 워싱턴포스트가 낸시 호위가 박동선으로부터 도미니칸공화국 여행경비를 제공받았다는 의혹을 제기하자 제임스 호위가 자살한 사건이다.

수지는 박동선에게 위로를 전한 뒤 중요한 사실을 말했다. 그녀 자신과 친밀한 의원들의 이름을 전해준 것이다. 자신의 가까운 정보소스라는 것이다.

뉴욕 출신 민주당 울프, 인디애나 출신 민주당 브래드마스, 펜실베이니아 출신 공화당 존슨, 미시시피 주 민주당 몽고메리, 하와이 출신 민주당 마쓰나가 등 5명이었다.

이 문서를 통해 수지와 박동선이 가까운 친구 사이였으며 수지의 의회 인맥이 백일하에 드러났다.

의원 초청외교 일부도 한국 정부 로비 규정

하원 윤리위는 의원들의 한국 방문과 관련, 미국 정부가 후원하는 의원 공식방한과 사적인 스폰서에 의한 한국 방문 등 두 종류의 방한에 대해 설명했다.

미국 정부가 후원하는 의원 공식방한은 당시까지 모두 3차례 이뤄졌다고 밝혔다. 첫 공식방한은 1969년 3월 2일로 칼 알버트 당시 민주당 원내총무를 단장으로 23명의 의원이 참가했다. 두 번째 공식방한 역시 칼 알버트 당시 하원의장이 단장을 맡았으며 1971년 8월 9일부터 이뤄졌다. 첫 공식방한보다 더 많은 25명의 의원이 참가했다. 세 번째 공식방한은 토마스 오닐 당시 민주당 원내총무를 단장으로 한 방문이었다. 1974년 4월 15일부터 3일간 이뤄졌다. 이들 공식방한에는 미 공군 특별기가 지원됐다. 보통 한국뿐 아니라 동남아와 일본, 대만도 거쳐 가는 경우가 많았다.

이 3차례의 방문은 하원 차원의 방문이었으며, 하원 내 상임위원회 또는 친소관계에 따라 수명에서 십여 명의 의원들이 팀을 꾸려 방한하는 사례는 더 많았다.

의원들이 이처럼 자주 한국을 찾았던 것은 한국이 그들에게 뭔가 메리트를 줬기 때문으로 보인다. 그럴 수밖에 없었던 것이 당시 한국으로서는 이들의 지원이 절실했다. 미국으로 찾아가서라도 지지를 확보해야 하는 판에 한국으로 오니 이들에게 한국의 입장을 알릴 절호의 기회였던 것이다.

사적 스폰서에 의한 방한은 태평양문화재단과 한미경제위원회 등의 후원에 따른 방한과 명예학위에 따른 한국 방문으로 나뉘었다. 태평양문화재단 등을 앞세웠지만 하원은 이 방문이 중앙정보부가 개입한 초청외교였다고 단정했다.

나라 망신시킨 박종규의 돈 봉투

박종규, 나데커에 1만 달러 주자 즉각 신고

하원 윤리위는 박종규가 1974년 닉슨 대통령의 보좌관 나데커에게 1만 달러를 집어준 사건도 한국 공직자의 대표적인 로비 사례 중 하나로 꼽았다.

박종규는 1974년 5월 5일 방한을 마치고 귀국하는 나데커에게 1만 달러가 든 봉투를 전달했다.

나데커는 박정희, 박종규와 함께 서울컨트리클럽에서 고별 모임을 가졌다. 나데커는 이 골프장을 대통령 골프클럽이라고 표현했다. 고별 인사를 마치고 공항으로 향할 때 박종규가 봉투 하나를 건넸다. 나데커는 공항에서 비행기에 올라탄 뒤 봉투를 열었다가 깜짝 놀랐다. 100달러짜 리 100장, 총 1만 달러가 들어있는 것이다. 그는 즉시 공항까지 동행했던 주한미국대사관 2등 서기관에게 봉투를 주며 주한미국대사에게 전달하 라고 지시했다.

주한미국대사는 다음날인 1975년 5월 6일 박종규에게 편지를 보내 나데커가 한국을 떠나기 전 1만 달러가 든 돈봉투를 대사관 직원에게 맡기면서 이 봉투를 당신에게 다시 돌려주라고 했다고 밝혔다. 주한미국 대사는 이날 박종규에게 보낸 편지를 동봉해 나데커에게도 돈봉투를 돌려줬다고 보고했다.

나데커는 약 한 달 뒤인 1975년 6월 5일 백악관 상급자에게 이 사실을 보고했고, 1975년 7월 29일에는 헤이그 장군에게도 상세한 전말을 설명 했다.

이것이 박종규-나데커 돈봉투 사건의 전말이다.

말하자면 나데커는 박종규가 돈봉투를 전달하자마자 즉각 상부에 신 고해버린 셈이다. 나데커가 설명한 이 상황을 살펴보면 봉투는 박종규가 전달했지만 박정희도 현장에 있었다. 박정희가 박종규에게 지시해 1만

1854

Seoul, Korea

May 6, 1974

Mr. Park Chong Kyu
Director
Presidential Protective Force
Republic of Korea

Dear Mr. Park:

Before leaving Korea, Mr. John Nidecker gave this
envelope, containing ten thousand dollars ($10,000.), to
an Embassy Officer. He said the envelope had come from you
and he wished it returned.

Very truly yours,

American Ambassador

Enclosure.

cc: Mr. John Nidecker

1974년 5월 6일 주한미국대사가 박종규에게 1만 달러를 돌려주면서 보낸 편지

달러를 전달했을 가능성도 배제할 수 없다.

그러나 박종규는 나데커가 이처럼 즉시 신고한 사실을 까맣게 모르고 있었다. 박종규는 나데커가 방한했을 때 노진환을 시켜 안내를 맡도록 했다. 그런데 노진환이 1975년 6월 5일 다시 백악관으로 나데커를 찾아온 것이다. 아마도 노진환이 박종규의 지시를 받고 나데커를 방문했을

가능성이 크다.

이때 노진환은 또 다시 깜짝 놀랄만한 제의를 했다. 나데커가 만만하게 보였던 모양이다. 선거 때 나데커가 지목하는 후보에게 선거자금을 제공하겠다는 것이었다. 하원의원 출마자에게는 5000달러씩, 상원의원 출마자에게는 1만 달러에서 최고 3만 달러를 지원하겠다고 말했다. 이름만 대면 돈을 갖다 준다는 것이다. 나데커는 이번에도 노진환이 돌아간 즉시 상부에 이 같은 매수 제안을 보고해버렸다.

노진환은 나데커 외에도 찰스 위긴스 의원에게도 선거자금 지원 제의를 했다. 미국을 만만하게 본 어설픈 로비였다.

노진환은 김형욱, 박동선이 증언했듯 워싱턴 할리데이인의 매니저 출신으로 3선 개헌을 지지하다 박정희의 눈에 들어 국회의원이 된 인물이었고 그 뒤 공을 세우기 위해 대미 로비에 나서서 여기저기 쑤시고 다녔던 것이다.

김형욱은 노진환의 로비에 대한 프레이저 청문회의 질문에 한마디로 웃음밖에 안 나온다고 증언했다. 그만큼 깜이 안 됐고 그래서 사고가 났던 것이다.

박종규 워싱턴포스트에 해명 광고 – 나라 망신

박종규는 또 노진환을 시켜 나데커가 한국을 찾았을 때 방문했던 성공회 성당에 기부하겠다고 제안했다. 자신이 나데커의 이름으로 기부해서 나데커의 체면을 세워주겠다는 것이었다. 또 노진환을 통해 자신이 미국을 방문하고 싶다며 나데커 명의의 초청장을 보내달라고 요청하기도 했다.

결국 이 일련의 사건으로 박종규는 대대적인 나라 망신을 시킨다.

1976년 2월 29일 워싱턴포스트는 한국 관리가 나데커에게 1만 달러를 주려고 시도했다고 보도했고 1976년 10월 말 코리아게이트가 터진 뒤 이 문제는 미국 행정부에 대한 한국의 로비 사례의 하나로 다시 언론의 관심을 끌게 됐다.

사정이 이렇게 되자 박종규는 1976년 11월 17일자 워싱턴포스트에 광고를 냈다. 그 광고는 프레이저 청문회에 증거로 제출됐다.

박종규는 "어느 토요일 오후 나데커가 미 대사관 직원과 함께 사전 약속도 없이 서울컨트리클럽에 나타났다. 자신을 만나기 위해 골프장까지 찾아왔으니 클럽 식당에서 잠시 만나줬을 뿐 돈을 준 적이 없다"고 해명광고를 낸 것이다. 해명광고 말미에는 "박종규—파리에서"라고 적혀 있다.

'파리에서'는 또 뭔가!

당시 박종규는 1974년 8월 15일 육영수 여사 시해사건 이후 경호실장에서 해임됐고 아마도 이때는 한가하게 파리를 여행 중이었던 것으로 추정된다. 그런데 사건이 일파만파로 번지자 프랑스 파리 여행 중에 광고를 낸 모양이었다.

망신도 이런 망신이 없었다. 일국의 경호실장을 지냈던 자가 재임 중에 백악관 보좌관에게 돈봉투를 전달하려던 사실이 드러났고 그것도 모자라 미국의 유력지에 해명이랍시고 대대적인 광고를 낸 것이다. 차라리 어디 숨어서 조용히 있느니만 못했다.

한편의 코미디가 아닐 수 없었다. 이럴 때 해명광고는 해명이 아니라 자백이나 시인으로 인식되는 게 보통이다. 이 광고를 통해 미국인들은 '아, 청와대가 백악관을 돈으로 매수하려 했구나!' 하고 생각하게 된 것이다.

1864

Denies Involvement in Korean Cash Incident

The International Herald Tribune (Oct. 30-31) carried a story about me when I was in a public office in 1974.

According to The Washington Post story ("Nixon Aides Turned Down Korean Gifts," Oct. 27) which was edited in the Tribune, less-informed readers must have been misled. The reported story is not true and factual.

I was then not acquainted with John Nidecker—a White House aide of the Nixon administration, at all, though one of the local political figures asked me to meet him due to the pressure of work of public office that I held.

It was one Saturday afternoon, I recall, when Mr. Nidecker, accompanied by a U.S. embassy staff in Seoul, visited me without any pre-arranged appointment at the Seoul Country Golf Club and inquired if they could see me, though briefly.

All Mr. Nidecker told me then at the golf club restaurant was nothing but that he wanted to acquaint himself with me. This was all that I know about Mr. Nidecker's visit to Korea and to me in 1974. Since then, I had neither chance to see him again nor heard from him.

I should tell you and readers that I have not the slightest knowledge about the reported presence of $10,000 to Mr. Nidecker or my personal signature on the envelope that contained the cash, according to the story.

You are assured of my full-fledged cooperation in your finding of the real story.

I could have brushed aside this story as mere absurdity, though it offends me. Nevertheless, my second thought obliged me to write you as to what happened in order to prevent the readers from being misled.

CHONG KYU PARK

Paris

(The writer is former chief of security and confidant of South Korean President Park Chung Hee.)

The Washington Post

EUGENE MEYER, 1875-1959
PHILIP L. GRAHAM, 1915-1963

KATHARINE GRAHAM
Publisher

BENJAMIN C. BRADLEE
Executive Editor

PHILIP L. GEYELIN
Editorial Page Editor

HOWARD SIMONS
Managing Editor

MEG GREENFIELD
Deputy Editorial
Page Editor

MARK MEAGHER
General Manager

Vice Presidents: JOHN M. DOWER, Communication; CHRISTOPHER M. LITTLE, Counsel; ROBERT M. McCORMICK, Advertising; JACK F. PATTERSON, Circulation; VIRGIL F. SCHERMICH, Operations; WILLIAM A. SPARTIN, Administration; LAWRENCE A. WALLACE, Labor Relations.

Published by The Washington Post Company
KATHARINE GRAHAM
Chairman of the Board

LARRY H. ISRAEL
President

NOVEMBER 17, 1976

1976년 11월 17일자 박종규가 워싱턴포스트에 게재한 1만 달러 사건 해명광고

끝까지 핵폭탄 숨긴 김형욱

끝까지 핵폭탄 숨긴 김형욱

김형욱은 '돈까스'라는 별명과 달리 여우처럼 영리하게 행동했다. 1973년 거액의 부정축재 재산을 챙겨 미국으로 도피한 뒤 약 4년간 침묵을 지켰다. 그러다 1977년 마침내 포문을 열었다.

박동선의 대미 로비, 그 외 로비스트들, 정관계의 검은 돈, 김대중 납치사건의 진실 등을 모두 털어놓았다. 하지만 박정희에 대한 치명적인 폭로는 피했다. 그래서 프레이저 청문회 증언을 한 뒤에도 그의 몸값은 더욱 올라갔던 것이다.

박정희의 사생활을 폭로하지 않는다면 안전할 것이라고 생각했지만 김형욱의 박정희에 대한 두려움보다 박정희가 김형욱에게 느끼는 두려움이 더 컸다. 그래서 그는 박정희의 비밀과 함께 실종되고 말았고 그 여파가 박정희까지 휩쓸어버리면서 박정희 정권이 종말을 맞은 것이다.

청문회에서 밝혀진 그의 재산은 상상을 초월하는 규모였다. 개인적인 인연이 있는 사람들을 주미공사로 임명하고 그들에게 자녀들을 맡겼다는 사실은 충격 그 자체이다. 김형욱의 증언이 코리아게이트에 어느 정도 영향을 미친 것은 사실이지만 당초 기대에는 못 미쳤다. 그래서 프레이저 소위원회는 김형욱의 재산을 집중적으로 파헤치며 압박했다. 이는 김형욱이 박정희의 비밀을 털어놓지 않았다는 반증이었다.

미국 도피 4년 만에 포문 열다

최장수 중정부장 여우 김형욱

박정희 시대의 한미관계를 언급할 때 빼놓을 수 없는 인물이 바로 김형욱이다. 5.16 쿠데타를 주도한 육사 8기생 나인멤버의 한 사람인 김형욱은 '돈까스'라는 별명과는 다르게 머리가 비상한 인물이었다. 그래서 그는 박정희에게 발탁된 뒤 1963년 초부터 1969년 말까지 무려 6년 이상을 나는 새도 떨어뜨린다는 중앙정보부장을 역임했다. 지금까지도 그는 중앙정보부-국가안전기획부-국가정보원으로 이름이 바뀌면서 명맥을 이어온 대한민국 정보기관의 역대 수장 중 최장기간 그 자리를 지킨 인물이며, 앞으로도 아마 이 기록은 깨지지 않을 것으로 보인다.

대통령 선거가 5년마다 한 번씩 치러지면서 정권이 바뀌기 때문에 그때마다 새 수장이 임명되고 그 수장의 임기는 짧게는 1년, 길어야 3년 정도다. 박정희 시대에는 최고 권력자인 박정희가 장기집권을 했기 때문에 6년 재직이라는 기록이 세워질 수 있었던 것이다.

거꾸로 말하면 김형욱이 온갖 지묘와 완력, 때로는 무자비한 폭력과 고문을 통해 박정희의 권좌를 지켜냈기 때문에 그 또한 오랫동안 중앙정보부장 자리에 머무를 수 있었던 것이다. 박정희가 말하지 않아도 그의 가려운 데를 긁어주는 수완, 한편으로는 그 무모한 담력과 만용이 박정희 마음에 들었던 것이다.

사람들은 뚱뚱한 체구의 그를 가리켜 돈까스라고 불렀지만 그의 행적을 세밀히 살펴보면 돈까스라기보다는 여우라는 별명이 더 어울림을 알 수 있다.

무소불위의 권력을 누리던 김형욱은 3선 개헌의 성사가 어려운 상황에서 박정희와 공화당 실력자들 간의 거래에 의해 3선 개헌이 성공한 뒤 물러나게 된다. 3선 개헌 지지 여부를 논의하던 공화당 의원총회장에서 이만섭이 총대를 메고 이후락과 김형욱의 사퇴를 3선 개헌 지지의 전제 조건으로 내세웠고 박 대통령이 이를 받아들였던 것이다.

이만섭이 앞장섰지만 실제로 김종필, 김성곤의 의중이 반영된 것이다. 공화당 최대 계파인 김종필-김성곤이 손을 맞잡고 그들의 라이벌인 이후락-김형욱을 쳐낸 것이다.

김형욱은 중앙정보부장에서 물러난 뒤 국회의원을 지냈으나 권세는 예전과 비교할 수 없을 정도였고 중정부장 시절의 악행으로 두려움에 떨 수밖에 없었다. 1972년 10월 유신이 선포되면서 국회가 해산되자 그는 망명을 결심했다.

그의 미국 도피는 3단계로 진행됐다. 1단계로 자신의 2남 1녀 자녀들은 자신이 중정부장 재임 때 미국에 파견된 중정요원들의 양자 등으로 해서 미국에 보냈고, 2단계로 1973년 1월 그의 부인이 미국으로 출국했으며, 1973년 4월 마침내 그도 정부의 감시를 따돌리고 미국으로 스며들었다.

청문회 전 예고편 '박동선은 중정 에이전트' 폭로

김형욱은 프레이저 청문회 출석에 앞서 뉴욕타임스 리처드 할로란 기자와 단독인터뷰를 갖고 박동선이 중앙정보부의 에이전트라고 밝히면서 흥행몰이에 들어갔다. 이 기사가 뉴욕타임스에 보도된 것은 청문회 보름 전인 1977년 6월 5일이었다. 본편에 앞선 예고편이었던 셈이다.

이 기사에서 김형욱은 미국의 대한정책에 영향을 미치기 위해 수백만 달러를 뿌리며 로비하는 박동선이 중앙정보부의 에이전트라고 주장했다. 자신이 중정부장으로 재직할 때 박동선은 자신의 에이전트였으며 자신이 박동선을 컨트롤했다고 밝혔다. 또 자신이 중정부장직을 그만둔 뒤에도 박동선이 중정의 에이전트로 계속 활동했다고 말했다.

그는 또 자신은 더 이상 침묵으로서 박정희를 비호하지 않을 것이라면서 박정희는 박동선 스캔들에 대해 미국 국민들에게 사과해야 한다고 주장했다.

김형욱은 중앙정보부와 박동선이 로비 대상 상하원의원 90명을 선정해 리스트를 만들었으며 박동선이 1973년 12월 미국에 입국하면서 세관원에게 그 리스트를 압수당했다고 말했다. 또 지금 자신이 중정을 떠났음에도 박동선과 계속 연락이 닿고 있으며, 박동선이 후임 중정부장들의 지원이 미약하므로 박동선 자신이 워싱턴에 영향력을 미칠 수 있음을 김형욱 후임자들에게 인식시켜달라고 부탁했다고 말했다.

김형욱은 박동선이 1960년대 초반 주미대사 정일권을 알게 됐고 정일권이 총리가 된 뒤 박동선을 자신에게 소개시켰다고 설명했다. 그 뒤 이후락은 물론 박정희에게까지 박동선을 소개시켰다고 주장했다. 그러나 박정희가 박동선의 대미 로비에 관련된 것은 아니라며 박정희를 감쌌다.

김형욱은 김한조가 로비자금 60만 달러를 받았다고 폭로했고 문선명, 김영삼 정권 때 안기부 2차장으로 발탁되는 김정원, 미국명 알렉산더 김도 로비스트로 볼 수 있다고 주장했다. 또 찰스 김, 이준, 수지 박 톰슨 등도 중정과 연계된 사람이라고 밝혔다.

이처럼 김형욱은 프레이저 청문회 출석에 앞서 그야말로 폭탄선언을 했고 그 후 청문회 흐름을 살펴보면 사실상 이때 김형욱이 거론한 인물들을 중심으로 신문이 진행됐음을 알 수 있다.

아주 제대로 예고편을 터뜨려 본편에 대한 관심을 집중시킨 것이다.

의회 속기록이 밝힌 김형욱 증언

프레이저 청문회 4회 등 6회 증언

김형욱은 프레이저 청문회에서 1977년 6월 22일, 1977년 7월 11일, 1978년 7월 20일, 1978년 8월 15일 등 모두 4차례에 걸쳐 증언했다. 또 하원 윤리위원회 청문회에서는 1977년 10월 21일, 상원 윤리위원회 청문회에서는 1978년 7월 10일 각각 증언했다. 상하원을 통틀어 모두 6차례 공개증언을 해 속기록을 남겼고 그 외 속기록을 남기지 않은 채 몇 차례 청문회 조사관들의 면담에 응했다.

김형욱이 모두 6차례 공개증언했지만 우리에게는 1977년 6월 22일 등 극히 일부의 증언만 전해졌을 뿐이다. 실제 김형욱의 증언은 박정희 시대의 정치자금 관행, 박동선과의 관계 등은 물론 자녀들의 미국 유학 등 김형욱 자신의 가족사, 자신이 임명한 미국 내 중정 책임자와의 개인적 인연, 재산 밀반출 경위, 김상근, 손호영의 망명 등 숱한 비화를 담고 있다.

그러나 그는 의회 증언에서 박정희 개인에 대한 치명적 발언은 자극히 삼간 것으로 보인다.

그가 증언한 박정희의 약점은 "정인숙이 낳은 아들의 아버지가 박정희 또는 정일권이다", "김성곤이 자신에게 75만 달러 정도를 줬지만 육영수에게도 그 정도의 뒷돈을 줬다" 정도였다.

그 증언 또한 소문이라고 말했다. '핫'한 증언을 기대했던 프레이저가 애가 타서 김형욱의 재산을 조사할 정도였다.

청문회에 여러 차례 출석, 증언했음에도 불구하고 박정희의 사생활, 특히 여자관계 등을 숨김으로써 김형욱의 회고록에 대한 가치가 더욱 높아졌고 그의 몸값도 상종가를 쳤다. 결국 그 회고록의 가치는 그의 목숨 값에 이를 정도로 치솟았고 마침내 그는 그 때문에 영원히 사라지고 만 것이다.

그러나 아이러니컬하게도 그의 사후에 출판된 회고록 〈혁명과 우상〉에도 기대한 핵폭탄은 없었다. 회고록에서 박정희의 사생활 부분은 "박정희가 예쁜 여자만 보면 미혼이든 기혼이든 가리지 않고 덤빈다"는 단 한 줄이었고 구체적인 사례는 한 건도 언급하지 않았다.

그가 박정희의 아킬레스건을 건드리면 죽을 수도 있다는 두려움 때문에 엑기스를 터트리지 않았지만 박정희에 대한 김형욱의 두려움보다 김형욱에 대한 박정희의 두려움이 더 컸다. 그래서 박정희는 공포에 질려 김형욱보다 먼저 핵폭탄을 발사해버리고 만 것이다.

핵폭탄이 터지면 다 죽는다. 박정희는 살 길을 찾은 것이 아니고 죽을 길을 찾은 셈이다. 김형욱은 실종됐고 그의 실종 20일 뒤 박정희의 목숨까지 앗아갔으며, 결국 그 근본 원인은 박정희 자신의 사생활 때문이었다.

1977년 6월 22일 프레이저 소위 증언 1

싱거운 탐색전 – 박정희 사생활 폭로 없었다

김형욱은 1977년 6월 22일 우여곡절 끝에 프레이저 소위원회 증언대에 섰다. 존 김 변호사가 그의 변호인으로 옆자리에 앉았다. 이날의 증언은 속기록에 남겨졌고 이 속기록은 1년 1개월 뒤인 1978년 7월 20일 프레이저 소위원회의 투표 끝에 공개가 결정됐다.

이날 증언에 엄청난 관심이 모아졌지만 첫날 증언인 만큼 사실상 프레이저 소위원회와 김형욱이 서로를 '간 보는' 탐색전에 지나지 않았다. 프레이저 소위원회도 김형욱에 대해 완벽하게 파악하지 못한 만큼 어떤 사실을 밝혀내기 위해 치밀한 계획 하에 질문을 한다기보다는 그저 수박

겉핥기 식의 나열식 질문이 이어졌다. 질문에 대한 답변을 다시 파고들면서 꼬리에 꼬리를 무는 날카로운 질문보다는 그동안 언급된 코리아게이트 관련 인사들의 인적사항을 물어보는 수준이었다.

김형욱은 이날 박동선에 대해 물어보자, 1976년 4월 박동선이 만나자는 제의를 했고 갤러거 하원의원도 뉴욕 아스토리아에서 만나자는 제의를 했다고 밝혔다. 아마도 박동선이 그의 대미 로비 의혹을 FBI에 발설하지 못하도록 하기 위해 자신을 만나려 한 것으로 추정되지만 전화상으로는 그 같은 요청을 하지 않았다고 말했다.

최제영에 대해서도 답변했다. 김형욱은 양두원이 박동선에게 40만 달러를 빼앗은 뒤 김상근을 통해 이 돈을 건네받은 당사자가 최제영이라고 밝혔다. 40만 달러는 쌀 중개 커미션이라는 것이다. 김형욱은 1975년 9월 40만 달러가 최제영에게 전달됐으며 김상근이 자신에게 최제영이 작성한 영수증을 보여줬다고 말했다.

아마도 김상근이 1976년 11월 26일 망명하기 이틀 전인 11월 24일 김형욱과 만나 망명을 의논하며, 자신이 들고 나온 모든 문서를 김형욱에게 보여준 것으로 추정할 수 있다. 또 김한조에게 60만 달러를 전달하는 등 자신이 수행한 백설작전의 전모도 고백받았다고 볼 수 있다.

최제영은 워싱턴 한인의사회 회장인 최제창의 조카로 뉴욕 소재 유니언가발의 사장이며 실제 등록된 법인명은 유나이티드영사라고 밝혔다. 김형욱은 최제영이 40만 달러를 받고 김상근에게 작성해준 영수증은 법무부의 마이클이 가지고 있다는 사실까지 증언했다. 김형욱이 상당히 깊이 알고 있는 것이다.

통일교에 대해서도 밝혔다. 문선명의 통일교는 해외에서 친정부 데모를 통해 박정희 정권에 협조했으며, 1974년 8월 15일 육 여사 서거 며칠 뒤 박보희에게 통일교 신도들을 모아 워싱턴 소재 주미일본대사관 앞에서 시위를 벌이라는 지시가 내려졌다고 한다. 박보희는 시위 당일 통일교 신도들과 함께 주미일본대사관 앞으로 몰려가는 도중에 갑자기 시위 중단 지시를 받자 김용환과 최 대령에게 거칠게 항의했다고 증언했다.

김용환은 미국 내 중정 책임자 김용환 공사를 의미하며, 최 대령이란 김 공사 휘하의 중정요원 최홍태이다.

통일교가 이처럼 해외에서 친정부 데모를 벌이면서 문선명은 그 대가로 한국에서 무기를 생산하게 됐고 리틀엔젤스빌딩 건설도 적법절차 없이 허가받았다고 설명했다. 김형욱이 말한 무기생산이란 통일교 산하의 통일산업이 콜트사와 합작해 M16 소총을 생산한 것을 말한다.

콜트사가 청문회에 제출한 서류에 따르면 한국에 합작을 물색하던 어느 날 문선명의 동생인 문선균이 찾아왔고 통일산업이 국방부 지시를 받아 자신의 파트너가 됐다고 밝혔다. 이게 다 친박정희 활동의 반대급부라는 것이다.

김한조 로비 폭로— '박정희, 박동선 무관' 강조

김형욱은 이른바 김한조 로비 의혹에 대해서도 증언했다. 양두원이 파우치를 통해 김상근에게 명령을 전달했으며 명령 내용은 김한조에게 돈을 주라는 것이었다고 말했다. 또 한국 신문에도 돈을 주라고 지시해

한 번에 3만 6000달러씩을 지원했으며 자신이 직접 그 영수증을 봤고 지금 그 영수증을 FBI가 가지고 있다고 밝혔다.

한병기 유엔차석대사는 별도의 사무실을 운용하며 재미동포를 감시하는 일이 그의 임무라고 설명했다. 한병기는 자신에게 한국으로 돌아가자고 권유했고 자신을 좋아했다며 캐나다 대사로 떠나기 전까지는 가끔씩 접촉해 소주파티를 벌이곤 했다고 말했다. 특히 자신이 중정부장으로 일할 때 한병기를 많이 도와줬다고 강조했다.

칼 알버트 하원의장 비서인 수지 박 톰슨에 대해서는 중정요원 여부에 대해 전혀 모르며 만난 적이 없다고 밝혔다.

정치학 박사인 알렉산더 김은 김영삼의 사돈이라고 설명하고 김영삼에게 가서 개헌운동에 동참하라고 조언했다고 밝혔다. 알렉산더 김은 유에스뉴스에 박정희 찬양 글을 기고하기도 했으며 중정의 정식 요원은 아니지만 협조자로 의심받는 인물이라고 말했다. 알렉산더 김은 김정원으로, 김영삼 집권 때 안기부 제2차장으로 발탁되기도 한 인물이다.

찰스 김이나 이재현에 대해서는 모른다고 밝혔고 제임스 호위의 자살 경위 등도 모른다고 밝혔다.

문학림이 박동선의 돈 10만 달러를 암달러 시장에서 환전해준 사실을 인정했으나 박정희 대통령은 박동선 로비 의혹에 대해서 모른다며 박정희를 옹호했다. 김형욱은 자신이 부장일 때는 박정희가 박동선 로비 사실을 몰랐으며 자신이 중정부장을 그만둔 뒤에는 잘 모르겠지만 이후락이 윤곽만 보고한 것으로 안다고 말했다. 김형욱은 박정희가 세부사항은 모른다며 다시 한 번 무관함을 강조했다.

한국 정부, '배신자가 무슨 말을 못하겠는가' 비난

한국 정부는 김형욱이 프레이저 청문회에서 이 같은 증언을 하자 곧바로 반격에 나섰다. 문공부 대변인 황선필 보도국장은 한국 시간 6월 23일 낮 한국 정부 입장을 밝혔다.

황 국장은 김형욱 전 중앙정보부장이 미 하원 국제기구소위에서 한 발언에 대해 "배신자인 그가 이제 와서 무슨 말인들 못하겠는가. 한국 국민들은 아무도 배신자의 파렴치한 말을 믿으려 하지 않는다"고 논평했다.

또 "그가 조국을 등지고 떠난 이래 이룩된 경제발전이나 국가안보를 위한 자주적 노력에 대해 정확한 지식도 없으면서 반민족적 언동을 한 데 대해서 온 국민이 한결같이 격분하고 또한 그를 멸시하고 있음을 밝혀둔다"고 강조했다.

한국 정부는 또 닷새 뒤인 6월 27일 김형욱의 미국 의회 증언과 관련, 미국 정부가 김 씨의 잇단 허위사실 유포행위를 규제해줄 것을 외교 채널을 통해 요구하는 방안을 검토하기도 했다. 김 씨의 발언이 허위사실이란 점을 미국 정부에 지적하고 김 씨가 이 같은 허위사실을 더 이상 미국의 공식기관을 통해 표명해서는 안 된다는 한국 정부의 기본 입장을 성명 또는 외교각서로 미국 측에 전달하는 방안을 고려중이라는 것이다. 결국 한국은 외교각서 형태로 미국 정부에 항의했고 미국도 이를 시인했다.

김형욱의 증언은 한마디로 벌집을 쑤셔 놓은 것이나 다름없었다. 그러나 사실 핵폭탄은 없었다.

1977년 7월 11일 프레이저 소위 증언 2

쌀 중개권 둘러싼 박동선-박종규 갈등 폭로

한국 정부가 자신을 배신자라며 공개비난하자 김형욱도 가만있지 않았다. 6월 초 자신의 인터뷰를 대서특필했던 리처드 할로란 뉴욕타임스 기자에게 전화를 걸어 박정희가 자신을 설득하기 위해 민병권 무임소장관을 미국에 보냈다고 폭로했다.

이 같은 사실은 7월 3일자 뉴욕타임스에 보도됐으며 박정희가 김형욱 설득에 실패할 경우 자신을 납치 또는 살해하라는 명령을 내렸다고 주장했다.

바로 이날 뉴욕타임스 보도로 그는 일주일 뒤 다시 프레이저 소위원회에 출석해 박정희의 청문회 저지작전 전말을 상세히 증언했고, 이 폭로는 결국 9월 손호영 망명의 단초가 됐다. 손호영 또한 망명 뒤인 11월 말 청문회에 출석, 중앙정보부 본부에 보고한 전문 등을 증거로 제시하며 김형욱 청문회 저지작전 전말을 밝혔다.

김형욱은 1977년 7월 11일 두 번째로 프레이저 청문회 증언대에 섰다. 김형욱은 자신의 비서실장 문학림이 은행을 관리하고 송금을 담당했다고 증언했다. 예를 들자면 문학림이 재무부장관에게 전화해서 처리를 요청하면 재무부 외환담당이 외환은행에 지시해 송금하는 방식이었다.

쌀 중개권과 관련해 이후락은 박동선을 지원했으나 박종규를 등에

업은 강선태가 쌀 중개업자로 선정됐다. 강선태는 박동선에게 돌아가야 할 커미션 20만 달러를 가로채서 박종규에게 전해주자 박동선이 강력히 반발하며 이후락에게 이 돈을 돌려받아 달라고 요구했다고 증언했다. 이는 1971년 박동선이 쌀 중개권을 상실했다가 절치부심 끝에 회복할 때의 이야기이다.

이후락은 자신의 힘으로 해결이 불가능하자 김형욱에게 도움을 청하라고 충고했고 박동선은 김형욱에게 달려가 미국 의원들에게 돈을 줘야 하는데 박종규가 돈을 빼앗아 갔다고 말했다. 박동선은 김형욱에게 돈을 줄 의원 명단을 보여주며 이들이 자신이 받을 돈을 박 대통령 경호실장이 빼앗아간 사실을 알면 큰일 날 것이라고 말했다. 박 대통령 경호실장이 빼앗아갔으니 박 대통령이 빼앗아간 것으로 생각할 것이라는 것이다.

김형욱은 명단을 적은 쪽지를 두고 가라고 한 뒤 그 쪽지를 들고 박종규를 만나 반환을 요청했고 수일 뒤 그 돈이 반환됐다. 그 뒤 박동선은 감사를 표하며 정일권 총리, 김형욱과 함께 만찬을 했고 그 다음날 미국으로 돌아갔다고 증언했다.

박정희, '김형욱 내 앞에 데려오라─ 죽여버리겠다'

특히 이날 증언의 핵심은 뭐니 뭐니 해도 박정희의 김형욱 프레이저 청문회 저지작전 전말이었다.

김형욱이 뉴욕타임스를 통해 증언 저지 시도가 있었다고 밝히자 프레이저 등은 이를 미 의회에 대한 모독으로 받아들인 동시에 박정희가 무엇인가 잘못이 있기에 이를 숨기려한 것이라고 주장했다. 6월 22일 첫 증언 내용이 생각보다 약해서 실망하던 차에 프레이저에게 호재가 터진 것이다.

프레이저는 왜 이같이 중요한 이야기를 6월 22일 증언하지 않았냐며 김형욱을 다그치고 그 전모를 말하라고 요구했다. 그러자 김형욱은 민병권 무임소장관이 자신을 설득하기 위해 뉴욕까지 찾아왔다며 그 과정을 낱낱이 밝혔다.

김형욱은 민병권이 뉴욕으로 오게 된 계기부터 설명했다. 민병권이 6월 13일 밤 갑자기 박정희의 호출을 받고 청와대로 달려가자 박종규, 김용태, 장경순이 있었다고 한다. 이들 3명이 돌아간 뒤 박정희는 민병권과 새벽 2시까지 이야기를 나눴다. 이날 박정희는 박근혜에게 인터폰으로 연락해 김형욱이 술 마실 때 안주로 먹을 수 있도록 건어물을 준비하라고 지시하기도 했다.

박정희는 민병권에게 미국으로 가서 김형욱을 설득하라며 3가지 옵션을 제시했다.

첫째, 가족들을 데리고 서울로 돌아오라. 증언을 하면 배신자다.

둘째, 미국을 떠나 제3국으로 간다면 모든 비용을 부담하겠다.

셋째, 증언을 2주간 미뤄달라.

이 3가지 중 한 가지를 택하라는 것이었다.

그리고 박정희는 한마디를 덧붙였다고 한다. 만약 이 3가지 중 한 가지를 받아들이지 않는다면 김형욱을 그냥 두지 않겠다고 선언했다는 것이다. 죽여버리겠다는 뉘앙스로 받아들여졌다고 한다.

민병권은 무거운 마음으로 미국으로 떠났다.

민병권은 김형욱을 만나기에 앞서 6월 17일 뉴욕에서 미국 내 중정 책임자인 정태동 공사와 만나 박정희의 반응을 전했다. 민병권을 만나기 위해 정태동이 뉴욕으로 올라왔던 것이다. 민병권의 전달 내용은 엄청난 것이었다.

민병권은 김형욱의 뉴욕타임스 인터뷰가 보도되자 박정희가 중정부장 에게 "김형욱을 납치해서 내 앞에 데려와라. 내가 죽여버릴 것이다"며 고함을 질렀다고 정 공사에게 말했다는 것이 이날 김형욱의 증언이다.

이 대목은 소름이 끼치도록 놀라운 것이다. 박정희가 김형욱 납치 지시와 살해 결심을 밝혔다는 것으로, 사실상 2년 4개월 뒤 김형욱의 운명을 미리 보여준 것이다.

민병권 '3자 택일' 전하자 '더 이상 집권 말라' 요구

6월 18일 오후 8시 뉴욕에 도착한 민병권이 김형욱에게 전화해서 유엔 플라자호텔에서 만나자고 제의했다. 김형욱은 그날 밤 10시부터 12시까 지 여러 차례 전화를 받았지만 만남을 거절했다. 민병권은 몸이 달아 다음날인 6월 19일 백태하와 함께 김형욱의 집으로 찾아왔다.

육사 9기인 백태하는 문재준 휘하의 포병대 대장으로 5.16 쿠데타 당일 육군본부를 점령한 쿠데타 주체였다. 특히 5월 16일 오전 육군본부 에서 열린 회의에서 장도영 당시 육군참모총장이 쿠데타에 대한 입장을 밝히지 않고 육본을 빠져나가려 하자 공포탄 3발을 발사한 장본인이다.

백태하는 중앙정보부 서울분실장 시절 당시 부장인 김형욱을 1주일에 한 번식 독대하면서 김형욱과 친분을 쌓았으며 1971년 미국에 이민 왔다가 민병권 방미 이전부터 이미 김형욱 설득 작전에 나서고 있었다.

김형욱은 자신이 평소에 애용하던 알파인컨트리클럽에서 민병권 일행과 마주 앉았다. 모두 8명이 2개의 식탁에 나눠 앉았다. 김형욱과 그의 부인 신영순, 큰아들 정한, 그리고 백태하와 백태하의 부인, 유영수와 유영수의 부인, 민병권까지 8명이다. 유영수에 대해 김형욱은 내 친구라고 말하며 각별한 친근감을 표시했다. 이날 민병권은 김형욱을 설득하기 위해 온갖 노력을 다했으나 김형욱은 쉽게 넘어오지 않았다. 김형욱은 받아들일 듯하다가도 갑자기 태도를 돌변하는 등 그야말로 예측불허였다.

민병권은 다음날인 6월 20일 오전 10시 30분 백태하와 함께 다시 김형욱의 집을 찾았다. 김형욱은 청문회 증언 이틀 전인 이날 친구 유영수, 그리고 비서인 이종처남 김용길과 청문회 증언을 준비 중이었다. 민병권은 박정희와 6월 13일 밤 청와대에서 만났던 당시를 다시 설명하며 3가지 옵션을 제시했다. 서울행, 제3국행, 증언 2주 연기 중 하나를 택하라는 것이었다.

김형욱은 결코 호락호락하지 않았다. 박정희의 옵션에 맞서 그도 박정희에게 3가지 옵션을 걸었다.

첫째, 증언을 하지 않을 테니 박정희가 더 이상 집권하지 않겠다고 발표하라. 둘째, 유신헌법 이전의 헌법으로 돌아가라. 즉, 유신헌법 폐기였다. 셋째, 정치범을 석방하라. 김형욱은 위 3가지가 받아들여지지 않으면 증언을 연기하지 않겠다고 강조했다. 양측이 평행선을 걸었던 것이다.

민병권은 증언 하루 전날인 6월 21일 오전 9시 20분 다시 백태하와 함께 김형욱의 집으로 갔다. 하지만 김형욱은 20분 전인 오전 9시 김용길과 함께 워싱턴으로 출발한 뒤였다. 일말의 희망이 산산이 부서지는 순간이었다. 민병권은 화가 머리끝까지 치솟아 김형욱의 부인에게 소리쳤다.

"지금 이 순간부터 미국에 살 수 없고 한국에 돌아갈 생각도 하지 마라. 남편에게 전화해서 증언하지 말고 조용히 살라고 이야기하라."

이날 증언에서 프레이저 소위원회 조사관들은 "왜 이 중요한 사실을 2주일간 말하지 않았느냐"고 따져 물었다.

정말 의문이다. 청문회 직전에 이런 일이 있었다면 김형욱은 첫 청문회에서 이를 밝혔어야 했다. 시치미 뚝 떼고 있다가 열흘 뒤 뉴욕타임스를 통해 이 같은 사실을 밝히고 뒤늦게 2차 청문회에서 밝힌 것은 1차 청문회 뒤 열흘 사이에 김형욱의 심경에 변화가 있었다는 것을 의미한다.

사실 민병권이 찾아왔을 때 마음이 흔들렸던 것이다. 그래서 1차 청문회에서 민병권 방미는 물론 박정희와 관련된 결정적 증언을 하지 않은 것이다. 그러나 자신이 '독을 뺀다고 뺐음에도 불구하고' 증언 뒤 한국 정부가 배신자로 비난하자 마음이 돌변한 것이다.

민병권의 김형욱 청문회 저지작전 전말은 김형욱이 이날 청문회에서 증언한 것 외에도 손호영이 후일 망명해 같은 증언대에서 중앙정보부 보고 전문과 함께 상세한 전말을 밝히게 된다.

1978년 7월 20일 프레이저 소위 증언 3

김형욱 재산 2600만 달러 – 1976년까지 계속 송금돼

프레이저 소위원회는 1977년 김형욱의 증언에 대해 적지 않게 실망했다. 프레이저 소위원회는 김형욱이 박정희, 이후락, 김종필, 박종규 등의 해외 재산도피 등을 증언하지 않은데다 정인숙 살해사건에 대한 박정희의 관련 여부도 자세히 언급하지 않자 불만이 컸다. 그래서 1978년부터 김형욱의 경력, 사생활 등을 파헤치면서 압박하기 시작했다.

1978년 여름 프레이저 소위원회에서 열린 김형욱 청문회는 김형욱 재산 청문회라 해도 과언이 아니었다.

김형욱은 1978년 7월 20일 프레이저 소위원회에 출석했다. 이날은 김형욱의 재산을 집중적으로 추궁했다.

김형욱은 이에 앞서 1977년 6월 22일 증언에서 15만 달러를 가져오는 데도 2년이 걸렸다고 밝혔다. 또 1977년 7월 11일 소위 조사관 면담에서 자신의 한 달 월급이 750달러였고, 퇴임 전에는 1000달러였다고 말하고 2~3명의 지인으로부터 적은 돈을 받은 적이 있지만 큰돈을 받은 적은 없다고 증언했다. 적은 돈이 얼마고 큰돈이 얼마인지 그 기준을 밝히지 않아 그 구체적 액수를 짐작하기 힘들다.

김형욱은 자신의 재산이 260만 달러라고 주장했지만 프레이저 소위원회는 김형욱의 미국 내 재산이 1500만~2000만 달러에 이르고 해외에 숨긴 재산이 400만~600만 달러에 이른다고 설명했다. 김형욱이 재산을 숨긴 '해외'는 바로 바하마였다. 특히 그가 프레이저 증언대에 선 1977년 6월까지도 해외에서 송금이 계속 들어왔다고 한다.

프레이저 소위원회는 김형욱이 재산에 대해 횡설수설하며 제대로 밝히지 않으므로 자료제출명령서를 거래은행에 보내는 등 정상적 절차를 밟을 수밖에 없다고 겁을 주면서 솔직한 증언을 요구했지만 김형욱은 요지부동이었다.

김형욱은 또 김성곤에게서도 75만 달러를 받았다고 털어놨지만 1977년 6월 1일 이후 한국 정부로부터 돈을 받은 적이 없다고 밝혔다.

1978년 8월 15일 프레이저 소위 증언 4

김형욱 스위스 계좌 추궁― 증거 없어 흐지부지

프레이저 소위원회는 김형욱이 한 달 전 증언에서 재산 상태를 제대로 설명하지 않자 8월 15일 다시 청문회에 불러냈다. 이날 증언에는 김형욱이 미국에 입국하기 전부터 부동산을 사들일 때 변호사 역할을 한 알란 싱거 변호사가 동석했고 안홍균이 통역을 맡았다. 알란 싱거를 데리고 온 것은 김형욱이 자신의 재산문제가 밝혀질 것을 우려했기 때문이었다.

프레이저는 김형욱의 스위스뱅크 계좌 유무부터 따졌다. 김형욱이

1978년 초 스위스를 다녀오면서 7만 5000달러를 세관에 신고하지 않고 들여오다 적발됐고 이에 대한 세관조사에서 장남 정한의 스위스뱅크 계좌 개설을 위해서 스위스를 다녀왔다고 대답했던 것이다. 프레이저는 이 같은 사실을 알고 스위스에 가서 김형욱이나 가족 명의의 계좌를 개설했느냐고 물었지만 김형욱은 아니라고 답했다.

또 스위스 은행에 개설된 본인이나 가족 명의 계좌로부터 이자 수익을 받은 적이 있느냐는 질문에도 아니라고 답했다. 스위스 계좌 개설 사실을 입증할 증거가 없었기 때문에 이 심문은 싱겁게 끝나고 말았다.

김형욱은 자신이 한국에서 부동산 투자를 통해 돈을 모았고 은행예금 에 대한 이자로 수익을 얻었다고 밝혔다. 특히 당시 한국의 은행 이자율 이 36%에 달해 일정액의 원금을 은행에 예금해두면 3년 뒤에는 2배가 됐다고 설명했다.

외국 기업으로부터 뇌물을 받은 적이 있느냐는 질문에 자신은 한국에 투자한 외국 기업과 전혀 접촉이 없었다고 말했다. 국내 기업들로부터 선물을 받은 적은 있으며 가장 큰 선물은 미화 2000달러, 한국 돈으로 100만 원 정도였다고 밝혔다.

또 김형욱은 한국 기업들과 외국 기업들의 부정거래, 뇌물수수 등에 대한 한국 언론보도와 일본 언론보도를 한데 모아 프레이저 소위원회에 전달한 것으로 보인다. 김형욱은 이날 증언에서 지난번 증언 때 이 같은 책자를 줬다며 그 문서에 전혀 자신의 이름이 언급되지 않는다고 강조했 다. 자신이 제출한 자료이니 자신 관련 부분은 미리 삭제했을 가능성도 배제할 수 없다.

'걸프, 김종필 지원— 유조선 사업 특혜 주기도'

그러나 김형욱은 프레이저가 지난 7월 증언 때 한국에 투자한 걸프사로부터 뇌물을 받은 사람이 김성곤이 아니라 김종필이라고 주장했는데 그것이 확실하냐고 묻자 김형욱은 한발 뒤로 물러섰다.

김형욱은 또 김종필이 1964년 미국을 방문했을 때 걸프로부터 항공편과 리조트를 제공받는 등 특별대우를 받았으며 김종필과 걸프 사이에 박동선이 미들맨이 됐다는 7월 증언에 대해서도 박동선이 중간 역할을 했는지 모르며 김종필과 걸프가 매우 친한 사이인 것은 틀림없지만 김종필이 걸프로부터 돈을 받았다는 증거는 없다고 답변했다.

김형욱은 그러나 박동선의 형과 걸프사 사이에 용선계약, 즉 유조선 대여 계약이 체결됐다고 밝혔다. 박동선의 형이란 범양상선 박건석을 말한다. 걸프가 범양상선으로부터 배를 빌렸다는 것이다. 걸프사는 자신들이 소유했던 유조선 수척을 1967년부터 1970년까지 박동선의 형 박건석에게 판매한 뒤 다시 박건석에게 용선료를 지불하고 배를 빌렸다.

또 걸프는 1972년 정태성에게 유조선을 팔고 다시 정태성에게 용선료를 주고 배를 빌렸다.

이때 걸프는 자신들의 배를 팔며 범양상선 등에서 다시 배를 빌리는 것은 물론 심지어 배를 사는 돈까지 빌려줬으므로 배를 사는 권리만 얻으면 앉아서 떼돈을 버는 구조였다. 걸프는 이 같은 특혜를 한국의 실력자들에게 베풀었고 한국의 실력자는 특정인을 지명해 이 사업을 맡도록 했다.

프레이저 소위원회는 그 같은 사실을 눈치 채고 이를 정치자금 마련 통로 중 하나로 생각한 것이다.

김형욱은 정태성이 김종필의 오른팔이라며 걸프가 김종필에게 유조선 특혜를 주려 했지만 김종필이 공직에 있어 그런 사업을 할 수 없었으므로 대타로 정태성을 시켰다고 했다. 표면적으로는 정태성이 유조선 사업을 했지만 실제로는 김종필의 회사라는 것이다. 김형욱은 100% 증거는 없지만 정태성이 김종필의 오른팔이므로 이 사업을 통해 정치자금이 만들어 졌을 것으로 믿는다고 말했다. 또 걸프사가 한국 내 자신들의 사업을 지키는 데 김종필의 영향력이 필요했으므로 김종필에게 그런 특혜를 줬다고 생각하지만 문서로 된 증거는 없다고 주장했다.

'76 공작방안' 작성 이영인에게도 망명-증언 권유

김형욱은 이영인에 대해 한때 자신의 비서 겸 통역관이었으며 중정요원으로서 1977년 유엔대표부에 파견돼 유엔 내 정보수집 임무를 맡고 있다고 설명했다.

이영인은 중정 8국 미국 담당 데스크로서 미국 관련 정책과 활동을 책임졌던 인물이다. 김형욱은 자신이 부장으로 재직할 때는 8국이 1국이 었다며 정보기관의 각 기구 이름은 보안 때문에 수시로 바뀐다고 말했다.

특히 이영인은 미국에 오기 전 8국 미국 담당 데스크였을 때 1976년 미국 내 중정활동 계획을 작성했던 사람으로 손호영이 망명한 뒤 이영인 도 사직하고 미국에 정착했다고 말했다. 김형욱은 자신이 수차례에 걸쳐 이영인이 증언대에 서도록 설득했었다고 전했다. 이영인이 증언대에 서지 않았으므로 김형욱의 설득은 실패했던 것이다. 이영인은 한병기와 군사영어학교 동기이며 계급도 같아서 두 사람이 함께 근무할 때 한병기가 이영인을 많이 도와줬다고 한다.

김형욱은 이영인을 설득하는 데 실패한 뒤 이영인과 연락이 끊겼으므로 이영인이 현재 중앙정보부와 어떤 관계를 유지하는지 알 수 없다고 답했다.

김형욱은 양두원에 대해 양두원이 이상호 외에 다른 가명은 없으며 양두원이 자신을 위해 국내 자금을 해외로 송금하는 등 편의를 제공한 적은 없다고 밝혔다. 1968년 한국 정부가 미국 선거에서 민주당을 돕기 위해 정치헌금을 냈는지 여부에 대해 김형욱은 당시 자신이 중정부장으로 재직했을 때라 누구보다 잘 아는데 그런 계획이 실행된 적이 없다고 단언했다.

'정인숙 아들 아버지는 박정희 또는 정일권'

프레이저는 청문회에서 증언하기에 앞서 정인숙 사건과 관련해 한국 정부로부터 어떤 요청이 있었는지 묻자 김형욱은 정인숙을 둘러싼 요청은 없었다고 밝혔다.

김형욱은 자신이 그녀와 관계를 가졌다는 소문이 있는데 전혀 사실이 아니라고 강조했다. 정인숙이 서울에서 살해됐을 당시에는 자신은 세계여행을 하면서 이탈리아에 머물고 있었고 정인숙 살해 소식은 홍콩에서 한국 신문을 통해 알았다고 한다. 김형욱은 정인숙이 미국 방문을 마치고 한국에 돌아간 뒤 살해됐고 많은 고위층 인사와 성관계를 가진 것으로 알려졌으며 매우 거만하게 안하무인격으로 행동했다고 말했다.

자신이 서울에 있을 때 정인숙의 아들이 박정희 또는 정일권의 자식이라는 소문이 많았다며 자신은 이 사건에 대해 3가지 의문을 가지고 있다고 밝혔다.

첫째, 왜 살인사건을 공안부검사인 최대현이 맡았는가? 또 이 사건 수사가 끝난 뒤 최대현은 대통령 특별보좌관으로 승진했으며 그 뒤 관세청장 자리에 올랐다며 그의 연속승진에 의문을 제기했다.

둘째, 정인숙이 미국을 방문했을 때 노진환이 그녀의 시중을 들었는데 노진환은 그 뒤 국회의원이 됐다. 정인숙 시중을 든 공로로 노진환이 국회의원이 될 정도면 그녀의 연인이 누구이겠느냐는 것이다.

셋째, 정인숙의 아들과 정인숙의 부모는 지금 일본에 살고 있다. 일본에서 살 수 없는 사람들인데 어떻게 일본 거주비자를 받을 수 있었는가? 말하자면 그들이 일본에서 살 수 있도록 누군가 일본 정부의 허락을 받아줬고 그 누군가가 정권 실세라는 암시이다.

김형욱은 또 김기완에게 일본에서 공사로 근무할 때 정인숙의 아들을 돌보는 역할을 맡았는지를 물어봤지만 김기완은 답이 없다고 설명했다.

김형욱은 요시오 고다마를 박종규 경호실장의 소개로 알게 됐으며 고다마는 야쿠자 두목인 마치이의 친구라고 말했다. 1968년 말 또는 1969년 초 박종규가 이들을 한국으로 초청한 뒤 만찬에서 자신을 소개해줘 알게 됐으며, 일본 극우파의 한 사람으로 잘 알려진 고다마는 자신을 알고 난 뒤 서로 의기투합해 친하게 됐다고 설명했다.

김형욱이 박종규를 설득해 박동선의 돈을 받아주기도 했고 그 이전에 박종규가 고다마를 김형욱에게 소개해준 사실 등으로 미뤄 김형욱은 박종규와 비교적 좋은 관계를 유지했던 것으로 보인다.

1977년 10월 21일 하원 윤리위 증언

'내가 1년 감옥 가면 박정희는 백년 감옥 가야 한다'

김형욱은 프레이저 청문회에서 첫 증언을 하고 4개월이 지난 1977년 10월 21일 하원 윤리위에서 증언대에 섰다. 하원 윤리위는 박동선과 김한조 등의 대미 로비에 대해 집중적으로 조사했으므로 김형욱에 대한 신문도 박동선 등과의 관계 등에 대해 집중됐다. 김형욱의 이날 증언은 박동선의 증언과 일치했다.

김형욱은 1967년 초중반 김현철 당시 주미대사의 편지로 박동선이란 존재를 알았다고 말했다. 김현철 대사는 박동선이란 사람이 주미대사를 사칭하고 다니는 것은 물론 박 대통령의 친척 행세를 한다고 전했다.

이에 대해 김형욱이 박동선을 밤샘조사하고 풀어주자 사흘 뒤 정일권이 전화를 했고 다음날 자신의 사무실에서 정일권을 만났다고 한다. 김형욱은 이북이 고향인 정일권을 형님처럼 모시고 따랐다. 이날 정일권은 박동선이 유능한 청년이라며 잘 부탁한다고 말했다.

그 뒤 1968년 초 정일권의 초청을 받고 대하라는 요정에 갔더니 해너 의원과 박동선이 와 있었다. 그 다음날 해너와 박동선은 김형욱의 사무실을 방문했고 1968년 8월에도 두 사람이 다시 김형욱을 찾아왔다. 두 사람은 쌀 중개권을 달라고 요청했고 그렇게 해준다면 한국을 위해 최선을 다하겠다고 다짐했다.

박동선과 해너 의원은 넌지시 미 의회에서 한국에 대한 우호적인 분위기를 조성하겠다고 암시했다. 김형욱이 이 제안을 즉각 수락함으로써 박동선은 황금알을 낳는 거위, 즉 쌀 중개권을 갖게 됐다. 김형욱은 박동선과 해너의 노력으로 1969년 칼 알버트 의장이 하원의원 23명을 이끌고 방한함으로써 미 의회가 한국을 다시 볼 수 있는 계기가 됐다고 증언했다. 박동선의 대미 로비를 인정한 것이다.

김형욱은 김한조를 직접 만난 적은 없고 이야기만 들었다고 증언했다. 또 미국에 온 뒤에는 박동선을 만난 적이 없고 돈을 받은 적도 없다고 밝혔다.

특히 김형욱은 만약 자신이 돈을 받았다는 혐의로 1년 감옥에 간다면 박정희는 100년간 감옥에 가야 한다고 주장했다.

김형욱은 또 자신이 교통부에 압력을 가해 박동선이 김포공항 확장 공사를 맡게 해줬고 박동선은 커미션을 챙겼다고 설명하기도 했다.

1978년 7월 10일 상원 윤리위 증언

3개 청문회 전체 증언 중 가장 상세

김형욱의 상원 윤리위 증언은 다른 증언보다 훨씬 상세하며 흥미로운 진술이 많다.

김형욱은 하원 프레이저 청문회에서 4차례, 상하원 윤리위 청문회에서 각각 한 차례씩 증언하는 등 상하원 3개 청문회에서 모두 6차례 증언했지만 1978년 7월 10일 상원 윤리위에서의 증언이 가장 광범위한 대상과 상세한 내용을 담고 있다.

이 증언에서는 자신과 박동선의 만남, 박정희와 박동선의 만남, 박동선에 대한 지원, 그리고 박동선 외에 대미 로비 의혹 대상자로 지목됐던 김동조, 노진환, 박정수, 이준범 등에 대한 자신의 인지 여부 등도 밝혔다.

특히 역대 미국 내 중정 책임자와 자신의 인연, 이들 중정 책임자들에게 자신의 아들 2명을 맡긴 사연 등 개인사도 상세히 증언했다. 이때 김형욱이 밝힌 자신의 개인사가 가히 압권이었다.

큰아들 정한은 김윤호 주미공사에게 맡겨

이날 김형욱은 미국에 파견된 중정 책임자들과 김형욱 간의 개인적 인연을 설명했다. 그들이 얼마나 능력이 있었는지 알 수 없지만 김형욱과의 인연만 보면 분명히 정실인사다.

김윤호 주미공사, 그리고 유엔공사를 거쳐 주미공사를 맡았던 양두원 등이 모두 김형욱과 떼려야 뗄 수 없는 인연이었다.

김형욱은 자신의 큰 아들 김정한이 사냥을 갔다가 지뢰를 밟아 발목을 다쳐 치료를 위해 방미했다고 설명했다. 큰 아들 김정한의 발목부상과 관련해서는 김형욱과 김형욱 큰 며느리의 주장이 엇갈린다. 김형욱은 지뢰를 밟아서 다쳤다고 했지만 김형욱 큰 며느리는 필자를 만나 남편이 국민학교 6학년 때 사냥을 갔다가 아버지 김형욱의 오발로 발목에 큰 부상을 입었다고 말했다.

두 사람의 주장이 엇갈리므로 정확한 원인을 단정할 수 없지만 만약 아버지 김형욱의 오발이라고 하더라도 김형욱이 자신의 오발로 아들이 다쳤다고 증언하기는 힘들었을 것이다.

아들이 발목을 크게 다치자 김형욱은 고민을 거듭하다 주미공사 김윤 호에게 보내 치료를 부탁했다. 사실상 양자 형식으로 비자를 받아 미국에 갔다는 것이다. 김형욱은 한국의 학교는 신발을 벗고 교실로 들어가기 때문에 아들이 상처를 친구들에게 보일 수밖에 없고 이로 인해 마음의 상처를 입을까 두려웠다고 했다. 그래서 미국에 보내서 성형수술을 시키 려 한 것이다. 김정한은 미국으로 가서 김윤호의 보살핌 아래 공립학교 7학년에 입학했다. 김형욱은 아들이 입학한 학교가 학비가 들지 않는 공립학교였음을 재차 강조했다.

그러나 김윤호와 김정한 사이에 적지 않은 갈등이 있었다는 것이 김형 욱 큰 며느리의 주장이다. 김정한이 미국에 처음 갔을 때 적응을 잘 했는지 여부는 알 수 없지만 아마도 김윤호는 처음에는 하늘같은 부장의 아들 김정한을 성심성의껏 대했을 것이다. 그러나 어찌된 영문인지 둘 사이에 갈등이 싹텄고, 김형욱의 큰 며느리는 남편 김정한이 김윤호에게 심한 학대를 당했다고 말했다. 정신적 충격을 받을 정도의 학대였다고 주장했다.

김형욱이 이 같은 사실을 알았다는 정황도 엿보인다. 김형욱은 큰 아들이 자신과 사냥을 갔다가 발목을 다친 데 대해 죄책감을 갖고 있었는데 미국에서도 좋지 않은 대우를 받는다는 것을 알았던 것 같다. 박동선에게 돈 10만 달러를 암달러상에서 환전해 파우치로 보내줄 때도 워싱턴의 김윤호 공사에게 보낸 것이 아니라 뉴욕의 양두원에게 보내서 전달케 했다. 김형욱과 김윤호 사이의 긴장을 엿볼 수 있는 대목이다. 아들에 대한 부당한 대우가 원인이 됐기 때문인지 김형욱은 김윤호를 소환한 뒤 중정에서 내쫓고 군대로 돌려보내버렸다.

'골프 잘 친다'고 양두원 발탁, 주미공사 시켜

코리아게이트의 주범으로 지목돼 미국에서 사실상 추방되고 몇 년 뒤에는 옷을 벗어야 했던 양두원은 골프를 잘 친 덕분에 하루아침에 출세가도를 달린 사람이다.

김형욱은 1966년 초 어느 일요일 골프장을 찾았다. 김형욱이 프로골퍼 못지않은 스윙을 자랑하던 골프광임은 잘 알려진 사실이다. 그래서인지 자신의 바로 앞 조에서 유난히 골프를 잘 치던 양두원을 눈여겨보았다. 김형욱이 양두원에게 관심을 보이자 함께 라운딩을 하던 사람이 양두원은 골프선수 못지않게 골프를 잘 치는 사람이라고 설명했다.

그러다 양두원 조가 늦어지고 김형욱 조가 빨라짐에 따라 둘이 얼굴을 맞닥뜨리게 됐고, 양두원은 김형욱을 보자마자 붙임성 좋게 경례를 올려붙였다. 김형욱은 안 그래도 관심이 있던 차에 양두원이 경례까지 하자 매우 기분이 좋았다. 소속이 어디냐고 묻자 해병대 대령이라고 대답했고, 보직을 물어보자 지금 연수를 받고 있다고 말했다. 양두원은 자신이 앞 조임에도 불구하고 김형욱조가 먼저 가도록 양보했다. 눈치가 빨랐던 것이다.

김형욱은 앞서 나가며 양두원에게 언제 한 번 골프를 같이 치자고 말한 뒤 연수가 끝나면 한 번 찾아오라고 당부했다.

김형욱은 연수를 끝낸 양두원이 인사차 찾아오자 보직을 받았느냐고 물었고 양두원은 아직 보직을 받지 못했다고 대답했다. 그러자 김형욱은 중정에서 자신과 같이 일을 해보겠느냐고 물었고 양두원은 기다렸다는 듯이 기회를 주면 열심히 일하겠다며 김 부장님과 같이 일하게 된다면 자신으로서는 영광이라고 답했다. 이 대답과 함께 양두원은 중앙정보부로 스카우트됐다.

김형욱은 정보 분야에 경험이 없다는 양두원에게 정보학교에서 2~3개월 동안 기본 교육만 받게 한 뒤 서독대사관 참사관으로 파견했다.

동베를린 사건 주도한 양두원 – 김형욱 둘째 아들 맡겨

양두원이 중정의 서독대사관 책임자로 일할 때 누구나 알 만한 큰

사건이 터졌다.

동베를린 사건이다. 서독과 프랑스 등에서 공부하던 유학생들이 북한 측과 접촉한다는 이유로 반강제적으로 한국으로 연행, 납치된 사건이다.

유학생 일부는 스스로 조사에 응하겠다며 자발적으로 한국행을 택했고, 귀국을 망설이던 유학생들은 사실상 납치됐다. 유학생들의 인권침해는 물론이고 서독의 주권을 침해한 사건으로 서독과 심각한 외교 마찰을 빚기도 했다. 바로 이 사건 당시 중정의 서독 책임자가 양두원이었다.

이 사건이 서독 정부에 알려진 뒤 더 이상 서독에 주재할 수 없자 양두원은 서울로 귀임했지만 적당한 자리가 없었다. 그래서 김형욱은 그를 유엔 참사관으로 보냈다. 양두원은 더 이상 양두원이란 본명도 사용할 수 없었다. 기피 인물로 찍혔기 때문에 이때부터 미국에서는 이상호라는 가명을 사용했다.

그 뒤 김형욱은 주미공사 김윤호를 본부로 소환해 군대로 쫓아낸 뒤 유엔에 있던 양두원을 그 자리로 보냈다. 해병대 대령으로 개펄에서 뒹굴던 양두원의 인생이 골프장에서 김형욱을 만난 덕분에 그야말로 인생역전, 꽃이 핀 것이다.

그러나 양두원은 김형욱이 중정부장에서 해임될 때 김형욱 직계로 분류돼 사실상 쫓겨났다. 김형욱이 중정부장에서 물러나자 양두원은 보직도 받지 못한 채 미국에서 불러 들어와 사실상 해임발령만을 기다리던 신세였다.

김형욱은 세계여행을 떠나며 후임 부장인 김계원에게 양두원을 통역 겸 에스코트로 데려가겠다고 양해를 구하고 동의를 받았다. 세계여행에서 돌아온 뒤 김형욱은 양두원을 합참본부로 보냈고 합참에서 마침내 준장으로 진급, 별을 달고는 예편했다. 이제 정말 백수가 된 것이다.

그러나 인연이란 참으로 묘한 것이었다. 양두원이 주미한국대사관에서 근무할 때 신직수 당시 법무부장관 아들의 유학을 도와줬다. 신직수 장관은 이를 고맙게 생각했다고 한다. 이 인연으로 신직수와 김형욱 두 사람이 이후락 중앙정보부장에게 양두원의 복직을 부탁했고 1971년 말 마침내 양두원은 다시 주미공사로 발령받고 워싱턴에 파견됐다.

이때 김형욱은 둘째 아들 김정우도 미국으로 보냈다. 양두원에게 양자로 보내는 형식으로 미국 유학을 보낸 것이다. 김형욱은 당시 중정부장에서 해임된 자신이 앞으로 어떻게 될지 모르는 예측 불가능한 위험상황이라서 둘째 아들도 미국에 보냈다고 한다.

미국 내 중정 책임자 2명이 김형욱의 아들 2명을 양자로 데리고 있었던 것은 우연의 일치라기보다는 김형욱이 자신과의 친분관계를 고려, 자신의 아들들을 돌볼 만한 사람들을 주미공사로 내보냈기 때문일 것이다. 명백한 정실인사다.

'박동선이 1971년 박정희 만났다고 말했다'

상원 윤리위원회는 박정희와 박동선의 관계를 집중적으로 캐물었다.

김형욱은 갤러거 하원의원을 많이 만났지만 박동선이 쌀 중개권을 획득한 뒤였다고 밝혔다. 김형욱이 중정부장으로 재직할 때 갤러거 의원이 박 대통령을 만났지만 그때 박동선은 동행하지 않았다고 증언했다.

그러나 김형욱은 박동선으로부터 1971년 박정희를 만났다는 말을 들었다고 주장했다. 박동선이 대통령을 만날 때 미 의원 등과 같이 간 것이 아니라 단독으로 박정희를 만났다는 것이다.

박동선이 박정희를 단독 면담한 시점이 1971년이라는 김형욱의 주장은 미국의 청와대 도청과 관련해 매우 중요한 시사점을 던진다.

FBI가 매우 민감한 정보소스를 통해서 입수한 정보라며 키신저와 미첼에게 한국의 대미 로비 관련 정보메모를 보냈던 것이 1971년 9월 30일이었다. 특히 박정희가 대미 로비를 직접 지시했다는 정보메모는 1971년 11월 24일 작성됐다. 이는 박정희-박동선 면담이 미국에 의해 도청됐을 가능성을 보여주는 정황인 것이다. 시기상 너무나 잘 맞아떨어진다.

아마도 박동선은 1971년 11월 박정희를 만났을 것으로 보인다. 김용식은 그의 회고록 〈희망과 도전〉에서 박동선이 쌀 중개권을 회복한 시기가 1971년 12월이었다고 기록했지만 여러 자료를 검토한 결과 실제 박동선이 중개권을 회복한 것은 1972년 3월 21일이었다. 김용식이 1971년 12월 박동선이 쌀 중개권을 회복했다고 한 것은 1971년 11월 박정희-박동선 면담을 김용식이 알았고 그 면담 분위기도 알았기에 그 같은 주장을 펼친 것이 아닌가 추리할 수 있다.

김형욱은 박동선과의 인연에 대해 대체로 박동선과 동일하게 증언했다. 박정희가 1961년 방미 때 트랩 아래 환영 나온 박동선을 처음 만났다고 말했다.

또 박정희 친척을 사칭하는 박동선을 홍필용 수사국장을 시켜 밤샘조사한 뒤 인연을 맺게 됐고 조지타운클럽 운영자금이 부족할 때 300만 달러의 정부보유 외화를 박동선이 지정하는 은행에 예치시켜줬다고 설명했다. 김형욱은 비서실장 문학림에게 정부가 보유한 외화의 예치 은행을 바꿀 수 있는지 알아봤더니 2~3개월 뒤 예치기간이 끝나는 만큼 그때 은행을 바꾸는 것은 문제가 없다는 대답이었다. 김형욱이 박동선에게 3개월 정도 걸린다고 했더니 박동선은 괜찮다고 말해서 편의를 봐줬다는 것이다.

쌀 중개권 부탁하자 즉각 조달청장에게 전화

김형욱은 박동선에게 쌀 중개권이라는 엄청난 이득을 줬다. 1968년 8월 박동선과 해너 의원은 김형욱을 찾아와 쌀 중개권자가 되면 그 커미션으로 대미 로비를 할 수 있다고 설명했다. 이때만 해도 김형욱은 쌀 중개권이 돈이 되는지 몰랐다고 한다.

김형욱은 박동선의 주장에 귀가 솔깃했고 해너 의원도 박동선을 극찬하며 지원사격을 했다. 김형욱은 즉각 비서실장 문학림을 시켜 박동선 일행과 조달청장 김원희의 만남을 주선했다. 조달청장은 하늘같은 김형욱의 부탁을 무시할 수 없었다. 모든 것이 일사천리였다. 조달청장은 한국과의 모든 쌀 거래는 박동선을 통해야 한다는 자신 명의의 편지를 써주었다. 김형욱 말 한마디로 박동선이 쌀 중개권을 얻게 된 것이다.

1968년 10월 8일 해너가 김형욱에게 편지를 보냈고, 1968년 12월 크리스마스 때 해너 의원이 미 하원의원단 방한이 성사됐음을 알려왔다. 해너 의원은 박동선이 이번 방한단의 연락을 맡았으므로 박동선이 요구하면 조금 무리가 되더라도 모두 들어달라는 당부를 잊지 않았다.

김형욱은 날듯이 기뻤다. 대규모 하원의원단 방한이 사상 처음으로 성사된 것이다. 김형욱은 박동선이 그렇게 믿음직해 보일수가 없었다. 쌀 중개권을 주자 불과 두세 달도 안 돼 하원의원단 방한을 성사시킨 것이다.

김형욱은 박동선의 의회 영향력이 막강함을 실감하고 이때부터 박동선을 통한 은밀한 로비활동을 적극 추진한다. 이때 김형욱은 자랑스럽게 하원의원단 방한을 박정희에게 상세하게 보고했다. 한 건 올렸다는 것이다. 이때 상황을 자세히 보고했으므로 당시 비서실장 이후락도 박동선을 알게 됐을 것이라고 추정했다.

'박동선은 사실상 중정요원 — 내가 임무 부여'

김형욱은 중앙정보부장으로 재직 중일 때 박동선으로부터 정기적으로 보고 받았다고 주장했다. 특히 김형욱은 자신이 부장으로 재직 중이던 1969년 미국이 약속한 한국군현대화5개년계획이 지지부진했기 때문에 박동선에게 각별한 노력을 당부했다고 밝혔다.

이른바 브라운 메모로 알려진 한국군현대화계획은 1968년 초 김신조의 청와대 습격사건, 푸에블로호 납치사건 등이 발생, 박정희가 북한에 직접 보복을 감행하려 하자 미국이 박정희를 누그러뜨리기 위해 제안한 정책으로, 한국군에 대한 지원을 강화, 5년 동안 현대화시키겠다고 약속한 것이다. 김형욱은 박동선에게 항상 임무를 부여했다는 말도 했다.

김형욱이 중정부장 재임 중일 때 박동선이 중정의 에이전트였느냐는 질문에는 임금을 받는 스탭은 아니지만 자신이 항상 박동선에게 특정한 임무를 부여했고 박동선은 그 임무를 수행했다고 말했다. 중정의 정식 직원이나 정식 에이전트는 아니지만 사실상 에이전트 성격이었다고 답한 것이다.

김형욱은 또 당시 주미공사 월급이 1500달러 정도였지만 박동선의 볼륨이나 스케일은 주미공사보다 훨씬 컸다고 말했다. 박동선이 주미공사보다 더 많은 역할을 했음을 시사하는 것이다.

김형욱은 또 자신이 아는 상원의원은 험프리 의원이 유일하며 1967년과 1968년 험프리 부통령을 만나서 한국군 월남파병 문제를 논의했다고 밝혔다. 박동선은 바로 험프리 부통령의 조카사위가 될 뻔했을 정도로 험프리와는 친한 사이였다. 김형욱이 아는 유일한 상원의원인 험프리는 사실상 박동선을 통해 접촉하게 됐을 가능성이 크다는 것을 의미하는 것이다.

역대 대사들 박동선 시기 – 함병춘은 키신저 덕에 발탁

특히 김형욱은 역대 주미대사들이 하나같이 박동선을 시기했다고 말했다. 김동조와 박동선 사이에 분쟁이 있고 그 분쟁의 이유는 의회 로비 때문이라고 주장했다. 박동선의 활동에 김동조가 끼어들려고 했다는 것이다. 김동조는 지는 것을 굉장히 싫어했고 대통령에게 뭔가 보여주기 위해 '한 건' 하려 했다고 증언했다.

RESUME

HAME: Hahm, Pyong-choon

DATE OF BIRTH: February 26, 1932

PLACE OF BIRTH: Seoul, Korea

HOME ADDRESS: 1-10 Sinchon-dong, Sodaemun-ku, Seoul, Korea

OFFICE: Chongwadae(Office of the President of the
         Republic of Korea), Seoul, Korea

EDUCATIONAL EXPERIENCES:

1956   Northwestern University, Evanston,
                   Illinois, U.S.A.
                   B.A. in Economics, Phi Beta Kappa

1959   Harvard Law School, Cambridge, Massachusetts,
                   U.S.A., J.D.

1966-1968   A Fulbright Research Scholar at Yale
                   Law School, New Haven, Connecticut, U.S.A.

PROFESSIONAL EXPERIENCES:

1960-1962   Instructor of Law, Yonsei University,
                   Seoul, Korea

1962-1966   Assistant Professor of Law, Yonsei University
                   Seoul, Korea

1966-1969   Associate Professor of Law, Yonsei University
                   Seoul, Korea

1968-1970   Director, Social Science Research Institute,
                   Yonsei University, Seoul, Korea

1969-   Professor of Law, Yonsei University
                   Seoul, Korea(On Leave since December 10, 1970)

1969-1970   Director of Graduate Studies, Graduate School,
                   Yonsei University, Seoul, Korea

1970-   Special Assistant to the President for
                   Political Affairs, Office of the President,
                   Republic of Korea

함병춘이 1973년 12월 3일 주미한국대사에 임명되자 주미한국대사관이 임명 당일 국무부에 보낸 함병춘의 이력서 또 김정열은 박동선의 멱살을 잡을 정도로 두 사람의 사이가 좋지 않았고, 김현철은 박동선이 대사를 사칭하는 것은 물론 박 대통령의 친척 행세를 한다며 편지를 보내기도 했다고 말했다.

결과적으로 역대 주미대사들인 김정열, 김현철, 김동조 모두가 박동선을 시기했고 박동선에 대해 좋게 말하지 않았다고 주장했다. 박동선도 의회 증언에서 김동조, 하비브 대사, 레너드 한국과장을 자신의 3대 적으로 꼽았다. 갈등이 얼마나 컸는지 짐작할 수 있는 대목이다.

김형욱은 함병춘 주미대사에 대해서도 언급했다. 함병춘은 독립운동가의 아들로서 하버드대학에서 키신저 교수에게 배웠으며 그에 대한 미국의 평가는 나쁘지 않았다고 한다.

함병춘 대사의 발탁 계기 또한 특이하다. 키신저와의 인연으로 대사가 됐다고 한다. 키신저가 한국에 와서 청와대를 방문했을 때 대통령 특보들이 도열해 있었다. 죽 악수를 나누던 키신저가 한 사람 앞에서 멈춰 섰다. 그가 바로 함병춘이었다. 키신저는 함병춘의 어깨를 두드려주며 반갑게 두 손을 마주 잡았고 박정희에게 한마디하는 것을 잊지 않았다. "함병춘의 나의 나이 든 학생이었다"라며 우스갯소리를 했다. 김형욱은 키신저의 이 한마디가 함병춘이 주미대사로 가는 계기가 됐다고 주장했다.

김형욱은 함병춘을 매우 잘 본 모양이다. 그를 매우 순수하고 정직한 사람이라고 평가했다. 하지만 대통령 사위인 한병기가 유엔부대사로 재직할 때 한병기와 함병춘이 미주 한인사회를 둘러싸고 영역 다툼을 벌이기도 했다고 증언했다.

노진환의 의회 로비 - 웃음밖에 안 나온다

상원 윤리위는 노진환에 대해서도 질문을 쏟아냈다. 노진환이 미국 의회 로비를 했는지가 관심사였다. 이에 대해 김형욱은 한마디로 답했다.

"노진환 로비설이 나올 때마다 나는 웃을 수밖에 없다."

노진환은 로비할 그릇이 안 되는 사람이라는 것이다. 그래서 설사 로비가 있었다고 한들 제대로 되지 않았을 것이라는 뜻이다.

노진환은 할리데이인 매니저 출신으로 1969년 워싱턴 한인회장이었다고 한다. 노진환은 한인회장으로서 박정희의 3선 개헌을 강력히 지지했다. 당시 박정희가 미국에 와 요세미티국립공원에서 닉슨 대통령을 만날 때 노진환이 그곳까지 따라와 3선 개헌 지지를 표명했다고 한다. 박정희는 감복했고 노진환은 드디어 찬스를 잡았다고 한다. 노진환은 그 뒤 국회의원이 됐고 김형욱과 함께 외무위 위원으로 스페인대사관을 감사하다 함께 유신선포 소식을 들었다고 밝혔다.

1973년 4월 김형욱이 미국에 도피한 뒤 노진환이 자신에게 전화해 귀국을 설득했다고 한다. 이에 김형욱은 모텔 매니저였으니 얼마나 로비를 잘 했겠느냐는 말로 비꼬았다. 김형욱 말대로 노진환은 나데커 백악관 보좌관 등에게 정치자금을 대겠다고 말했다가 워싱턴포스트가 이를 보도하는 바람에 한국을 망신시키기도 했다.

박정수와 이범준 부부가 미 의원들에게 뇌물을 준 적이 있느냐는 질문에 김형욱은 그런 말은 들은 적이 없다고 말했다. 박정수는 정일권 보좌관 출신으로 로비를 주도할 만한 거물이 아니며 그의 부인 이범준은 로비 때문이 아니라 얼굴이 예뻐서 미 의원들에게 사랑을 받은 것이라고 설명했다.

험프리 부통령이 정일권에게 박정수를 보좌관으로 추천했느냐는 질문에도 사실이 아니라고 답했다. 박정수 부부가 박사 부부로 유명했기 때문에 정일권은 그들 부부를 주미대사 재직 때부터 잘 알고 있었다고 설명했다. 그러나 험프리가 박정희에게 편지를 보내 이들 부부를 칭찬한 것은 사실이었고, 그 편지는 증거로 제출됐다.

박동선 장부에도 김형욱은 돈까스(PORK CHOP)

김형욱이 박동선에게 돈을 받았을까?

김형욱은 앞서 박동선이 중정부장실로 찾아와서 돈봉투를 놓고 간 적이 있으나 돌려줬다고 증언했다. 상원 윤리위는 하원 윤리위에서 김형욱이 말한 답변을 물고 늘어졌다. 의원들은 하원 윤리위에서는 돈을 안 받았다고 증언했지만 돈 받은 기록이 나온다고 추궁했다. 그러자 김형욱은 박동선 쌀 중개 커미션에서 나온 돈을 안 받았다는 것이며 법무부 조사에서, 만 몇천 달러 받은 것으로 밝혀졌다는 것을 들었다고 말했다.

박동선 장부에 'PORK CHOP'에게 3번 줬다고 기록돼 있다고 추궁하자 김형욱도 1971년 7월 20일 1만 달러, 9월 7일 5000달러, 11월 11일 1000달러 등 1만 6000달러를 줬다고 적혀있는 것으로 안다고 답했다.

그러면서 김형욱은 정황을 설명하며 조목조목 반박했다. 1000달러를 줬다는 1971년 11월 11일은 미국에 국정감사를 왔을 때 박동선이 숙식을 제공했기 때문에 그 비용을 기록한 것이지 캐시를 받은 것은 아니라고 설명했다.

1만 달러를 줬다는 1971년 7월은 국제 의원연맹 회의에 참석한 시기로 국회 출장비가 적은데다 동행하는 의원들에게 돈이 많이 들기 때문에 박동선이 돈을 준 것 같다고 말했다. 1971년 9월에도 5000달러를 줬다고 하는데 중요한 것은 이 3번 모두 박동선이 쌀 중개권을 박종규 측에 빼앗긴 시기인 1971년으로 분명히 쌀 중개 커미션은 아니라고 주장했다.

김형욱은 1971년 5월 국회의원이 된 뒤에는 정일권과 함께 박동선과 식사 한 번 같이 한 것이 박동선을 만난 전부라고 말했다.

1970년에서 1974년까지 박동선이 김형욱에게 3만 달러 정도 줬다는 주장에 대해 자신이 1973년 4월 23일 미국에 도착했는데 그게 어떻게 가능하겠느냐고 말하고 그 이전에 큰 아들 정한이 13세 때 미국에 왔지만 공립학교에 다녔고 김윤호 공사에게 맡겼기 때문에 큰돈이 안 들었다고 설명했다.

그러나 국정감사를 나왔는데 박동선이 숙식을 제공했다는 설명은 타당성이 없으며 박동선이 쌀 중개권을 상실한 시기라고 해서 그 돈이 쌀 중개 커미션에서 나온 것이 아니라는 설명은 설득력이 없다. 쌀 중개권을 빼앗겼던 시기였으니 박동선은 더욱 로비가 필요했다. 적은 돈이나마 받기는 받은 것이며 박동선이 그에게 적게 준 것은 김형욱이 더 이상 쓸모가 없었기 때문일 것이다.

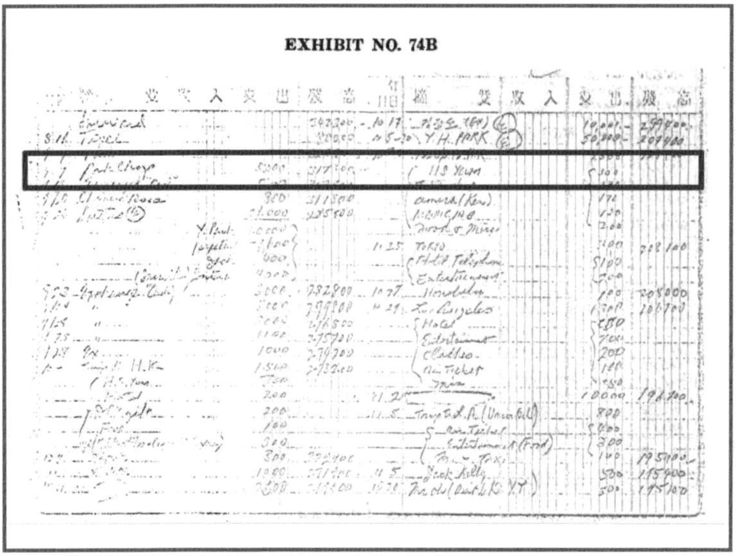

EXHIBIT NO. 74B

박동선이 직접 작성한 장부로 PORK CHOP에게 5천 달러를 지급했다고 기록하고 있다. PORK CHOP은 김형욱을 뜻한다.

쿠데타 주체 백태하와 '김심' 사로잡은 유영수

민병권이 김형욱 청문회 증언에 나서기 전부터 김형욱 설득 등에 나섰던 인물이 백태하와 유영수다. 백태하는 육사 9기생으로 포병대 대장으로 근무하다 5.16 쿠데타에 참가, 육군본부를 점령한 인물이다. 백태하는 자신의 회고록 〈어느 반역자의 고백〉에서 두 번이나 육사 9기생을 대표해 최고의원이 돼달라는 요청을 거부했고, 중앙정보부가 출범한 한참 뒤에 중정에 들어가 제주도지부장, 경기도지부장을 거쳐 1965년께 서울 분실장으로 근무했다고 밝혔다. 그리고 당시 경향신문 인수를 사실상 주도했다.

백태하는 이 책에서 당시 자신들은 6.25 종전 이후 9년째 진급하지 못했다고 한다. 자신은 9년째 중령이었고 자신의 부하들은 9년째 대위였다. 내일 쿠데타군으로 출정한다는 말에 자신은 물론 부하들도 이의를 제기하지 않았다고 한다. 육사 8기생 이후의 군인들이 왜 5.16 쿠데타에 주체적으로 참여했는지를 설명해주는 대목이다. 육사 8기생 이상은 30대 장군은 물론 30대 초반 참모총장까지 역임할 정도로 진급이 빨랐지만 그 이후는 심각할 정도로 진급이 적체됐던 것이다.

백태하는 우여곡절 끝에 1971년 미국 이민 길에 올랐고 5.16 쿠데타 당시 그의 상관이었던 문재준 전 포병단장도 당시 브라질로 이민을 떠나려던 참이었다고 한다.

유영수가 프레이저 청문회에서 밝힌 백태하의 미국 이민생활은 결코 평탄치 않았다. 백태하는 필라델피아에 정착한 뒤 철공소에서 일했다. 그러다 1950년대 말 국비유학생으로 미국을 찾았던 유영수를 알게 되고, 1974년 유영수에게 일자리를 부탁한다. 먹고 살 길이 막막했던 것이다. 뉴저지 중부에서 작은 슈퍼마켓을 운영하던 유영수는 백태하의 편지를 받고는 즉시 그를 뉴저지로 오게 해서 자신의 슈퍼마켓 매니저로 일하게 하는 등 도움을 줬다고 한다.

그런 외중에 박정희의 사위인 한병기가 쿠데타 주체 백태하가 슈퍼마켓에서 일하는 모습을 보고는 그에게 한국으로 귀국하라는 제의를 한다. 한병기는 백태하의 처지를 너무 안타깝게 생각했다고 한다. 백태하가 타이어회사인 동신화학 사장에 취임한 것은 1977년 7월 21일이었지만 실제 사장 자리를 제의받고 일시 귀국한 것은 1976년 10월이었다. 그때 박정희, 김재규 등을 만나 자신과도 인연이 있던 김형욱 설득에 나서게 된다. 김형욱은 중정부장으로 취임하면서 서울분실장 백태하에게 일주일에 한 번씩 만나서 조언을 해달라고 부탁하는 등 친분이 깊었다는 것이 백태하의 회고다.

백태하는 1977년 4월 미국에 다시 들어와 김형욱에게 유영수를 소개했다. 유영수는 1976년 초반 박동선이 언론에 오르내리자 틀림없이 의회에서 청문회를 개최할 것이며 그에 대비해야 된다고 백태하에게 말했던 것이다. 특히 유영수는 김형욱도 100% 청문회에 불려 나갈 것이므로 기왕에 나가게 된다면 제대로 준비해서 그의 소신을 명확히 밝혀야 한다고 조언했다.

백태하가 유영수로부터 이 말을 들었을 때는 청문회의 '청'자도 나오지 않을 때였기 때문에 백태하는 유영수를 다시 보게 됐다고 한다. 그래서 김형욱에게 유영수를 소개했고 김형욱 또한 유영수의 말을 들은 뒤 곧바로 그를 심복으로 삼게 된다. 김형욱은 유영수와 함께 2개월 뒤로 다가온 청문회 증언 내용을 준비한 것은 물론 민병권 등이 청문회 저지를 위해 자신과 만날 때도 유영수를 대동, 자신의 친구라고 소개하기도 했다.

유영수는 프레이저 청문회에서 자신은 미국 시민이며 한미 양국이 혈맹으로서 동맹관계를 더욱 더 굳건히 해야 한다며 그 당위성을 역설, 미 의원들로부터 박수를 받기도 했다. 유영수가 증언한 날은 1977년 11월 30일로 손호영 증언과 같은 날이었다. 유영수의 자신에 찬 증언이 망명자 손호영의 증언과 대비되며 더욱 빛을 발했던 것이다.

그러나 유영수는 김재규 등 중앙정보부와 협조해 김형욱 증언에서 '독'을 빼내는 역할을 했고 그 같은 활동은 일정 부분 성공을 거뒀다.

실제로 김형욱의 증언에는 독이 없었기 때문이다.

유영수는 김형욱 증언 바로 다음 달인 1977년 7월 김형욱의 밀사로 한국을 방문, 김재규 등을 만나게 되는데 이때 김형욱은 김재규에게 한창섭 특파원을 뉴욕에서 떠나게 하라고 요구했다고 증언했다. 그만큼 김형욱은 한창섭에게 한이 맺혔던 것이다.

김형욱은 그의 아내 신영순에 대한 귀국공작이 진행되면서 유영수가 자신보다 김재규에게 기울었음을 알고 유영수를 멀리하게 된다.

김형욱의 외화 밀반입 사건

1978년 1월 7만 달러 밀반입하다 전격 체포

상하 양원에서 모두 3개 청문회를 통해 코리아게이트에 대한 조사에 피치를 올리고 있을 무렵인 1978년 1월, 김형욱은 스위스와 파리를 다녀오다 세관에 신고를 않고 약 7만 달러를 숨겨 들여왔다. 거액을 미국으로 밀반입했으니 당연히 청문회에서도 큰 문제가 됐고 철저한 조사가 진행됐다. 김형욱의 개인적 신상이 낱낱이 드러난 것은 물론 그의 사치행각 등 부도덕성이 만천하에 밝혀졌다.

김형욱은 1978년 1월 18일 오전 9시 55분 뉴욕 존에프케네디공항에서 미 세관 당국에 의해 전격 체포됐다. 에어프랑스 001 편으로 파리를 출발해 뉴욕에 도착하던 참이었다.

재무부 산하 관세청이 1978년 3월 27일 작성한 보고서에 따르면 김형욱은 1926년 1월 26일생으로 한국 여권을 소지하고 있으며, 여권번호는 348517로 미국 영주권자이다.

양말에만 6만 3000여 달러 숨긴 뒤 뒤뚱뒤뚱

김형욱은 미국에 입국하면서 세관원 린다 리에게 휴대품신고서를 제출했다. 입국신고서에 5000달러 이상을 소지하지 않았다고 작성하고 서명했다. 그러나 산전수전 다 겪은 린다 리의 눈을 속일 수는 없었다. 린다 리는 세관검사를 위해 자신에게 다가오는 김형욱을 이미 주시하고 있었다. 걸음걸이가 이상했던 것이다. 뚱뚱하고 작은 키의 동양인이 뒤뚱뒤뚱 자신에게 걸어왔다.

린다 리는 본능적으로 무언가 숨기고 있음을 직감했다. 김형욱은 즉각 존에프케네디공항 내 세관 조사실 2호실로 연행됐다. 김형욱에게 다시 얼마를 가지고 들어왔느냐고 물었다. 그는 3000달러밖에 없다고 오리발을 내밀었다. 그러자 몸수색이 시작됐고 깜짝 놀랄 만한 일이 벌어졌다.

김형욱의 양말 속에서 거액이 발견된 것이다.

100달러짜리 지폐 500매 5만 달러, 500달러짜리 여행자수표 10매 5000달러, 프랑스 프랑화 지폐 135매로 미화로 환산하면 1만 3670달러 등 6만 8670달러를 소유했다. 그리고 100달러 미만 미화 지폐 1178달러, 프랑화 잔돈 480프랑으로 미화 102달러, 프랑화 동전 4개 3.5프랑으로

0.74달러 등 1280달러 74센트를 소지하고 있었다. 합계 7만 달러에 몇십 달러 모자라는 거액이었다.

DEPARTMENT OF THE TREASURY
U.S. CUSTOMS SERVICE
JAMAICA, N.Y.

March 27, 1978

JK32KC826009
Seizure #78-4701-00506
#78-1001-04118

The United States Attorney
Eastern District of New York
225 Cadman Plaza East
Brooklyn, New York 11201

Attention: Chief, Criminal Division, Bernard Fried

Dear Sir:

Under the provisions of 19 USC 1603, there are reported below violations
of the laws of the United States committed within your district involving
the failure to report $69,950.74 in United States and French currency
transported into the United States;, the seizure of the currency and the
arrest of the following offender:

OFFENDER:
Hyung Wook KIM
Oriental/Male; Age 54
Korean Citizen; United States
    Resident Alien
DPOB: 01/16/25, Korea
Korean PP #348517
Residence: Box 8 Highwood Pl.
    Alpine, NJ 07620
Kim is a prior Korean Central
Intelligence Government official
who presently resides in the
United States and is unemployed.

VIOLATIONS OF LAW:
18 USC 1001
31 USC 1101

DATE, TIME AND PLACE OF ARREST:
Hyung Wook KIM was arrested
on January 18, 1978, at the
International Arrivals Building,
Customs Area, John F. Kennedy
Airport, Jamaica, New York at
approximately 0955 hours.

1978년 3월 27일 미 관세청이 작성한 김형욱 7만 달러 밀반입 관련 보고서

'나 중앙정보부장이야– 스위스에 계좌 열러 갔다' 진술

세관 측은 김형욱에게 묵비권을 행사할 수 있고 변호사를 선임할 권리가 있음을 알리고 본격 심문에 들어갔다.

그러자 김형욱은 "나는 한국 중앙정보부장을 역임했다. 그때 일로 해서 지금 한국인이나 미국인으로부터 보복당할 것을 두려워하고 있다"고 주장했다.

7만 달러를 밀반입하고서는 부끄러운 줄도 모르고 한국 중앙정보부장이라고 밝혀 나라 망신을 있는 대로 시킨 것이다.

돈의 출처에 대해 자신이 출국 전에 뉴저지 주 알파인 소재 은행의 자신의 계좌에서 돈을 찾았고, 파리의 르 그랑 세르클에서 도박해서 딴 돈 이라고 설명했다. 르 그랑 세르클 카지노는 김형욱이 1979년 10월 실종 전 마지막으로 목격된 바로 그 카지노다. 여행 목적은 휴가 겸 쇼핑이며 그의 아들과 함께 스위스 제네바에 가서 스위스 은행계좌 오픈과 관련된 정보를 얻는 것이라고 밝혔다. 아들이라 함은 큰 아들 정한을 말하는 것이다.

이 부분과 관련해 김형욱의 큰 며느리이자 김정한의 아내인 김경옥 씨는 필자에게 김형욱이 실종되기 전 정한에게 "스위스 은행에 있는 돈은 네가 가져라"라고 말했고, 정한은 김형욱에게 "동생들이 있는데 어떻게 혼자 가지겠습니까"라고 말했다고 전했다.

김경옥 씨의 말과 김형욱의 미 세관 진술로 미뤄 아마도 1978년 1월 또는 그 이후에 스위스 계좌가 개설된 것으로 보인다.

그러나 김형욱은 하원 청문회에서 세관 진술과 다르게 증언했다. 스위스 계좌 개설이나 도박 부분은 쏙 빼고 말한 것이다.

김형욱은 그림이 돈이 된다고 해서 유럽 갈 때 기회가 되면 그림을 사오려고 주식을 팔아서 현금을 들고 나갔다가 다시 가져왔다고 증언했다. 그런데 그만 세관에 신고하는 것을 잊었다는 것이다. 양말에 돈을 숨겨 들여온 사람이 세관에 신고하는 것을 실수로 깜박했다는 것은 새빨간 거짓말이다.

스위스 방문 이유는 UBS에 비밀계좌 개설

김형욱은 1978년 8월 15일 프레이저 청문회에서 이 문제를 증언하며 아들 정한의 여권 만료가 임박했기 때문에 미국 이민국에서 재입국 허가를 받아서 프랑스로 갔지만 프랑스에서 입국을 허락하지 않았다고 말했다. 그래서 프랑스에 비해 입국심사가 엄격하지 않은 스위스를 방문한 것이라고 주장했다. 스위스에서 내려 자동차를 렌트해 프랑스로 넘어갔으므로 스위스에 머문 시간은 5시간 정도에 불과하다고 밝혔다. 이는 세관에서 조사받을 때 아들의 스위스 계좌 개설을 위해 스위스를 찾았다는 주장과 상반되는 것이다.

세관 조사는 7만 달러 밀반입 당일인 1978년 1월 18일 이뤄졌고 프레이저 청문회에서 이 문제를 추궁한 것은 7개월 뒤인 1978년 8월 15일이었다. 프레이저 청문회가 세관조사보다 늦게 이뤄진 것을 감안하면 세관조사 때 진실을 말했다가 청문회에서는 다른 핑계를 댔을 가능성이 크다.

"고무줄로 다리에 돈을 묶어서 들여왔느냐"고 묻는 말에 김형욱은 그냥 양말에 넣어왔다고 밝혔다. 고무줄로 다리에 돈을 묶고 스타킹을 신고 들어왔다는 것이 백악관 출입기자인 문명자 씨의 주장이었지만 그녀의 말은 대체로 신뢰하기 어렵다. 의원들이 그 말을 듣고 고무줄 운운한 것이다.

김형욱은 돈을 가지고 나갈 때 신고하지 않았으므로 들어올 때도 신고할 수가 없었다고 설명했다. 아들 정한이 캐시 5000달러, 자신이 캐시 6만 달러와 여행자수표 5000달러 등 모두 7만 달러를 가지고 해외로 나갔다는 것이다. 세관에서는 밀반입한 7만 달러 중에 르 그랑 세르클 카지노에서 도박으로 딴 돈도 포함돼 있다고 말했지만 프레이저 청문회에서는 도박으로 돈을 딴 사실은 없다고 밝혔다.

김형욱은 미국 출국 때 자신이 소지했던 6만 달러는 자신 명의의 주식을 판 돈이라고 주장했다. 김형욱은 여행갈 때 신용카드를 사용하면 신분이 노출되고 여행 경로를 추적당할 우려가 있기 때문에 현금을 넉넉히 가져갔다고 말했다.

김형욱의 밀반출 재산

세관, 명함 압수— 김형욱 스위스 UBS 계좌 보유 유력

김형욱의 상세한 재산 내역은 1978년 7월 20일과 1978년 8월 15일에

열린 프레이저 청문회 3, 4차 청문회에서 사실상 규명됐다.

4차 청문회에서는 김형욱의 재산 밀반출 경위와 미국 및 역외 예금 내역이 드러났고 스위스 UBS에 비밀계좌를 가지고 있다는 가능성도 밝혀졌다. 김형욱이 재산을 예치한 은행은 미국 내에서는 시티뱅크였고, 미국 밖에서는 바하마의 시티트러스트와 스위스 UBS였다.

프레이저 소위원회는 연방검찰과 세관으로부터 서류를 입수해 검토한 결과 스위스 은행에 계좌 개설을 위해 스위스 제네바에 갔으며 소지품 중에서 프랑스어에 영어가 일부 섞인 계좌 개설 위임장이 발견됐다고 밝혔다.

그 위임장에는 위임받은 사람이 동양인 이름으로 기록돼 있었지만 세관 조사관은 그 위임장을 복사하지 않고 김형욱에게 돌려줬고 김형욱은 그것을 그 자리에서 찢어버린 것으로 드러났다. 프레이저 소위원회는 김형욱이 스위스에 숨긴 재산을 찾을 수 있는 기회였는데 세관 조사관이 결정적 실수를 저질렀다며 안타까워했다.

그러나 프레이저 소위원회는 김형욱의 스위스 계좌를 밝혀줄 명함 한 장을 발견했다. 이 명함은 시티뱅크 고위 관계자인 메리 콜베트의 명함이었다.

메리 콜베트는 시티뱅크의 김형욱 담당 직원으로 김형욱이 고액 예금자였으므로 고위 관계자가 그를 담당한 것이다. 메리 콜베트는 1975년 국세청 요청으로 김형욱 계좌사항을 보고했고 1976년 6월 김형욱 고객카드를 작성했던 바로 그 사람이다.

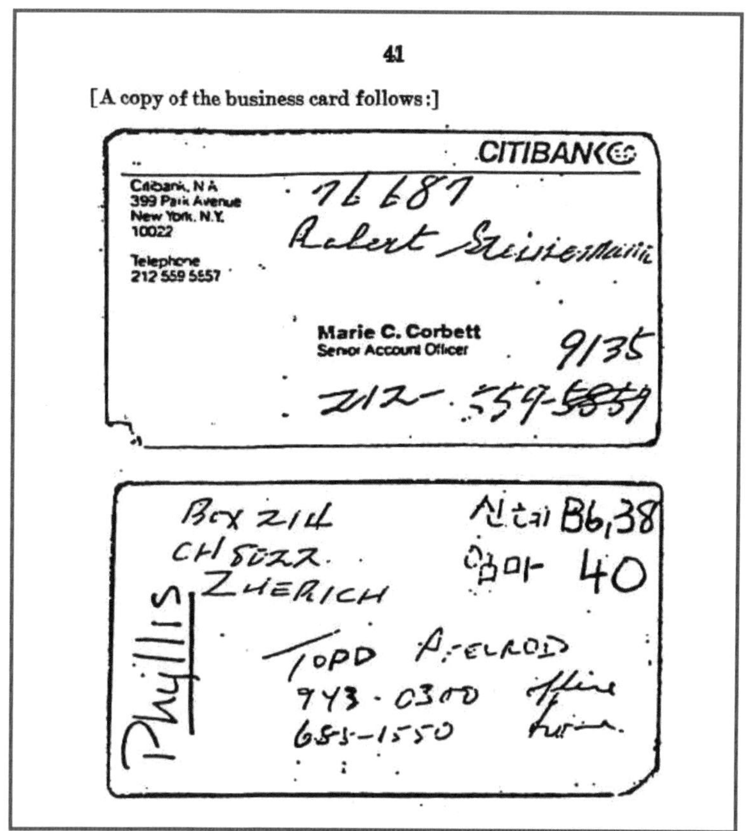

시티뱅크 김형욱 담당 직원 메리 콜베트의 명함으로 김형욱이 스위스 UBS의 사서함 번호 등을 가필했다.

명함 앞면에는 메리 콜베트의 이름 외에 정체불명의 외국인 이름이 적혀있었고, 명함 뒷면에는 'BOX 214, CH8022, ZUERICH' 'PHYLLIS'라는 메모가 있고, 이름으로 추정되는 'TODD'라는 알파벳과 그 아래 전화번호 2개가 적혀있다.

또 상단에는 '신혜 B6,38', '엄마 40'이라고 기재돼 있다. 엄마는 부인 신영순을, 신혜는 외동딸 김신혜를 의미하지만 그 뒤의 숫자는 무엇인지 알 수 없다.

김형욱은 청문회에서 자신이 이 명함에 이름과 전화번호 등을 적은 사실을 시인했으나 그 내용이 무엇을 의미하는지에 대해서는 밝히지 않았다. 이 명함을 얻은 것이 5년 전, 즉 1973년 자신이 미국에 도피한 직후여서 잘 기억나지 않는다는 말만 반복했다. 'BOX 214'가 무엇이냐는 질문에도 기억나지 않는다고 말했다.

프레이저 소위원회는 1978년 5월 17일 스위스 우정청에 'BOX 214, CH8022, ZUERICH'의 의미를 물었다. 우정청은 공문으로 이 사서함 번호가 'SWISS BANK CORPORATION' 소유이며, 주소는 스위스 쥐리히의 파라데플라츠 6번지라고 밝혔다. 김형욱은 프레이저 소위원회가 이 공문을 제시했음에도 기억나지 않는다고만 말했다.

하지만 2012년 8월 이 주소를 확인해본 결과 세계 최대의 프라이빗뱅크인 UBS의 주소였다. 김형욱은 아마도 UBS에 비밀계좌를 가지고 있었을 것이다.

1969년 부장 시절 재산 해외도피 송금전표 발견

김형욱이 거액을 미국으로 빼돌렸다는 것은 잘 알려진 사실이지만 그가 중앙정보부장 재임시절인 1969년 일본을 통해 미국으로 거액을 보냈음이 입금전표 등을 통해 확인됐다. 프레이저 소위원회가 시티뱅크에 대한 조사를 통해 그 증거를 입수한 것이다.

김형욱이 미국 내 비밀리에 개설한 시티뱅크 계좌로 돈을 보낸 사람은 재일동포 사업가 이현수 씨였다.

공교롭게도 2012년 인기리에 방영된 드라마 〈빛과 그림자〉에도 재일동포 사업가 이현수가 등장했는데 작가가 임의로 재일동포 사업가에게 이현수란 이름을 부여했는지, 아니면 그 시절 속사정을 알고 그 이름을 썼는지 궁금하다.

실제 이현수와 드라마 상 이현수는 여러 가지 차이가 있지만 영화사업을 했다는 공통점이 있다.

이현수는 1940년대부터 국내에서 불이무역이라는 무역회사를 운영하며 외화도 수입했고 실제 동아극장의 소유주이기도 했다. 후일 김종필의 사돈이 되는 벽산그룹 김인득 회장이 1950년 이현수의 요청으로 동아극장 지배인으로 일했다. 재일동포 영화 사업가란 배역의 이름이 이현수임은 그 속사정을 아는 사람의 간담을 서늘케 했을 것이다.

이현수는 1969년 6월 3일 일본에서 퍼스트내셔널시티뱅크 미국 샌프란시스코지점에 개설된 김형욱의 계좌로 10만 달러를 송금했다. 김형욱의 계좌는 체킹계좌로 계좌번호는 10455818이었다. 이현수는 약 두 달 뒤인 8월 4일에도 이 계좌로 40만 달러를 보냈다. 약 40일 뒤인 9월 12일에도 30만 달러가 송금됐다. 또 11월 30일에도 20만 달러가 전해졌다.

이처럼 1969년 중정부장 재직 중일 때 80만 달러, 1969년 10월 20일 중정부장에서 해임된 뒤 20만 달러 등 1969년 이현수를 통해서만 최소 100만 달러 이상을 미국으로 빼돌린 것이다.

TO BE
MAILED TO—F. N. C. B. New York　Overseas Div.　BRANCH

ATTENTION

YOUR LETTER REFERENCE

DATE　Sept. 12, 1969　NUMBER

Refer our cable of date to you for $300,000.—

DO NOT DETACH　FROM TOKYO BRANCH

DATE: Sept. 12, 1969

CREDIT FILE
2 YRS. (W/H 4 YRS)
PERMANENT
OVERSEAS　GENERAL

TOKYO, JAPAN

Sept 12, 1969
(Date)

Gentlemen:

This is your authority to debit my CHECKING
(regular checking, special checking,
savings, etc.)　account number: 10455818　with yourselves with
(number)

$300,000. plus charges, if any and remit this amount to me by
(amount)　(cable, airmail)

in care of FIRST NATIONAL CITY BANK, Tokyo　in accordance with
at the address listed below　(cable, airmail)

instructions which I am requesting FIRST NATIONAL CITY BANK to send you today.

Yours very truly,

FNCB (International)
ACCOUNT KIM HYUNG WOOK

H. S LEE

이현수가 1969년 9월 12일 시티뱅크 김형욱 계좌로 30만 달러를 송금한 전표

김형욱은 청문회에서 미국에 계좌를 가지고 있느냐는 질문에 대해 1960년대 중반부터 계좌가 있었다고 증언했지만 정확히 몇 년도에 계좌를 개설했는지는 밝히지 않았다.

아마도 1960년대 중반부터라고 김형욱이 증언한 것으로 미뤄 이현수가 거액을 송금한 1969년 이전에 이미 미국에 계좌를 가지고 있었을 것으로 추정된다.

김형욱은 프레이저 소위원회에서 1970년 이전에 미국에 계좌를 개설한 적이 없다고 주장했다가 이 증거가 드러나자 말을 바꿨다. 이현수는 1970년에도 한국에서 김형욱의 미국 계좌로 24만 달러, 1971년에는 김형욱의 뉴욕지점 계좌로 30만 달러를 보낸 것으로 확인됐다. 이현수를 통해 1971년까지 송금 받은 돈만도 150만 달러가 넘는 것이다.

불이무역 이현수가 일본서 김형욱 재산관리

1978년 7월 20일 김형욱에 대한 청문회는 김형욱 재산에 대한 청문회나 다름없었다. 프레이저 위원장은 시티뱅크에서 입수한 김형욱 예금 관련 증거를 바탕으로 그의 재산을 추궁했다. 그러나 김형욱은 자신에 대한 재산 추궁이 적들에게 탄알을 공급해주는 것이나 마찬가지라며 답변을 거부했다. 김형욱은 누구나 자신에게 불리한 진술을 거부할 수 있다는 헌법조항을 내세우며 자신을 방어했다. 이른바 수정헌법 5조에 따른 묵비권이었다. 김형욱은 한국이 아닌 미국에서도, 특히 미국의 수도 워싱턴 DC라 할지라도 자신을 노리는 사람이 많으며 엄청난 악성루머가 만들어지고 있다고 설명했다.

프레이저가 미국 내 계좌가 몇 개냐고 묻자 시티뱅크와 미드애틀랜틱 뱅크 등 두 개라고 밝혔지만 시티뱅크 계좌를 개설한 시기 등에 대해서는 기억나지 않는다는 말만 계속 했다.

이현수에 대해서는 자신의 재산관리를 도와주던 사람이라고 털어놨다. 그러나 이현수는 이미 사망했으며 이현수에게 어떻게 재산을 관리했는지 묻지 않았으므로 자세한 내용은 모른다고 주장했다. 이현수를 믿고 돈을 맡겼으므로 돈을 어떻게 굴리는지는 묻지 않았다는 말이다.

김형욱은 자신의 시티뱅크에서 돈을 인출했는가란 질문에 대해서도 이현수가 그런 일을 모두 담당했으므로 자신은 모른다고 밝혔다. 재산 문제에 대해서는 대부분 모르쇠로 일관했다. 이현수는 한국과 일본에서 사업을 하는 사람으로 자신에게는 친형제와 같은 사람이라고 말했다.

이후락이 일본 은행에 거액을 예치했던 것처럼 김형욱도 일본에 돈이 있었고 그 돈을 이현수가 굴렸다고 털어놨다. 김형욱은 민감한 질문은 무조건 기억나지 않는다고 답하다 전체적으로 일본에 있던 돈이 100만 달러가 넘느냐라는 질문에는 그 정도라고 말했다.

'김성곤, 이후락-박종규-육영수 등에게 돈 줬다'

김성곤에게 매년 2~3차례씩 돈을 요구해서 지금까지 받은 돈이 75만 달러냐는 질문에는 돈을 달라고 요구한 적이 없고 받은 돈은 당시 환율로 2000만 원에서 3000만 원 정도라고 말했다.

김성곤은 자신과 좋은 관계를 유지하기 위해 돈을 준 것 같다고 밝히고 박정희에게도 자주 돈을 갖다 줬지만 얼마인지는 모른다고 말했다.

김형욱은 김성곤이 정치적 라이벌인 김종필에게는 큰돈을 주지 않았을 것이며 만약 돈을 줬다고 하더라도 아주 조금 줬을 것이라고 말했다. 그러나 김성곤이 정일권, 이후락, 박종규 그리고 육영수에게 돈을 준 것은 사실이라고 강조했다.

미국 기업을 포함한 외국 기업이 한국에 투자할 경우 그 규모 등에
따라 정치헌금을 했고, 특히 정부 허가사업은 반드시 정치헌금이 뒤따랐
다고 밝혔다. 김형욱은 자신이 알기로는 걸프가 한국에 투자할 때 김종필
이 그 거래에 관여했지 김성곤은 관여한 것은 아니라고 주장했다. 그
뒤 1964~1965년경 김성곤이 공화당 재정위원장이 됐을 때부터 김성곤이
모든 헌금에 관여하기 시작해 1971년 10월까지 돈을 주물렀다고 말했다.

웨스팅하우스로부터 원자로를 도입할 때도 한국 에이전트로부터 김성
곤이 돈을 받았지만 이를 입증할 수 있는 문서로 된 증거는 없다고 밝혔
다. 당시 웨스팅하우스의 한국 에이전트는 화신백화점 사장 박흥식이었
고 박정희가 원자로 도입의 최종 결정권자였기 때문에 박정희도 관여됐
다고 주장했다. 웨스팅하우스에 돈을 요구한 사람은 김성곤이었으며 그
돈은 공화당 운영자금으로 쓰이고 일부는 청와대로 전달됐다는 것이다.
이때 박동선도 웨스팅하우스의 경쟁사인 제너럴 일렉트릭의 에이전트로
나섰지만 웨스팅하우스에 밀려 수주에 실패했었다.

미 국세청 1975년 카지노 조사하다 김형욱도 조사

프레이저 소위원회에 제출된 시티뱅크 자료에 따르면 1975년 미 국세
청이 시티뱅크에 김형욱의 일부 재산에 대해 문의를 한 것으로 밝혀졌다.

국세청은 1969년 7월 31일부터 1972년 8월 1일까지 3년간 네바다
주 라스베이거스의 시저스 카지노와 거래관계가 있는 김형욱의 인적사항
등을 물어본 것이다. 아마도 이 기간 중 김형욱이 시저스 카지노에서

APPENDIX 7

MEMORANDUM TO THE FILES OF FIRST NATIONAL CITY BANK BY MARIE C. CORBETT, ACCOUNT OFFICER

```
                                          □ GENERAL FILE
                                            CREDIT FILE
                                          □ 2 YRS. (W/H 4 YRS.)
                                          ⊠ PERMANENT
                                          □ SSF      W. P. Owen

MEMORANDUM TO:        THE FILES

         RE:          DR. KIM HYUNG WOOK
                      DOMICILE:  KOREA
                      CURRENT ACCOUNT NO. 10557208
```

This memo will document the serving of an IRS Summons on First
National City Bank, on August 4, 1975, in order to obtain information
as to the captioned client's address of record, or an alternative
address where he could be contacted. The summons was served on Mrs.
Harper of our Estates & Restraining Orders Department, who in turn
contacted Mr. John I. O'Neill, AVP, in the International Services
Division, where Dr. Kim's account is maintained.

According to Mrs. Harper, the summons is being presented in
regard to Dr. Kim's affiliation with Caesar's World Inc., Reno
Nevada, covering the period between July 31, 1969 to August 1, 1972.

After discussing the summons with Mrs. Harper, in order to
determine exactly what information we could divulge, and after ap-
praising Mr. William P. Owen, AVP, and Mr. John I. O'Neill, AVP,
that we were obligated to divulge both the address of record and any
alternative addresses at which the client could be reached, the under-
signed advised Mrs. Harper of the following:

 1. Dr. Kim's address of record with FNCB:

   c/o OMD Custody Section
   399 Park Avenue
   New York, New York,

 2. Dr. Kim's unofficial address:

   60 Trafalgar Road
   Tenafly, New Jersey
   (The IRS Agent was already in possesion of this
    information according to Mrs. Harper)

 3. Dr. Kim could also be reached in c/o his
   friend/translator/advisor:

   Mr. B. H. Lee
   Telephone: 201-384-2747

1975년 8월 8일 시티뱅크 김형욱 담당 직원 메리 콜베트가 미 국세청에 보낸 서류

거액을 잃자 카지노 측이 세금을 신고하면서 김형욱으로 말미암은 수입
도 보고한 것으로 추정된다. 그래서 국세청이 세원 추적에 나선 것이다.
국세청은 종종 카지노에서 거액 도박자 명단을 입수한 뒤 이를 역추적하

여 세금을 추징한다.

시티뱅크는 김형욱의 주소는 시티뱅크 뉴욕지점으로 기재돼 있고, 비공식 주소는 뉴저지 테너플라이의 트라팔가로드 60번지라고 밝혔다. 김형욱이 1973년 미국으로 도피해 살던 집의 주소였다. 또 통역관이 BH LEE라고 밝혔다. 이는 김형욱의 비서 역할을 했던 전직 중정요원 이백희 씨를 말하는 것으로 그의 전화번호까지 기재돼 있다. 시티뱅크는 이백희 씨에게 연락했으나 이 씨가 캘리포니아 주에 출타 중이라 메모를 남겼다고 명시했다.

프레이저 소위원회는 이 부분에 대해 집중 조사해 김형욱의 계좌에서 3년간 시저스 카지노로만 88만 달러가 빠져나갔음을 밝혀냈다. 시저스에서만 3년간 88만 달러를 탕진하는 등 도박으로 쓴 돈이 142만 달러였다.

시티뱅크 고객카드가 김형욱 일가 계좌 밝혀

1976년 6월 시티뱅크가 작성한 김형욱의 재산상태를 명시한 고객카드도 발견됐다. 1976년 6월이라면 청문회가 열리기 이전이기 때문에 시티뱅크가 객관적으로 고객카드를 작성했다고 볼 수 있다. 시티뱅크는 1년에 한 번씩 부자 고객들만을 대상으로 그들의 재산상태를 평가하는 카드를 작성한다고 밝혀 김형욱이 VIP 고객임을 알 수 있다.

이 고객카드에는 김형욱은 물론 가족의 계좌번호와 개인적 경력, 미국 내 신분상태 등까지 총망라돼 있으며, 이 또한 메리 콜베트가 작성했다. 메리 콜베트가 고액 예금자인 김형욱의 퍼스널 매니저였던 셈이다.

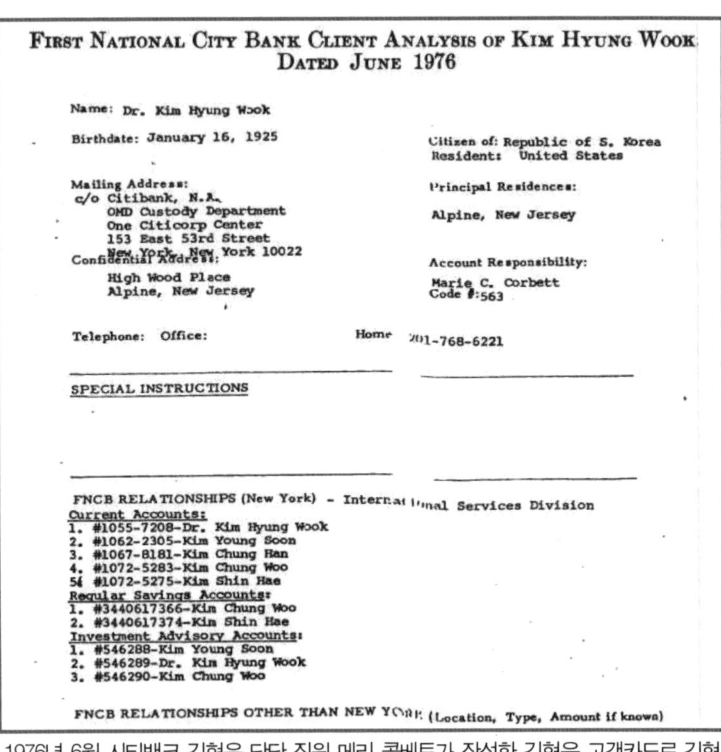

1976년 6월 시티뱅크 김형욱 담당 직원 메리 콜베트가 작성한 김형욱 고객카드로 김형욱 가족의 계좌번호가 기록돼 있다.

일부에서는 김형욱이 미국에 도피해 호화생활을 누릴 때 단 한 차례도 그의 이름으로 은행거래를 한 적이 없다고 하는데 이는 사실이 아니다. 프레이저 청문회를 취재했거나 하다못해 프레이저 청문회를 보도한 미국 신문 기사만 읽었어도 김형욱이 미국 은행과 본인 이름으로 거래한다는 사실을 알 수 있다. 시티뱅크에 그의 일가 5명 모두의 계좌가 있었고, 그와 부인 그리고 둘째 아들은 투자용 계좌도 개설돼 있었다.

시티뱅크에 개설된 일반 체킹계좌의 계좌번호는 김형욱 1055-7208,

부인 신영순은 1062-2306, 장남 김정한은 1067-8181, 차남 김정우는 1072-5283, 외동딸 김신혜는 1072-5275였다. 체킹계좌는 수시로 입출금이 가능한 계좌이며 당좌수표를 발행하는 계좌이다.

또 김정우와 김신혜는 일정 기간 일정 액의 현금을 변동 없이 예치하지 않으면 벌금을 물게 되는 세이빙스계좌도 가지고 있었다. 세이빙스, 즉 예금계좌는 일정 액 이상이 항상 예금돼 있음을 뜻하며 체킹계좌에는 이자가 붙지 않는 대신 세이빙스계좌에는 이자가 지급된다. 김정우의 세이빙스계좌번호는 3440617366, 김신혜의 세이빙스계좌번호는 34406 17374라고 기록돼 있다.

시티뱅크 스텔라급 고객— 한국-일본서 계속 송금돼

특히 김형욱 등은 투자자문계좌, 즉 거액의 투자자금을 대상으로 한 시티뱅크 상품인 투자자문계좌를 가지고 있었던 것으로 확인됐다. 신영순의 투자계좌 번호는 546288, 김형욱의 투자계좌 번호는 546289이다. 둘째 아들 김정우의 투자계좌 번호는 546290이다. 세 사람의 투자계좌 번호가 이어진 것으로 미뤄 한 날 한 시에 각각 개설한 것으로 추정된다.

시티뱅크는 이 투자계좌에 대해서 특별한 언급을 했다. 투자계좌를 개설할 때 입금한 돈이 200만 달러였다는 것이다. 그래서 김형욱 등은 투자계좌 개설 당시에는 이 은행에서 최고급 고객으로 대접받는 '스텔라' 급이 아니었다고 한다. 그러나 김형욱이 추가로 100만 달러를 투자계좌에 더 입금하면서 스텔라급 고객이 됐고, 매 분기별로 한 번씩 세금

Business: Former Head of the Korean CIA
Former Member of the Congress of South Korea
Former President of Ssan Yang Co. Ltd.-Seoul, Korea
Commercial Affiliations:

Unknown-Most likely none

Significant Family Members:
(Include birthdates)
1. Kim Young Soon: Wife
2. Kim Myong J: Sister
3. Kim Chung Woo: Son, about 24 yrs. old
4. Kim Chung Han: Son, about 21 yrs. old
5. Kim Shin Hae: Daughter, about 17yrs. old

Residence(s) and Travel Patterns

Dr. Kim and his family are legal residents of the United States. They live in Alpine, New Jersey.

Languages:
Korean-Dr. Kim speaks little English and usually is accompanied by his interpreter.

FNCB RELATIONSHIP

Date of Initial Relationship: March 1971-ISD NY
1969: Citibank-I (SF)-since closed
Introduced by: Citibank-Tokyo-Japan

Citibank Contacts: W.P. Owen, AVP
Chip Macbeth, AVP
Marie C. Corbett, SAO
Incidents of Note: Fabio Restrepo, SIO

COMPETITION: Name of firm, location, estimated amount and products.

1976년 6월 시티뱅크 김형욱 담당 직원 메리 콜베트가 작성한 김형욱 고객카드로 김형욱 가족의 인적사항이 기록돼 있다.

상담을 해주고 있다고 돼 있다.

김형욱 일가는 이른바 시티뱅크에 거액의 예금, 그것도 장기간 빼내지 않는 거액의 여유자금을 예치한 특1급의 프라이빗뱅킹 고객이었던 것이다.

시티뱅크는 고객카드에 김형욱의 재산액수도 기재했다. 시티뱅크 입출금 내역을 기초로 재산을 추정한 것이다. 미국 내 재산이 1500만 달러에서 2000만 달러에 달하며, 역외, 즉 미국 외 재산이 400만 달러에서 600만 달러에 달했다. 이 역외재산은 바하마 낫소의 시티트러스트은행에 예치돼 있다고 밝혔다.

재산의 특징도 명시했다. 자산이 계속 늘어나느냐는 항목에 꾸준히 늘어난다고 표시돼 있고, 역외자산이 늘어나느냐는 항목에도 꾸준히 늘어난다고 돼 있다. 역외 송금을 받은 게 있느냐라는 항목에는 한국과 일본에서 돈이 계속 들어오고 있다고 기재돼 있다. 김형욱이 미국으로 온 것은 1973년, 이 고객카드가 작성된 시점은 1976년이므로 김형욱이 미국으로 도피한 뒤에도 한국과 일본에서 계속 재산을 밀반출했음이 입증된 것이다.

시티뱅크, 김형욱 가족관계-비서 등도 완벽 파악

김형욱의 가족관계 등도 비교적 상세히 파악돼 있다. 김형욱의 부인은 신영순이며 이 고객카드가 작성된 1976년 당시 큰 아들 김정한은 24세, 작은 아들 김정우는 21세, 딸 김신혜는 17세인 것으로 기록돼 있다. 또 김명지가 자매라고 돼 있다. 아마도 김명지는 김형욱의 부인 신영순의 사촌동생으로 추정된다. 그의 남편 김용길도 김형욱이 중정부장일 때 중정요원으로서 뉴욕총영사관에 파견돼 근무했으며 김형욱이 미국으로 도피하자 그의 비서로 일했다. 김형욱이 파리에서 실종됐을 때 신영순과 함께 파리로 날아간 것도 김용길이었다. 그는 현재 김길이라는 이름으로 한국에서 목회자로 활동하고 있다.

김형욱의 국적은 한국이며 영어를 조금 말하지만 보통 통역관을 데리고 다닌다고 적혀있다.

특히 시티뱅크는 김형욱의 미국 내 신분상태도 언급했다. 김형욱과 그의 가족들은 1971년 미국에 와서 1975년부터 합법적인 거주를 하고 있지만 한국 국적이라고 기록돼 있다. 실제 1973년 4월 미국으로 도피했지만 시티뱅크는 김형욱이 시티뱅크 뉴욕지점으로 계좌를 옮긴 시기를 그의 미국 입국시기로 파악한 것이다. 영주권을 받은 것은 1974년 2월 24일이었으니 1975년에는 합법적인 체류 자격을 가진 것도 사실이었다.

시티뱅크는 김형욱이 1969년 시티뱅크 샌프란시스코지점에 계좌를 개설한 뒤 1971년 3월 뉴욕지점으로 계좌를 옮겼다고 덧붙였다. 그래서 이때를 그가 미국에 거주하기 시작한 시기로 파악한 것이다. 아마 이때는 김형욱이 출장 등을 빙자해 뉴욕에 와서 은행을 찾았을 것이다.

김형욱의 리스크 정도에 대해서도 정확한 평가가 적혀있다. 임금에 따른 예금이 아니라고 돼 있다. 즉, 김형욱 일가의 각종 예금이 김형욱의 근로소득이 아니라는 것이다. 또 푸에르토리코와 라스베이거스에서 도박을 하며 시티뱅크에서 도박자금 80만 달러 이상이 인출됐다고 명시했다. 임금소득이 없고 도박을 즐긴다며, 시티뱅크는 김형욱이 리스크가 있는 사람이라고 명시했다.

김종필도 1970년 이현수에게 1만 달러 받아

김형욱의 자금관리를 맡았던 이현수는 1970년 12월 미국을 방문한 김종필에게도 1만 달러를 제공한 것으로 확인됐다. 프레이저 소위원회는 시티뱅크의 이현수 계좌를 조사하던 중 이현수가 김종필에게 1970년 12월 3일 1만 달러를 송금했고 김종필이 이를 수령한 것으로 드러났다며 은행서류를 공개했다.

이 서류에 따르면 시티뱅크 동경지점은 1970년 11월 24일 뉴욕지점에 전문을 보내 이현수 계좌에서 1만 달러를 찾아서 뉴욕 플라자호텔 김종필에게 지급하라는 전문을 보낸 것으로 나타났다. 그러나 이현수는 마음이 바뀌었는지 시티뱅크 동경지점은 11월 26일 다시 뉴욕지점에 전문을 보내 김종필에게 1만 달러를 지급하는 것을 중단하라며 그 이행 여부를 전문으로 통보해달라고 요청했다.

시티뱅크 동경지점은 12월 4일에도 뉴욕지점에 전문을 보내 11월 26일 이현수 계좌에서 김종필에게 1만 달러를 지급하는 것을 중단하라고 했는데 아직 답장을 받지 못했다며 이현수가 애타게 답을 기다리고 있다고 전했다.

그러나 돈은 이미 전달된 뒤였다.

시티뱅크 뉴욕지점은 12월 4일 동경지점에 보낸 전문에서 11월 24일 지시에 따라 이현수 계좌에서 1만 달러를 인출해 12월 3일 김종필에게 지급했음을 확인한다고 밝혔다.

당시 김종필은 뉴욕 아시아학회의 초청으로 11월 15일 저녁 8시 CPA 항공편으로 서울을 출발, 미국을 방문했고 워싱턴과 뉴욕 등에서 20여

일간 머물렀다. 아마도 이때의 여행경비로 이현수가 1만 달러를 지급한 것으로 보이지만 김형욱의 지시에 의한 것인지, 이현수가 스스로 돈을 준 것인지는 알 수 없다.

486호 요원 손호영의 망명

미국에 도피한 김형욱을 귀국시키기 위해 설득에 나선 사람은 김종필, 정일권을
비롯해 한두 명이 아니다. 박정희가 친서를 써주며 귀국하라고 애원했지만 김형욱
은 요지부동이었다. 특히 1977년 6월 김형욱의 프레이저 청문회 증언이 확정되면
서 박정희는 몸이 달았다. 설득 반 협박 반이었다.

박정희의 마지막 카드는 김형욱의 고향 선배 민병권이었다. 백태하, 유영수, 민병
권 세 사람이 호흡을 맞춰가며 직접 설득에 나섰고 뉴욕주재 중정요원 손호영이
중앙정보부 본부에 시시각각 상황을 보고했다.

그러나 김형욱은 민병권의 손을 뿌리치고 청문회에 출석해버렸다. 김형욱이 출석
했지만 박정희의 사생활 등에 대해서는 말을 하지 않았고, 이로 인해 더욱 집요한
공작이 이어졌다. 김형욱의 처 신영순을 귀국시켜 박정희에게 사죄케 하려는
것이었다.

신영순은 마침내 박정희에게 편지를 썼지만 손호영은 자필이 아니라며 문제를
제기했고 귀국공작이 전격 취소됐다. 그러자 유영수는 자필 여부가 문제가 아니라
내용이 중요하다며 손호영의 실책을 주장했고, 이에 손호영에게 전격 귀국명령이
떨어졌다.

손호영은 문책이 두려워 프레이저 소위원회에 연락해 망명하고 말았다. 손호영은
김형욱 청문회 저지작전과 관련해 중정 본부와 오고간 모든 비밀전문은 물론
중정의 대미공작방안까지 공개해버렸다.

대미공작방안 문건 작성자로 지목된 이영인은 마침 그해 초 뉴욕의 한국유엔대표부에 발령받아 근무 중이었다. 손호영이 문건을 공개하자 이영인은 사표를 내고 미국에 잔류해버렸다. 하지만 그는 청문회 증언 요구에는 응하지 않으며 끝내 비밀을 지켰다.

김형욱 증언저지 실패하자 망명

손호영 본명은 손지호― 1976년 말 뉴욕 발령

한국의 대미 로비에 대한 1977년 상하원의 조사가 시작된 뒤 또한 명의 중앙정보부 요원이 이탈했다. 뉴욕총영사관에 근무하던 손호영이다.

손호영의 본명은 손지호로 1961년 중앙정보부 창설과 동시에 입사했다. 처음에는 행정직으로 근무하다 1964년부터 1967년까지 서반구의 일반 정보 수집을 담당하는 팀장을 지냈다고 한다. 해외파견 요원들과 함께 해당 국가에 대한 구체적 정보수집을 담당하는 해외공작국과 달리 신문 등 공개 자료를 통해 그 지역의 일반적인 정보를 수집하는 팀이었다.

1970년 5월부터 1973년 9월까지 태국 방콕의 한국대사관에서 2등 서기관으로 근무했다. 그 다음 본부에서 남동아시아 및 중동지역 책임자로 1년여 근무한 뒤 1975년 5월 미국 휴스턴총영사관으로 발령받음으로써 미국에 왔다. 휴스턴은 텍사스에서 플로리다까지 남부 8개 주를 관할하지만 재미동포가 8000명에 불과해 사실 중정요원이 딱히 할 일이 없었다. 북한 침투라고 해봤자 북한이 유인물 등을 재미동포들에게 보내는 것

말고는 특별한 침투기도가 없었다고 한다.

휴스턴에서 1년 반 정도 근무한 뒤 1976년 12월 15일 뉴욕총영사관으로 발령이 났다. 뉴저지에 살던 김형욱과 운명적으로 묶이게 된 순간이었다.

사실 손호영은 공식발령이 나기 한 달 전 서울 중정 본부에 근무하던 친구로부터 휴스턴과 시카고의 포스트가 없어질 것이라는 귀띔을 받았다고 한다. 그래서 자신이 어디론가 옮기게 될 것 같다고 짐작은 했다. 친구가 전해준 대로 손호영이 뉴욕으로 발령난 뒤 휴스턴과 시카고에는 중정요원이 보충되지 않고 보직이 없어져 버렸다.

뉴욕으로 발령받은 손호영은 1977년 6월 5일 뉴욕타임스가 김형욱의 인터뷰를 보도하기 전까지는 비교적 평온한 나날을 보냈다. 미국 내에서 유일하게 뉴욕의 유엔대표부에 북한 외교관들이 파견돼 있어 신경이 쓰였지만 특별한 침투공작은 없었다고 한다.

자신이 한 일이라고는 양두원의 측근 최제영이 운영하던 유나이티드 영으로부터 집기를 구입한 게 전부라고 밝혔다.

그러나 김형욱이 뉴욕타임스와 인터뷰를 한 직후부터는 그야말로 김형욱 의회 증언 저지 및 귀국공작에 매달렸고, 불과 작전 3개월 만에 미국에 망명할 수밖에 없는 처지가 되고 말았다.

고민 거듭하다 귀국 발령 20일 만에 결국 망명

손호영은 1977년도에 김형욱에게 목숨을 걸다시피 했다. 그러나 김형욱을 귀국시키는 것은커녕 청문회에 나가서 발언하지 못하게 하는 청문회 저지공작도 실패했다. 특히 김형욱 부인 신영순에 대한 귀국공작이 마지막 순간 수포로 돌아갔고, 그 원인이 자신의 판단 미스 때문이라는 말들이 다른 경로를 통해 중앙정보부 본부로 흘러들어감으로써 난처한 입장이었다.

이런 외중에 뉴욕에 발령받은 지 8개월 만에 서울로 돌아오라는 소환명령을 받았다. 1977년 8월 23일이었다. 9월 25일까지 서울에 돌아와야 된다는 지시였으므로 9월 24에는 미국을 출발해야 했다. 8월 23일 소환명령을 받고 20여 일 뒤 망명 때까지 그야말로 죽을 맛이었을 것이다.

손호영은 직감적으로 문책성 소환임을 눈치 챘다. 돌아갈 것인가, 말 것인가 고민에 고민을 거듭했다.

특히 그 전 해에 김상근이 망명한 것은 물론 김용환 공사도 사직 뒤 미국에 체류했고, 8국 미국 데스크를 역임한 뒤 유엔대표부에 근무했던 이영인도 한국에 돌아가지 않고 미국 잔류를 선택했다. 이들 두 사람도 말이 미국 잔류일 뿐 망명을 고려했었다. 망명만 하지 않는다면 미국에 정착할 수 있도록 모든 지원을 아끼지 않겠다는 중정 본부의 간곡한 설득으로 망명을 포기하고 조용히 미국에 주저 않은 것이었다.

그 전 해에 망명 또는 미국 잔류를 선언한 사람들은 더구나 모두 그보다 상급자들이었다. 상급자들조차 문책을 두려워해 한국에 가지 않았는데 자신 같은 하급자가 소환된다면 인생을 망치게 될 것이란 생각에 이르렀다.

손호영은 미국 출발을 11일 앞둔 9월 13일 마침내 망명하기로 마음먹었다. 이틀 뒤인 9월 15일 프레이저 소위원회 수석조사관 보엣처에게 전화를 걸어 망명 결심을 밝혔다. 보엣처는 대어를 낚았다고 판단하고 프레이저 등과 의논했고 그날 오후 5시 손호영을 만났다.

이들은 9월 16일 밤을 디데이 에이치아워로 정했다.

9월 16일 뉴욕총영사관으로 출근한 손호영은 사무실 금고에 있던 6만 달러를 은행에 입금시키는 등 신변을 정리했다. 그러고는 그날 밤부터 법무부에 신병이 인도돼 FBI의 보호를 받았다. 국무부는 손호영의 안전을 확인한 뒤 다음날인 9월 17일 주미한국대사관에 손호영이 미국 정부에 정치망명을 요청했음을 통보했다.

손호영이 직접 프레이저 소위에 망명 요청

손호영은 나흘 뒤인 9월 21일 국무부 한국과장 입회 하에 주미한국대사관 관계자 2명을 만나 사직서를 제출했다. 국무부는 그 전 해인 1976년 김상근 망명 때 한국 정부에 면담을 허락해주지 않음으로써 한미 갈등을 야기했기 때문에 이번에는 신속히 면담을 시켜준 것이다.

손호영은 사무실 열쇠 등 열쇠 11개와 10만 7000여 달러의 공금을 한국 정부가 자신의 계좌에서 인출할 수 있도록 수표를 끊어 전달했다. 손호영은 귀국 이사비용 4000달러와 9월달 월급 1600달러도 한국 정부가 원한다면 반환하겠다고 밝혔다. 이에 따라 한국 정부는 국무부가 망명을 통보한 9월 17일자로 그를 파면하고 이사비와 17일치 임금을 제외한 월급 등 4600여 달러를 반납하라고 통보했다.

그 뒤 한국 신문은 손호영이 9만 5000달러를 횡령했다고 보도했고 손호영은 명예훼손이라고 주장했다. 손호영은 한국 정부가 은행에서 돈을 찾는 데 어려움을 겪은 것은 은행 착오일 뿐 자신이 이를 횡령한 것은 아니라고 말했다.

김상근이 망명할 때 김형욱에게 도움을 청해 김형욱이 법무부 등과 연락을 취하고 FBI 요원을 만나게 주선했지만 이때 손호영은 김형욱 도움 없이 프레이저 소위원회와 직접 접촉했다. 특히 당시 손호영은 김형욱의 청문회 증언저지 공작은 물론 신영순 귀국공작을 펼쳤기 때문에 김형욱으로부터 미움을 사고 있었다. 김형욱에게 부탁할 처지가 아니었던 것이다.

김형욱 증언저지 작전 전문 19건 폭로

손호영, 김형욱 저지 공작 중정 전문 18건 넘겨

손호영은 미국에 망명하며 김형욱 청문회 증언저지 및 신영순 귀국공작과 관련해 중앙정보부 본부와 주고받은 전문 18건과 '76년도 대미공작방안'이란 문서를 건넸다.

김형욱 관련 전문은 지금까지는 17건으로 알려져 있었으나 전체 증거를 검토한 결과 모두 18건이 발견됐다. 이 전문 18건은 김형욱 관련 공작을 시간대 별로 상세히 증거해주고 있고 '76년도 대미공작방안'은 중앙정보부의 미국 내 활동계획으로 대미 로비를 추진했음을 보여주는 중요한 증거였다.

프레이저는 '76년 대미공작방안'을 입수한 뒤 쾌재를 불렀다. 비록 이 문건은 실현 가능성이 없는 탁상공론으로 밝혀졌지만 한국 정부가 대미 로비를 계획했음을 입증해주는 문서임은 부인할 수 없다.

또 18건의 전문은 1977년 6월 8일부터 8월 23일까지 중정 본부와 손호영 간에 주고받은 것이며, 이 중 6번과 7번, 8번, 11번은 손호영이 김형욱 접촉상황을 서울로 보고한 것으로 상당히 자세한 내용을 담고 있는 장문의 전문이다.

김형욱 NYT 폭로에 따른 제반 문제에 대비하라

첫 번째 전문은 1977년 6월 8일 서울 중정에서 뉴욕 손호영에게 보냈고 사흘 전인 6월 5일 뉴욕타임스가 보도한 김형욱 인터뷰에 따른 대책을 담고 있다. 이 전문은 3개항으로, 1항에는 김형욱이 뉴욕타임스와의 인터뷰를 통해 박동선이 중앙정보부의 에이전트라고 주장한 것은 물론 박정희에 대한 비방을 서슴지 않았다고 밝혔다.

2항은 뉴욕타임스 보도에 따른 대응조치를 담고 있다. 한국 언론은 6월 7일자에 김형욱 인터뷰 내용을 선별해 보도했고 문화공보부와 정일권 국회의장은 6월 7일자로 부인 성명을 발표했다며 미국에 주재 중인 요원들도 기자들이 이에 대한 코멘트를 요청할 경우에 대비하라고 당부했다. 3항에서는 앞으로도 김형욱과의 최근 대화에 따른 지침을 내려

보낼 테니 그 내용을 충분히 숙지하고 주재 지역에서 김형욱 관련 문제가 발생할 경우에 대비하라고 지시했다.

김재현 설득해서 반정부 내용 최대한 삭제하라

두 번째 전문은 1977년 6월 11일 서울 중정에서 뉴욕 손호영에게 보낸 것으로 역시 뉴욕타임스 인터뷰에 관한 내용으로 인터뷰 당시의 정황을 파악해 보고하라는 지시였다. 모두 3개항이었으며 1항은 인터뷰할 시점의 환경, 김형욱의 폭로와 실제 뉴욕타임스 기사의 차이점, 김형욱과 김재현의 관계, 김형욱과 FBI 또는 CIA와의 협조관계 구축 여부, 김형욱이 영주권자 또는 미국 시민권자 여부 등 5가지를 알아보라고 지시했다.

2항은 김형욱이 프레이저 청문회에서 공개할 진술서를 준비 중이라는데 김형욱이 6월 22일 청문회에 대비해 준비 중인 증언 및 진술서의 내용을 신속히 입수하고 김재현을 설득해 반정부적인 내용을 가능한한 많이 삭제하라는 지시를 담고 있다.

3항은 김재현은 김형욱의 법률 고문일 가능성이 있으므로 김재현에게 신중하게 접근하라고 당부했다.

이에 대해 손호영은 자신이 김재현에게 톤을 낮추고 정중하게 접근, 김형욱을 설득해달라고 요청했었다고 증언했다.

당시 중정 본부는 손호영의 김형욱 직접 접촉을 허용하지 않았고 손호영은 김형욱의 법률고문 김재현을 만나는 데 그쳤다. 사실 김형욱을 직접 만나기에는 그의 직급이 너무 낮았다.

백태하 설득 실패하면 김형욱 비방하고 귀국하라

세 번째 전문도 1977년 6월 11일 서울 중정에서 워싱턴으로 보낸 것으로, 사실상 미국 내 중정 책임자가 수신자였다.

"미국에 파견된 요원들에게"라는 말로 시작한 이 전문은 백태하를 통해 김형욱을 설득, 그의 증언에서 가능한 한 많은 '독'을 제거하라. 만일 실패하면 김형욱의 약점을 언론에 흘린 뒤 백태하는 즉시 귀국시키라고 지시했다.

또 455호는 이 건과 관련, 자신의 판단 하에 유엔대표부에 파견된 중정요원을 제외한 미국주재 전 요원을 투입, 적절히 대처하라는 내용을 담고 있다. 손호영은 청문회에서 455호는 당시 미국 내 중정 책임자인 주미공사 정태동의 암호라고 증언했다. 정태동은 김용환의 후임이다.

민병권과 김형욱의 목숨 건 줄다리기

김형욱 설득 위해 민병권 장관 뉴욕 가니 준비하라

네 번째 전문은 1977년 6월 17일 서울 중정에서 뉴욕의 손호영에게 보낸 것으로 민병권 무임소장관의 뉴욕 행에 관한 내용이다.

민병권 무임소장관이 김형욱에게 한국 정부의 입장을 설명하고 마지막 참회 기회를 주기 위해 TWA 904 편으로 17일 서울을 떠나 같은 날 오후 5시 25분 뉴욕 케네디공항에 도착한다며 호텔에서 그를 영접하라고 지시했다.

다섯 번째 전문은 1977년 6월 18일 서울 중정에서 뉴욕 손호영에게 보낸 것으로 백태하의 귀국에 관한 것이다.

1항은 백태하의 한국 귀국 여부와 관련, 김형욱이 증언할 때까지 귀국을 연기하라. 2항은 백태하에게 김형욱의 증언 효과가 최소화될 수 있도록 최선의 노력을 다하라고 지시하라는 내용이었다.

여섯 번째 전문은 1977년 6월 19일 정오 뉴욕 손호영이 서울 중정에 보낸 전문으로 3번의 직통전화와 백태하의 주선으로 민병권이 백태하와 함께 6월 19일 오후 5시 김형욱의 집에서 저녁을 함께 하기로 했다고 보고했다.

김형욱, 가택수색-여권 거부 등으로 나서게 됐다

일곱 번째 전문은 1977년 6월 20일 오후 1시 20분 뉴욕의 손호영이 서울 중정으로 보고한 무려 4장에 이르는 긴 전문이다. 민병권과 김형욱의 만남은 1977년 6월 19일 오후 4시부터 저녁 9시 반까지, 무려 5시간 반 동안 뉴저지 알파인컨트리클럽의 클럽하우스에서 이뤄졌다. 참석자는 민병권, 김형욱 부부, 유영수 부부, 백태하 부부로 모두 7명이다. 그러나 이 부분은 김형욱의 청문회 증언과는 조금 다르다. 김형욱은 자신의 장남 정한까지 포함해 모두 8명이 저녁을 함께 했다고 증언했다.

이 전문 1항은 김형욱이 스스로 밝힌 공개적 반정부 활동 배경을 옮기고 있다. 약 여섯 가지였다. 첫째, 김형욱이 한국에 있을 때 그들이 차갑게 대하면서 자신을 체포하려 했기 때문이다. 당시 그들이 가택수색을 하고 이상한 분위기가 감지돼 도망쳤다고 말했다.

둘째, 미국에서도 모든 사람이 자신을 멀리한다.

셋째, 아들과 부인의 여권을 신청했을 때 그가 거부했다. 이런 상황에서 그들이 한국으로 들어오라고 말하는데, 그렇다면 그들이 나를 체포한다는 뜻이 아닌가?

넷째, 2년 전 프레이저가 청문회에 출석해달라고 간절히 요청했음에도 자발적으로 거부했고, 미국 정보기관들은 내게서 정보를 빼내려고 하는 실정이다.

다섯째, 서울의 신문들은 나에 대해 매우 비판적이다.

여섯째, 미국에 살기 위해 미국에 온 것인데 왜 돌아오라고 하는가? 서울의 언론들이 나에게 확인이라도 하고 나를 비난하는 기사를 쓰는 것이라면 받아들이겠다. 그러나 단 한 번 확인도 없이 나를 배신자라고 규정하고 있다. 이것이 내가 극단적인 결정을 내린 동기다. 이렇게 기록돼 있다.

여기서 아들, 부인의 여권을 거부한 '그'는 박정희를 가리킨다.

김형욱은 2항에서, 그는 고향 선배인 민병권이 뉴욕으로 어려운 발걸음을 했기 때문에 반정부 활동 동기를 설명한 것이라면서 자신의 질문에 답해달라고 요구했다.

질문은 첫째, 박정희는 자신을 어떻게 생각하는가? 둘째, 내게 원하는 것이 무엇인가였다.

제3국행-증언 2주 연기-독 빼기 중 삼자택일 요청

전문 3항은 민병권의 답변을 담고 있다. 박정희가 김형욱을 어떻게 생각하고 있느냐는 질문에 대해서는 박정희가 많은 사람들로부터 보고를 받고 있으며 매우 언짢은 상태이다. 그러나 박정희는 김형욱이 실제로 그런 말을 했다고 생각하지 않으며 주변 사람들에게 정말 김형욱이 그렇게 했느냐고 되묻곤 한다. 이런 것을 감안하면 당신이 "과거 행동은 신중하지 못했으며 앞으로 반국가적 언사나 행동을 하지 않겠다"는 편지 한 장만 쓴다면 각하는 아마도 과거의 잘못을 모두 잊을 것이라고 말했다.

둘째, 원하는 것이 무엇인가에 대해서는 현재 당신이 한국으로 돌아오는 것이 힘든 상황 아닌가. 그렇다면 청문회에 출석하지 말고 제3국으로 가서 당분간 그곳에서 머물러라. 그게 안 된다면 청문회에 출석하되 청문회를 2주만 연기해달라. 그리고 청문회 때 각하에 대한 이야기는 일체 하지 마라. 이 정도로 증언한다면 미국 조사기관들도 불쾌해하지 않을 것이고 괜찮지 않겠는가라고 제안한 것으로 보고됐다.

전문 5항은 김형욱을 면담한 뒤 민병권의 소감이었다.

첫째, 함께 떠들고 함께 웃는 등 매우 화기애애한 분위기였다. 둘째, 김형욱은 청문회에 반드시 출석할 것 같다. 그러나 연기하는 방법이 없는 것은 아닌 것 같다. 셋째, 김형욱은 자신이 어떻게 처신해야 하는지 선배로서 충고해달라고 요청하는 등 많이 누그러진 모습이었다는 것이 민병권의 감이었다.

2차 면담, '제3국행 등 거부— 독소 제거는 고려'

여덟 번째 전문은 뉴욕 손호영이 서울 중정으로 보고한 전문으로 1977 년 6월 20일 오후 6시부터 오후 10시 30분까지 김형욱의 집에서 이뤄진

Sohn Document #7 p. 2 of 4

2.   Kim Hyung Wook spoke of his motive in the above terms and while requesting friendly answers from Minister Min as a senior from his home town who had taken the trouble to come all the way to New York, asked the following two questions:

Question 1:   What are His Excellency the President's feelings toward me?

Question 2:   What is wanted of me?

3.   Minister Min's answers:

A.   Answer to Question 1

His excellency the President was receiving reports from many people and was extremely displeased. However even now the President doesn't think you really did it and while saying, "Could he have done that?" he can not restrain his reluctant heart.

Looking at these feelings, His Excellency would probably forget all of this if there is a letter in which you say that you think that in the past you did pointless, impertinent things and in the future you don't intend to engage in speech or behavior which is adverse to the nation.

B.   Answer to Question 2

Concerning what is wanted from you, at present wouldn't it be difficult for you to return to the home land? However, the 1st proposal is not appearing at the hearing. Move to a 3rd country and live for the time being. The 2nd proposal is that, if the 1st proposal is impossible, although you appear at a hearing, postpone it for about 2 weeks; then appear and speak having entirely removed any statement concerning Korea's head of state. How about testifying in this way and thus not greatly hurting the feelings of the US investigative agencies?

4.   Concerning the above recorded plans Kim Hyung Wook continued with the following kinds of questions and answers.

Kim's Response: However, is it really possible? Wouldn't I really lose face?

Minister Min's Response: It is much better than betraying the fatherland. You have said many things to many people previously. The question, isn't the content of your testimony

1977년 6월 20일 뉴욕주재 중정요원 손호영이 중앙정보부에 타전한 비밀전문으로 민병권의 김형욱 설득과정을 보고하고 있다.

민병권-김형욱 2차 면담에 대한 보고서다.

민병권은 제3국으로 가지 않겠느냐고 물었고 김형욱은 안 가겠다고 잘라 말했다. 민병권은 청문회에 출석해야 한다면 준비가 더 필요하다는 핑계를 대고 연기할 수는 없겠느냐고 묻자, 김형욱은 지금 시점에서 연기도 매우 어렵다고 답했다. 민병권은 그렇다면 증언에서 박정희에 대한 부분만이라도 빼달라고 요구했고 김형욱은 이 점은 민 선배 입장을 생각해서 전적으로 고려하겠다고 답했다.

정리하면 제3국행, 청문회 출석 2주 연기 모두 거부하지만 청문회 증언에서 박정희 부분은 가능한 한 빼겠다는 것이다.

민병권은 당신 결심이 만일 그렇다면 박정희에게 편지를 써달라고 말했고 김형욱은 어떻게 쓰란 말이냐고 되물었다. 민병권은 "최근 일련의 사태에 대해 죄송하게 생각한다. 내가 실제로 말한 내용과 신문에 보도된 내용은 큰 차이가 있다. 앞으로 각하나 조국에 해가 되는 행동을 결코 하지 않을 테니 나를 믿어달라"라는 정도로 쓰면 되지 않겠느냐고 말했다.

그러자 김형욱은 박정희가 나를 비난했으므로 그 부분에 대한 내 입장을 적겠다고 주장했다.

민병권은 자신이 말한 내용을 당신이 쓰지 않으면 오해가 제대로 풀리지 않는다고 강조했다. 김형욱은 지금부터 유영수와 함께 청문회 증언 초안을 수정해야 하므로 편지는 21일 12시쯤 자기 집 근처에서 식사를 할 때 전해주겠다고 약속했다.

그러자 유영수는 편지보다 연기가 더 시급한 문제가 아니냐고 말했다. 김형욱은 "그렇지, 연기가 되는 것이냐?"고 말했다. 이때 백태하가 끼어

들어 민 선배에게 선물을 줘야 하지 않겠느냐고 강조했다.

'박근혜 안주에 넘어가겠나'– 김형욱 거품 물고 돌변

김형욱은 이 말을 듣고 태도를 돌변했다. 박정희가 편지를 보내지 않았는데 내가 왜 편지를 보내야 하느냐고 소리쳤다.

이때 어떤 사람이 근혜가 당신에게 술안줏거리로 건어물을 보내지 않았느냐고 말했다. 그러자 김형욱은 "내가 이런 안주에 넘어갈 것 같으냐. 왜 박정희는 정부 대변인을 시켜 나를 공산주의자로 몰아세우느냐, 왜 나를 배신자라고 하느냐, 배신자가 도대체 뭐냐!"고 고함을 질렀다.

이 대목에서 전문은 괄호를 열고 김형욱이 입에 거품을 물었다고 적었다.

김형욱은 증언문이 완성되지 않았기 때문에 그것부터 하겠다고 말하고는 횡하니 가버렸다.

사실상 박정희에게 사과 편지를 쓰는 것으로 합의된 것이나 마찬가지였으나 김형욱이 갑자기 돌변해버린 것이다.

이 전문에는 유영수가 김형욱의 청문회 증언이 자동으로 연기될 수 있도록 작전을 추진 중이라는 대목도 눈에 띈다. 유영수가 김형욱을 안심시키면서 뒤로는 정부에 협조했던 것이다.

손호영, '사실상 편지 타결됐다가 결렬– 절망적'

3항은 정보관의 견해라는 제목으로 손호영 자신의 판단을 담고 있다.

손호영도 김형욱이 박정희에 대한 사과 편지를 쓰는 단계까지 갔었다고 판단했다. 손호영은 4가지 견해를 밝혔다.

첫째, 김형욱이 박정희에게 사과 편지를 쓰기로 했으나 이때 김형욱이 포악하게 돌변하면서 왜 박정희가 자신을 공산주의자로 몰아세우느냐고 말하고 이쪽의 제안을 모두 거부해버렸다.

둘째, 유영수가 증언 초안에서 독을 빼는 문제에 협조했으나 김형욱이 아직도 일부분에서 각하의 체면을 상하게 할 수 있다.

셋째, 민 장관이 김형욱에게 사과 편지를 쓰라고 강하게 요구했으나 김형욱은 계속 이런 식으로 몰아붙인다면 민 선배가 자신을 구워삶기 위해 찾아왔다는 사실을 의회 증언을 통해 공개해버리겠다고 협박했다.

넷째, 6월 21일 오전 7시 민 장관, 백태하, 유영수가 다시 만나기로 약속했으나 절망적이라고 보고했다.

손호영의 결론은 김형욱 의회 증언저지 작전은 '절망적'이라는 것이었다.

자필 논란에 신영순 귀국작전 실패

김형욱 고립작전 지시 - 손호영은 지시 이행 안 해

아홉 번째 전문은 1977년 6월 27일 서울 중정이 뉴욕의 손호영에게 보낸 것이다.

중정 본부는 이 전문에서 당신이 언급했던 그 사람의 여행경비 문제는 서울에서 충분히 고려하고 있다며 그가 한국으로 돌아올 수 있도록 모든 노력을 경주하라고 지시했다. 여기서 '그 사람'이란 백태하를 의미한다고 손호영은 증언했다. 백태하를 귀국시켜 김형욱을 고립시키려 한 것이다.

열 번째 전문은 1977년 6월 29일 서울 중정이 뉴욕 손호영에게 보낸 전문이다. 역시 김형욱 고립작전에 관한 내용이다.

```
                        Sohn Document #9

Date:   June 27                        [cable from Seoul to N.Y.]


1.    Concerning the problem of the travelling expenses of
the person referred to in the previous telegram,the matter is
being fully considered in Korea.

2.    If I/O receives the impression that this person is worrying
about the problem of his travel expenses, in a suitable conver-
sation respond to the degree of saying you know that things will
be well handled when he returns to Korea, but don't make a
concrete commitment.

3.    I/O should make every effort to get him back to Korea at
anearly stage.




                        Sohn Document #10

Date:   June 29                        [cable from Seoul to N.Y]


    Carry on an operation to isolate Kim Hyung Wook by
background maneuvering to cause Koreans in the US who are
close to Kim to feel righteous indignation at Kim's absurd
anti-national remarks and sever ties with Kim.  Report on
progress as the occasion demands.
```

1977년 6월 27일과 29일 중앙정보부가 손호영에게 타전한 비밀전문으로 김형욱 고립 작전 등을 지시하고 있다.

김형욱을 가깝게 지내던 재미동포들로부터 고립시켜라. 그래서 자신의 반국가적 언사가 인간관계까지 해치고 있음을 느끼게 하라. 진행상황을 수시로 보고하라는 내용이었다.

그러나 손호영은 이 지시를 수행하지는 않았다고 증언했다. 프레이저가 왜 지시를 이행하지 않았는지 묻자, 자신은 현지 재미동포들 간의 일에 개입하지 않는 것을 철칙으로 삼았다고 주장했다. 그래서 김형욱과 가까운 재미동포들에게 이래라 저래라 지시하거나 요구하지 않았다고 밝혔다.

김형욱, '백태하·유영수 서울 보내 협상하겠다' 통보

열한 번째 전문은 1977년 7월 5일 오후 2시 뉴욕 손호영이 서울 중정에 보고한 전문이다.

1977년 7월 4일 저녁 8시 백태하가 486호 요원에게 자기 집으로 와달라고 다급하게 요구했다. 백태하는 486호 요원에게 아래 내용 전문을 급히 타전하고 결과를 알려달라고 말하며 당장 유영수도 만나보라고 요청했다.

백태하가 건넨 전문 초안은 김형욱이 유영수를 통해 백태하에게 전달한 내용이라고 보고했다. 전문 초안은 첫째, 백태하의 정보에 따르면 김형욱은 유영수와 백태하를 서울로 보내 협상하겠다고 밝혔다. 김형욱은 이들이 김재규와 박정희를 만날 수 있도록 주선해달라고 요구했다.

둘째, 김형욱은 당분간 한국 정부에 대한 공격을 멈출 것으로 보인다.

셋째, 유영수의 여행경비를 부담해달라는 것이었다.

김형욱이 자신이 돌아가기에 앞서 백태하와 유영수를 앞세워 협상을 벌이겠다고 통보한 것이다.

이때 손호영은 자신의 판단을 적었다. 요원이 혼자 귀국하라고 하자 백태하는 최근 김형욱이 자신을 불신하고 있으며 노골적으로 유영수를 통해 협상을 하겠다고 말하고 있다는 등 상황을 설명했다. 자신 판단으로는 백태하가 김형욱과 화해하기 위해 단독 귀국을 늦추는 것 같다는 것이다.

백태하-유영수 김재규 만나, 박정희 면담 여부 몰라

이 전문과 관련, 손호영은 백태하, 유영수 두 사람이 중정부장을 만난 것은 사실이지만 박정희를 만났는지에 대해서는 알지 못한다고 말했다.

손호영은 유영수가 미국으로 돌아온 뒤 그를 찾아가 한국에서 어떤 일이 있었는지 물었다고 한다. 유영수는 김재규를 만나, 가족의 여권 문제를 해결해주지 않는 한국 정부에 대한 섭섭함을 표시하는 김형욱의 편지를 전했다고 한다. 유영수는 또 김재규가 김형욱에게 보내는 편지를 받아와서 김형욱에게 전했으며 김형욱 부인의 귀국 문제에 대한 답을 김재규에게 전할 것이라고 말했다.

유영수는 또 김형욱이 합동통신 한창섭 특파원을 뉴욕에서 쫓아내라고 요구하고 있다는 말도 전해주었다. 한창섭은 정부 입장에서 김형욱에 대한 기사를 써댔기 때문에 김형욱은 원한이 맺힌 것이다. 김형욱이 한창

섭에게 사실상 협박전화를 걸기도 했고 한창섭은 경찰서에 신고하기도
했다.

열두 번째 전문은 1977년 7월 6일 서울 중정에서 뉴욕의 손호영에게
보낸 전문이다. 백태하가 당초 계획대로 김형욱을 고립시키고 귀국해야
한다는 강력한 지시였다.

김형욱 부인-자녀 귀국 위해 여권 문제 등 상의

열세 번째 전문은 1977년 8월 10일경 서울 중정에서 뉴욕으로 보낸
것이다.

병무청에 따르면 해외 체류기간 연장을 받기 위해서는 한국 내 보증인
의 보증문서가 있어야 한다. 해외 영주권자에 대한 병역면제 조항에 따르
면 해외 체류 영주권자는 가족 전체의 영주권 카피와 함께 병역면제허용
신청서를 내야 한다고 돼 있다.

이 문서가 무엇을 의미하는지는 정확히 알 수 없으나 아마도 김형욱의
아들 김정한의 귀국 문제와 관련된 것으로 보인다. 김형욱 부인의 귀국을
추진하면서 동행하는 아들의 병역 문제가 현안으로 떠올랐을 것으로
추정된다.

열네 번째 전문은 1977년 8월 12일 서울 중정에서 뉴욕의 손호영에게
보낸 전문이다. 김형욱의 부인에게 발급된 여권은 1977년 12월 5일이
유효기간인 단수여권이라며 그녀가 무엇을 원하는지 파악하여 보고하라
는 지시였다.

열다섯 번째 전문은 역시 1977년 8월 12일 서울 중정에서 뉴욕 손호영에게 보낸 것이다. "유영수는 편지를 가지고 한국에 와야 하며 언제 어떤 항공편으로 도착하는지 보고하라. 만일 유영수가 김형욱 부인의 항공료를 부담한다면 유영수가 한국에 왔을 때 비용을 돌려주겠다. 김형욱 부인이 귀국하겠다면 김형욱 부인과 자녀의 여권 문제를 패키지로 한꺼번에 해결해주겠다는 방침을 유영수에게 통보하라"고 지시했다.

김형욱 부인의 귀국이 거의 성사될 듯한 분위기를 느낄 수 있다.

'김형욱 부인 편지 자필 아니다' 귀국 추진 전격 취소

열여섯 번째 전문은 1977년 8월 16일 서울 중정에서 뉴욕 손호영에게 보낸 것이다. "그녀의 편지 문제와 관련한 김형욱 부인의 고집은 협상에 대한 부정적인 태도로밖에 볼 수 없다. 김형욱 부인이 긍정적 태도가 부족한 상황에서 유영수가 어떤 중재 노력을 펴더라도 우리는 좋은 결과를 얻기 어렵다. 그러므로 설사 유영수가 김형욱 부인의 편지를 가지고 귀국하더라도 자필이 아니면 아무 소용이 없는 것이다. 유영수의 한국행을 중지시켜라. 그리고 본부를 대신해 지금까지 유영수의 노력에 감사한다는 뜻을 전하라"고 돼 있다.

이 문제는 김재규가 유영수를 통해 김형욱과 김형욱의 부인에게 각각 편지를 전했으며, 유영수는 김형욱 부인의 편지를 받아서 한국으로 가 김재규에게 전하도록 계획돼 있었다.

김형욱 부인의 편지는 사전에 서울로 전달됐지만 서울에서 신영순

자필이 아니라면 편지내용의 진실성이 의심된다며, 이 마당에서 유영수가 서울로 오는 것이 아무 도움이 안 된다고 판단하고 서울행을 취소시키라고 지시한 것이다.

이로써 김형욱 부인 신영순의 귀국 추진이 완전히 무산되고 말았다.

```
                    Sohn Document #15

Date:   August 12                    [cable from Seoul to N.Y.]

1.    Yoo Yung Soo should bring the letter and return to
Korea.  Report the time and flight number of his arrival.

2.    If Mr. Yoo takes care of Mrs. Kim Hyung Wook's air
fare, he will be reimbursed when he comes to Korea.

3.    Inform Mr. Yoo that it is possible to settle the passport
problems of Kim Hyung Wook's wife and children in one package
if Mrs. Kim returns.




                    Sohn Document #16

Date:   August 16                    [cable from Seoul to N.Y.]

1.    Mrs. Kim's stubbornness about her letter of response can
only be understood as a negative attitude toward compromise.

2.    Under circumstances where Mrs. Kim lacks a positive
attitude, no matter how hard Yoo Yung Soo tries to mediate,
we can not be very hopeful about the results.

3.    Therefore, since even if Yoo Yung Soo brings a letter
of response which is not written in Mrs. Kim's own hand and
comes to Korea, it will mean nothing, have Yoo call off his
trip to Korea.

      On behalf of headquarters thank Yoo Yung Soo for his
efforts during this time.
```

1977년 8월 12일과 16일 중앙정보부가 손호영에게 타전한 비밀전문으로 신영순의 편지가 자필이 아니므로 귀국 추진을 전격 취소한다는 내용을 담고 있다.

유영수 접촉금지 지시 뒤 서울 귀환명령 하달

열일곱 번째 전문은 1977년 8월 21일 서울 중정에서 뉴욕의 손호영에게 보낸 것이다. 유영수와 일체 접촉하지 말고 앞으로는 김형욱이 읍소하는 자세를 취할 때만 본부에 보고하라는 지시였다. 모든 것이 끝나가는 듯한 느낌의 전문이었다. 아나나 다를까 이틀 뒤 손호영의 결단을 촉구하는 전문이 도착한다.

열여덟 번째 전문은 1977년 8월 23일 서울 중정에서 뉴욕 손호영에게 보낸 것으로 "486호 요원은 서울에서 근무하도록 내부 결정을 내렸다"고 통고했다. 이 전문에서 486호 요원이 바로 손호영이라는 사실이 확인되었다.

"외무부를 통한 정식 발령은 9월 초에 내려갈 것이다. 후임자에게 임무를 인계하고 9월 25일까지 서울로 돌아와야 한다"고 지시했다. 이 귀환명령이 손호영이 제출한 마지막 전문이 됐다. 이 지시 직후 그가 망명을 택했기 때문이다.

고위층 여자관계가 불상사 화근

김형욱 증언 뒤에도 김재규는 정중한 편지 '왜, 왜, 왜'

김재규는 김형욱의 증언 뒤에도 유영수를 통해 김형욱에게 편지를 보냈다. 1977년 7월 26일자 편지내용은 예상 밖이었다. 김형욱의 증언에 대해 불같이 화를 낸 것이 아니라 몸을 바짝 낮추고 우호적 자세를 견지했다.

편지 내용은 이렇다.

근계,

유영수 씨와 백태하 씨로부터 소식 잘 전달하였습니다.

그동안 건안하신지요?

세상사 여의치 않음이 상례라고 하나 금번 사건은 너무나 충격적이었습니다. 저는 다소나마 김 형을 위해 도움이 되려고 노력하여 왔었는데 저의 뜻이 그렇게 무산되고 말았다는 것은 정말 원통하기 그지없습니다.

그런데 자녀들의 여권 연장 문제와 부인께서 한국을 내왕하는 문제는 제가 중앙정보부장으로서, 또 대장부의 신의를 걸고 보장하겠습니다. 그리고 부인께서 사과와 문안을 겸해 각하 알현을 원한다면 제가 책임지고 주선토록 하겠습니다.

더욱 자세한 이야기들은 유영수 씨로부터 들어주시기 바랍니다.

내내 건승하시길 바랍니다.

7월 26일

서울에서 김재규 배

김재규는 1977년 6월 22일 김형욱의 프레이저 소위원회 증언에 대해 충격적이었으며 자신이 김형욱을 위해 백방으로 노력했음에도 일이 그렇게 된 것이 원통하다며 배신감을 표했다. 직접적으로 김형욱을 원망하지 않고 우회적으로 자신의 마음을 전하는 데 그쳤다.

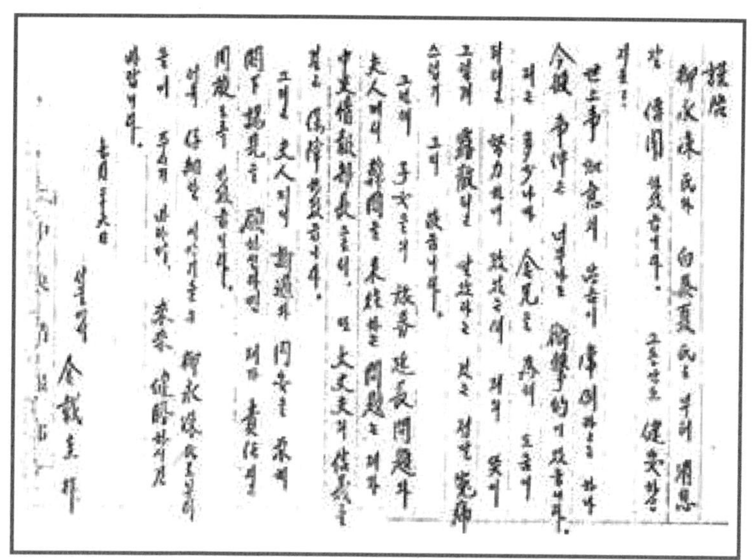

1977년 7월 26일 김재규 중앙정보부장이 김형욱에게 보낸 서한으로 김형욱을 정중하게 설득하고 있다.

김재규는 한발 더 나아가 김형욱의 부인과 자녀들의 한국 내왕문제는 물론 박정희 면담도 책임지고 주선할 것이라고 약속했다. "중앙정보부장으로", "대장부의 신의를 걸고" 등의 표현을 써가며 최선을 다할 것임을 보장한 것이다.

이에 앞서 김재규는 1977년 1월 17일과 1977년 2월 14일에도 김형욱에게 편지를 보냈다.

1977년 1월 편지는 "각하께서는 '그 친구가 돌아오면 또 얼마나 반가운 일인가. 자유롭게 왕복한다면 남이 봐도 좋고 본인은 얼마나 떳떳하겠느냐. 또 돌아와서 일을 하겠다고 하면 원하는 중책도 맡기지'라고 하시더군요. 김상근 망명이라는 불상사에도 불구하고 김 전 부장님께서 다시 조국으로 돌아오신다면 이 얼마나 의의가 깊은 일이겠습니까"라는 내용을 담고 있다.

1977년 2월 편지는 "백의종군한 충무공은 민족의 성웅으로서 모든 동포의 추앙을 받고 있지 않습니까. 사필귀정을 신념으로 삼고 지금까지 지켜온 김 전 부장님의 침묵을 귀국이라는 행동으로서 깰 때가 되었다고 확신하고 있습니다. 싱긋이 웃으며 김포공항의 트랩을 내리는 김 전 부장님의 그리운 모습을 바라며"라고 썼다.

김재규의 1977년 7월 편지의 기조가 그 이전 두 차례의 편지와 다르지 않음을 알 수 있다. 이는 김형욱이 증언했음에도 말하지 않은 내용이 더 있으며, 그 내용은 심히 중대한 것임을 의미하는 것이다. 그래서 굴욕적인 설득에 나선 것이다.

'죽자사자 빼려고 한 것은 고위층 여자관계' — 민병권은 되레 영전

청문회에서 프레이저가 "한국 정부가 김형욱의 증언에서 빼려고 한 부분이 무엇인가, 무엇을 가장 염려했는가?"라고 묻자 손호영은 고위공직자가 연관된 루머성 스캔들이었다며, 만일 필요하다면 그 세부내용을 말해주겠다고 밝혔다.

아마도 이 부분이 김형욱의 죽음, 나아가서는 김재규가 박정희에게 총을 쏜 이유를 담고 있을 것이다. 고위공직자가 연관된 루머성 스캔들은 여자관계를 일컫는 것이다. 김형욱 증언에서 그토록 빼려고 했던 '독'은 고위공직자의 여자관계였던 것이다.

손호영은 이처럼 김형욱과의 협상과정에서 알게 된 비밀, 즉 한국 정부가 죽자사자 김형욱의 증언에서 빼려고 애원했던 것이 무엇인지 알고 있기 때문에 소환되면 자신이 처벌받을 것이 확실하다고 생각했다.

구체적으로 협상과정에서 알게 된 비밀이 무엇인가라는 질문에 대해 "그 같은 협상의 내용과 협상이 실패한 이유"라며 "이를 아는 사람은 극소수인데 나 자신이 그 극소수 중 한 사람"이라는 것이다. 이에 따라 자신이 위험한 상황에 처하게 됐다고 설명했다

그들의 개인적 사생활이 김형욱에 의해서 드러날 것을 가장 무서워했다는 것이다.

손호영의 이 같은 주장은 김재규가 김형욱의 증언 뒤에도 계속 우호적인 자세로 편지를 보내는 등 설득공세를 계속했다는 것을 보더라도 설득력이 있다. 김형욱은 청문회에서 고위공직자의 루머성 스캔들에 대해 언급하지 않았다. 그래서 김재규는 김형욱에게 더 매달렸던 것이고, 그 내용을 알고 있는 손호영은 위험에 처해 망명을 택했던 것이다.

공교롭게도 민병권은 김형욱의 청문회 출석 저지작전이 실패했음에도 불구하고 5개월 뒤 교통부장관으로 영전한다. 이는 민병권이 김형욱의 청문회 출석을 막지는 못했지만 그 증언에서 독을 빼는 데 성공했음을 의미하는 증거가 아닐 수 없다. 고위층의 여자관계가 폭로되는 것을 막은 데 대한 대가였던 것이다.

백태하 또한 김형욱 저지에 실패했지만 약속대로 1977년 7월 21일 동신화학 사장 자리가 주어졌고, 그 이후 한국타이어공업협회 회장에 오른다. 그 또한 고위층의 비밀을 알았기에 뒤늦은 출세가 가능했을 것이다.

이게 바로 중앙정보부 대미공작방안

중정부장, 차장 결재 받은 '76년도 대미공작방안' 제출

손호영이 망명과 함께 미국에 제공한 서류가 바로 '76년도 대미공작방안'이었다. 8페이지짜리 이 한글문서는 차트 글씨체로 작성돼 있었다. 문서상단에는 2급 비밀이라는 도장과 함께 1975년 12월 11일 중앙정보부 차장이, 12월 15일에는 중앙정보부장이 결재한 것으로 돼 있다.

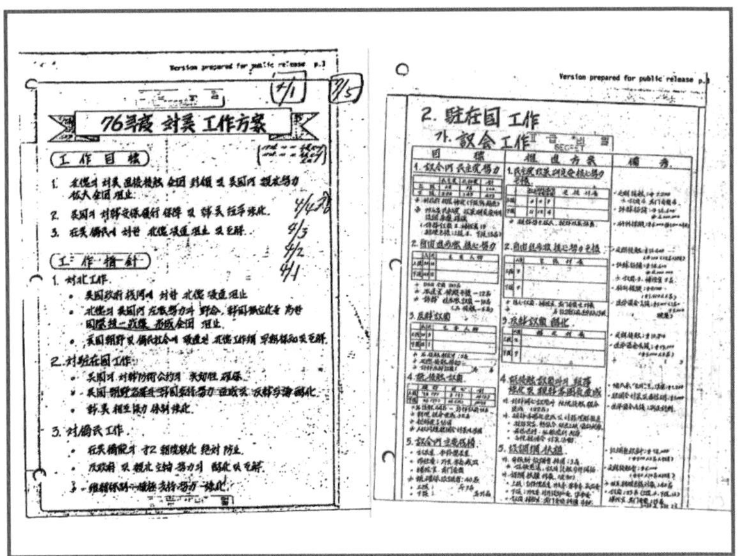

손호영이 의회에 제출한 문건 '76년도 대미공작방안'으로 의회와 행정부, 그리고 재미 동포 등에 대한 공작방안을 담고 있다.

이 문서는 김형욱, 김상근, 손호영 모두 중앙정보부에서 작성된 문서가 맞다고 증언했고, 특히 김형욱은 이 문서를 작성한 사람이 이영인으로 추정된다며 그의 청문회 증언을 추진하기도 했었다.

김형욱은 양두원, 박동선이 전체적인 그림을 그렸고 8국 미국 데스크인 이영인이 작성을 맡았다는 것이다.

첫 페이지는 공작목표와 그에 따른 공작지침이 담겨 있다.

공작목표는 첫째, 북괴의 대미 직접 접촉기도 봉쇄 및 미국 내 친북세력 확대기도 저지, 둘째, 미국의 대한 안보이행 보장 및 한미 연대강화, 셋째, 재미교포에 대한 북괴 침투저지 및 와해였다.

공작지침은 대북 공작, 대주재국 공작, 대교민 공작 등 3개 부분으로 나눠서 세부지침을 담았다. 대북 공작은 미국 정부기관에 대한 북괴 침투저지, 북괴의 미국 내 좌익세력과 야합, 한국 고립화를 위한 국제통일연합 조성기도 저지, 미국 조야 및 교민사회에 침투된 북괴 공작원의 조기 탐지 및 와해였다.

대주재국 공작지침은 미국의 대한방위공약의 실제성 확보, 미국 조야 각처의 한국 지지노력 조성 및 반한 여론 순화, 한미상호협력체 강화였다. 대교민 공작지침은 재미교포의 제2 조총련화 절대저지, 반정부 및 친북 주축세력의 순화 및 와해, 유신체제 적극지지세력 강화였다.

그다음 2페이지부터 7페이지까지는 각 공작을 '현 상황'과 '올해 추진계획', '비고'로 구분해 상세히 설명했고, 특히 현재 포섭된 미국 측 인사, 재미동포인사, 비용 등이 명시돼 있다.

또 마지막 8페이지에는 북괴의 대재미교포 침투 양상이라는 도표가 그려져 있다.

프레이저 청문회와 상원 윤리위는 이 문서를 공개하면서 그동안에 포섭된 미국 측 인사 등의 실명 부분은 모두 가리고 공개했다. 그러나 프레이저 청문회는 보고서를 통해 그 이름 일부를 밝히기도 했다.

이 문서를 영문으로 번역한 사람은 1973년 미국에 망명한 이재현과 베이커였다.

의회공작 비용 13만 달러 남짓— 현실성 없다

이 3가지 공작 중 상하원 청문회에서 가장 관심을 끈 것은 대주재국 공작이었다. 주재국인 미국을 대상으로 한 구체적인 로비방침과 실행방법을 적은 것으로 의회, 행정부, 언론계, 학계 및 종교계 등 모두 네 분야로 나눠 작성됐다.

이 보고서에서 의회공작 현황을 보면 의회 내 반한 의원은 상원 13명으로 민주당이 10명, 공화당이 3명이고, 하원은 19명으로 민주당이 18명 공화당이 1명이었다. 1976년에는 이 중 상원의원 2명, 하원의원 7명을 반한에서 친한으로 돌릴 것이라고 밝혔다.

또 1976년 이전에 접촉한 의원은 상원에서 친한파 18명과 한국에 관심을 가진 의원 8명 등 모두 26명, 하원에서는 친한파 36명, 관심 의원 34명 등 70명에 달하며 18명이 한국을 방문했고 의회 내 친한 발언이 모두 16회에 이른다고 보고했다.

의회 내 주요기관인 상원의장실, 외교, 군사, 세입세출 등 3개 위원회의 보좌관 및 전문위원 40명을 협조자로 확보했다는 대목도 눈에 띤다.

의회공작 중 민주당 의원들에 대한 지지확보 비용은 정기접촉에 7200달러, 한국 초청비용이 1만 4600달러, 특수작전에 1인당 1500달러씩 4명이 투입된다며 6000달러를 책정했다.

자유진보파에 대해서도 12명을 1년간 12번 접촉하는 데 1인당 100달러로 책정했고, 한국 초청비용은 1만 4600달러였고, 특수작전에 6명이 투입되며, 1인당 1500달러씩 지급한다고 돼 있다. 또 J 의원에게 정치자금 5000달러를 제공할 계획으로 보고됐다.

반한 의원에 대해서는 정기접촉에 1만 800달러를 책정하는 한편 3명에게 각각 5000달러씩 정치자금을 제공할 계획이라고 밝혔다. 이미 접촉한 의원들에 대해서도 유태인 로비스트를 활용한다며 1200달러가 책정됐고, 인권청문회에 대항하는 편지발송 비용으로 3000달러를 잡았다.

또 이들에 대한 선거자금은 별도 계획에 따른다고 돼 있는 점이 주목된다. 별도의 돈 살포 계획이 존재했고 아마도 이는 박동선의 몫인지도 모른다.

의회 내 주요기관에 대한 공작비는 한 달에 500달러를 주고 유급 협조자 3명을 확보한다고 돼 있으나 그 다음 대목은 실소를 금할 수 없다. 보좌관과 전문위원 10명과 정기접촉을 한다며 1인당 50달러를 책정했다. 한 달에 50달러로 이들을 포섭한다는 것은 우스운 일이 아닐 수 없다.

중앙정보부는 또 올해 상원의원 보좌관 6명, 하원의원 보좌관 18명 및 전문위원 16명 등 40명을 포섭할 것이라고 계획했다.

별도로 선거자금 계획이 있다고 하지만 이를 제외하고 의회공작에 투입되는 비용은 13만 달러를 조금 넘는 수준에 불과했다. 13만 달러로 미 의회를 장학한다는 것은 누가 봐도 현실성이 없다.

행정부-언론계-종교계 등 1인당 100달러 책정

행정부 공작은 백악관, 국무부, 국방부, CIA, FBI를 타깃으로 삼았다. 특히 백악관 내 NSC의 극동 담당자, NSC 전문위원, 국방보좌관 등 3명을 포섭한다고 했으나 공작 비용은 1인당 월 100달러씩 12개월간 지원한다고 돼 있다. 또 이들 3명에게 50달러짜리 선물을 1년에 3번 준다고 계획했다.

또 백악관 출입 한국특파원 3명과 워싱턴포스트 등 미 유력지 기자를 활용한다는 것이다.

국무부는 외무부, 즉 외교관이 담당하지만 아태차관보 보좌관 등 3명을 관리할 계획이며 이들도 한 달에 100달러씩 12개월, 1년에 50달러 선물을 3번 준다고 한다. 국방부도 군사원조 담당부서에 집중침투한다고 하면서도 비용은 똑같았다. 매달 100달러, 50달러 선물 3번이었다.

CIA는 부국장 등 핵심멤버 10명이 이미 한국 중앙정보부 등을 방문하는 등 친분을 쌓았다고 밝히고 한국 담당자 4명과 협력을 강화하는 한편 2명의 교환방문을 추진한다고 돼 있다. 역시 3명에 대해 매달 100달러, 50달러짜리 선물 3번이었다. 단 2명을 한국에 초청한다며 1인당 왕복항공료 2200달러, 접대비 50만 원씩을 책정했다.

FBI는 재미동포 담당직원 등 2명의 협조자를 확보, 1인당 월 100달러씩 주되 선물은 50달러짜리를 1년에 두 번만 주는 것으로 돼 있다. CIA

등 다른 부처의 협조자보다 선물을 주는 횟수가 1회 적었다. FBI가 열받을 내용이었다.

언론계는 미국 기자들 4명에게 1인당 매달 200달러를 책정, 지속적으로 접촉하며 반한 기자 3명을 초청한다며 왕복항공료 2200달러가 들 것으로 예상했다. 미국 기자 2명은 접촉에 그치지 않고 유급 협조망으로 활용하기로 하고 1인당 매달 500달러를 주기로 했다는 내용을 담고 있다.

학계는 친한 세미나를 개최한 조지타운대학 모 박사를 1975년 5월 3일 한국으로 초청해서 접대했으며 세미나 비용으로 2만 달러, 4달러짜리 홍보책자 2000부를 찍는 비용으로 8000달러가 들었다고 밝혔다. 또 한국인 학자 43명을 이미 초청했으며 올해도 2명을 초청하며 한 연구소에 8만 8000달러를 지원하는 것으로 돼 있다. 조지타운대학에도 협조비 명목으로 5만 달러를 준다고 한다.

종교계는 친한파 종교지도자 4명을 한국으로 초청하고 한국어 종교신문에 인쇄비를 한 달에 300달러씩 지원하며 2명을 한국으로 초청하기로 했다. 그러나 한국 종교계 인사에게 책정한 한국 왕복항공료는 2200달러가 아니라 1690달러였다. 미국인들보다 좌석등급이 낮은 것이다.

특히 50개 한국 교회에 매달 50달러씩을 지원하며 1년에 3만 달러가 들 것이라고 예상했다.

한민통 와해에 주력― 6개 도시 협조망 구축

중앙정보부는 재미교포 사회를 모두 4개 성향으로 분류했다. 재미동포는 모두 23만 5000명이며 친정부, 반정부, 친북, 반공 등으로 나뉜다는 것이다.

1975년 현재 친정부 단체는 105개, 반정부 단체는 14개에 70명이라고 했다. 반정부 단체로는 한민통을 꼽았으며 워싱턴, 뉴욕, 로스앤젤레스, 샌프란시스코, 시카고, 휴스턴 등 6개 지부를 둔 것으로 돼 있다. 교민 공작은 바로 한민통 지부가 있는 지역을 감안해 추진된 것으로 미뤄 한민통에 대한 대응이 교민 공작의 핵심이었던 것으로 보인다.

워싱턴, 뉴욕, 로스앤젤레스 등 3개 지역에 대한 한민통 교화 비용으로 매달 200달러씩을 책정, 추진해왔고 올해는 샌프란시스코, 시카고, 휴스턴 지역에도 교화 비용으로 매달 200달러를 투입한다고 돼 있다. 또 워싱턴, 뉴욕, 로스앤젤레스 등 3개 지역에서는 한민통 내에서 협조자를 4명, 샌프란시스코와 시카고는 협조자를 2명씩 확보, 모두 16명에게 한 달에 500달러씩을 준다는 계획을 세웠다.

바로 이 계획서를 미국 측에 넘긴 손호영이 휴스턴총영사관 관할지역을 담당하는 중정요원이었으며, 이 계획서를 보면 휴스턴은 한민통 협조자 물색에서 제외된 것을 알 수 있다. 휴스턴 중정요원 보직은 1976년 12월 없어지고 손호영은 뉴욕으로 옮겨가게 되는데 그 또한 이 계획과 연관이 있음을 알 수 있다.

친북 단체는 모두 8개로 회원은 30명이라고 보고하고, 기존에 뉴욕에 4명, 샌프란시스코에 1명 등의 협조자가 있으며, 특히 C-33이라는 암호명으로 불리는 협조자가 깊숙이 침투한 것으로 돼 있다.

1976년에는 친북 단체 협조망 구축에 더욱 박차를 가해 워싱턴, 뉴욕,

로스앤젤레스에 각각 2명씩의 협조자를 더 포섭하고 한 달에 500달러씩을 지급하기로 했으며 필요한 경우 샌프란시스코에도 추가 협조자를 구할 계획이라고 설명했다.

반공 단체로는 해병전우회와 대한체육회를 꼽았다. 이들에 대해서도 워싱턴, 뉴욕, 로스앤젤레스에서 각 20명, 샌프란시스코와 시카고에서 각 10명씩을 선발, 매달 50달러를 주고 반공 활동을 활동화시킨다는 계획을 세웠다.

마지막 페이지 북괴의 재미동포사회 침투 양상에 따르면 C-33이라는 암호명의 협조자는 로스앤젤레스의 친북 단체에 침투한 것으로 돼 있다. 이 도표에는 각 지역별 단체와 이름이 적혀있었던 것으로 추정되나 그 이름은 모두 삭제되고 공개됐다.

'70만 달러로 미국 움직인다' – WP도 비현실성 지적

'1976년 대미공작방안'은 70만 달러의 비용으로 미국 내 주요인사를 포섭, 친한파로 만든다는 것으로 구체적으로 그 대상들을 명시하고 있었다. 대상자 수와 비용을 계산해보면 1인당 최저 100달러에서 300달러 정도였다. 300달러로 주요인사 한 사람을 포섭한다는 것은 누가 보더라도 코미디였다.

바로 이 비용으로 인해 이 계획서는 허황된 것이라는 의혹을 사게 된다. 만일 그 비용으로 그 같은 목적을 달성한다면 그야말로 영웅이 될 것이다. 이처럼 이 계획서는 자기과시에 가까운 계획서였다.

코리아게이트를 처음 폭로했던 워싱턴포스트조차 1977년 12월 15일자 사설을 통해 '대미공작방안'은 공작 경비만 보더라도 비현실적이라고 지적했고, 이 사설은 속기록에 등재됐다.

김상근-손호영, 1976년 계획은 '전혀 현실성 없다'

손호영이 1977년 9월 미국에 망명하면서 법무부에 제출한 '76년도 대미공작방안'이라는 문서는 프레이저 소위원회 등 상하원 3개 청문회 입장에서는 그야말로 대박 중의 대박이었다. 이들은 한국 정부가 계획적으로 미 상하원의원들을 매수하려는 시도가 확인됐다고 선언했다.

그러나 이 문서를 제출한 손호영, 또 그에 앞서 1년 먼저 망명한 김상근조차 그 계획은 전혀 현실성이 없다고 증언했다. 극히 일부 진행됐지만 사실상 계획만 존재했다며 전체적으로는 책상에 앉아서 작성한 문서로 실현이 불가능하다는 것이었다. 이들은 청문회에서 이 같은 입장을 공식 증언했다.

김상근은 1977년 10월 19일 프레이저 청문회 증언대에서 프레이저로부터 이 공작계획에 대해 집중 추궁당했다. 김상근은 자신은 재임 중 이 계획서와 유사한 계획서를 본적은 있지만 정확히 이 보고서 자체를 본 적은 없다고 진술했다.

프레이저는 계획서를 본 적이 없다고 하더라도 이 계획이 실행에 옮길 수 있다고 생각하느냐고 물었다.

김상근은 그 같은 계획을 유지하고 실현하는 것이 불가능하다고 답했다. 로비 대상자 1인당 200달러 비용으로 미국 정보요원을 포섭한다고 돼 있는데 그것이 가능하겠느냐고 반문했다. 김상근은 이 같은 계획은 매년 연말 상부에 보고하기 위한 보고서, 즉 형식적으로 작성한 '보고를 위한 보고서'로 판단된다고 밝혔다. 보여주기 위한 탁상공론이라는 것이다.

프레이저는 그렇다면 왜 이렇게 상세한 계획을 세웠느냐고 물었다. 김상근은 자세하고 구체적인 계획을 보여줌으로써 미국에 주재하는 중앙정보부 요원의 숫자를 늘리려 했던 것이라고 주장했다.

손호영도 1977년 11월 30일 프레이저 청문회에 출석, 이 부분에 대해 증언했다. 굿링 의원은 손호영에게 "당신이 볼 때 이 계획이 실행됐는가"라고 물었다. 손호영은 "그 계획은 실행되지 않았다고 믿는다"고 한마디로 잘라 말했다. 굿링은 "이 계획은 단 한 부분도 실행이 안 됐다는 것인가"라고 따졌다. 손호영은 다시 대답했다. 이번에는 "실행되지 않았다"라고 답변했다.

그러자 프레이저가 다시 나섰다. 프레이저는 "손! 한 가지만 분명히 하자. 당신은 1976년 공작계획 실행에 책임이 없다고 증언했는데 사실인가"라고 물었다. 손호영은 "그 답변이 맞다"고 말했다.

프레이저가 "그렇다면 이 계획의 한 부분이라도 미국 내 중정요원들이 실행했는지 아닌지 당신은 모르는 것 아닌가"라고 묻자, 손호영은 "나는 모른다"고 답했다.

프레이저는 "신중하게 답해달라. 당신은 이 계획의 일부분이라도 실행됐는지 아닌지에 대해 답해주는 것이 불가능한 것 아닌가"라고 질문했고 손은 "그렇다"고 증언했다.

손호영이 앞서 전혀 실행되지 않았다고 하자 프레이저가 어떻게든 그 답변을 번복하기 위해 안간힘을 쓰는 대목이었다. 그러나 실현되지 않았다는 답변을 되돌릴 수는 없었다.

이처럼 1976년 계획은 전체적으로 볼 때 도면상의 계획에 불과했다. 미국 내 중정요원들이 수수방관하고 있었을 리야 없겠지만 허황된 계획대로 실천되지는 않았다고 보는 것이 맞을 것이다. 이는 중앙정보부 내 미국 데스크 등이 자신들의 위상을 위해서 작성한 탁상공론이었고 그들의 희망사항이었다고 판단해야 할 것이다.

아들에게 배신당한
망명 실패자 이후락

아들에게 배신당한
망명 실패자 이후락

김형욱이 미국으로 도피한 지 1년도 채 안 돼 이후락이 박정희 몰래 한국을 빠져나가버렸다. 박정희에게 한국에 머물 것이라며 안심시킨 뒤 사라져버린 것이다. 박정희로서는 보통 충격이 아니었다. 한때 박정희 정권의 파수꾼이었던 김형욱, 이후락 두 사람이 미국에서 쌍 나팔을 불어댄다는 것은 상상만 해도 아찔한 일이었다.

이후락은 미국에 가려고 애를 썼지만 여의치 않자 바하마로 날아갔다. 미국은 이후락을 받아들이지 않는 대신 박정희와의 중재에 나섰고, 이후락은 입 닫고 조용히 산다는 조건 하에 안전을 보장받고 귀국함으로써 이후락 망명 파동은 일단락된다.

'떡고물론'으로 자신의 부정축재를 합리화시켰던 이후락은 프레이저 청문회에서 스위스 비밀계좌를 통해 걸프사의 돈을 받은 사실이 낱낱이 드러났다. 은행 서류까지 공개됐다. 이후락의 아들은 아버지가 일본에도 은행계좌를 가지고 있었다고 증언했다.

이후락의 스위스-일본 비밀계좌

걸프사, '이후락 요구로 스위스로 20만 달러 송금'

프레이저 청문회는 이후락의 떡고물에 대해서도 명백한 증거를 제시했다. 이후락이 떡고물을 먹었느냐, 떡시루를 통째로 삼켰느냐 말이 많지만 프레이저 청문회는 은행 입금증서까지 제시함으로써 이후락의 검은 돈의 실체를 밝혔다.

걸프사가 프레이저 청문회 설문에 답하면서 1969년 이후락이 검은 돈을 요구해 20만 달러를 줬다며 전후 상황을 설명했다. 걸프사의 서면답변은 이랬다.

걸프사는 1969년 석유판매회사인 흥국상사 주식을 추가로 사들이기 위해 협상을 벌였고 주식 25%를 200만 달러에 인수하기로 합의했다.
그러나 계약서 서명만 남겨둔 상태에서 이후락이 걸프사 한국 책임자 힐 보닌 주니어에게 연락해 이 계약과 관련해 논의할 것이 있다며 회의를 요청했다.
그래서 힐 보닌 주니어와 이후락, 서정귀 그리고 한국 주주 대표 등이 참석한 회의가 열렸다.
이후락은 이 회의에서 서정귀가 동의했다며 박정희 대통령의 미국 여행경비로 사용해야 하니 주식매입대금 200만 달러 중 20만 달러를 달라고 요구했다. 이 요청은 걸프사 한국투자담당자인 굿맨을 통해 로니에게 전해졌고 로니는 이후락의 요청대로 주식매입대금 중 20만 달러를 지급하라고 승인했다.

걸프사는 1969년 8월 21일 피츠버그에서 20만 달러를 스위스 취리히의 유니언뱅크의 서정귀 명의의 계좌로 송금했다. 서정귀 명의의 계좌에 입금된 이 돈은 서정귀가 인출한 것으로 돼 있지만 제반 증거를 볼 때 이후락이 서명하고 찾아간 것으로 의심된다.

서정귀의 스위스유니언뱅크 계좌번호는 626,965.60D였으며 19만 9750달러가 1969년 12월 인출됐다.

정리하자면 1969년 걸프사가 흥국상사 주식 25%를 200만 달러에 인수하려 하자 계약 직전에 이후락이 20만 달러를 요구해 이를 스위스은행 서정귀 계좌로 송금했고 이 돈은 이후락이 찾아갔다는 것이다. 걸프로서는 어차피 주식매입대금이 200만 달러이므로 이 중 20만 달러를 누구에게 주든 상관이 없었다. 걸프는 이 같은 답변서와 함께 자신들의 주장을 입증하는 관련 증거를 제출했다. 은행 입금서류 등으로 이후락이 20만 달러를 받았음을 입증하는 빼도 박도 못하는 증거였다.

걸프가 1967년 50만 달러에 흥국상사 주식 25%를 인수한 것을 감안하면 흥국상사 주가는 2년 만에 4배나 오른 것이다. 이후락은 서정귀 등 흥국상사 주주들에게 2년 만에 4배 장사를 시켜주고 그 이익금의 일부를 중개수수료로 챙긴 것이다.

걸프도 손해보는 장사는 아니었다. 흥국상사가 이후락의 지원을 받아

전국 판매망을 가지고 석유판매를 독점했기에 걸프는 4배 오른 값에 사더라도 장기적으로 이익이었다.

걸프 증거 보니 이후락 사위가 서정귀 계좌 관리

걸프사가 제출한 은행 입금서류는 스위스유니언뱅크가 1969년 9월 2일자로 작성한 서류였다. 스위스유니언뱅크는 UBS로 세계 최대의 프라이빗뱅크다. 우리말로 하자면 입금명세서로 스위스유니언뱅크 서정귀 명의의 계좌에 19만 9750달러가 입금됐음을 통지하는 서류였다. 이 서류에 기재된 계좌번호는 걸프가 서면으로 제출한 답변서의 계좌번호와 정확히 일치했고 서정귀는 J, K. SUH로 명기돼 있었다.

특히 놀라운 것은 이 계좌명세서에 정화섭이라는 이름이 영문으로 기재돼 있다는 사실이다. 정화섭은 이후락 외동딸 이명신의 남편, 즉 이후락의 사위다. 서정귀 명의의 계좌이지만 계좌명세서가 이후락 사위에게 발송됐다는 사실은 이후락 사위가 이 계좌를 관리했음을 의미한다.

이 명세서를 보면 당초 서정귀는 이 은행에 계좌를 개설할 때 자신의 주소를 걸프사 피츠버그 본사 주소로 기재했다. 서정귀는 스위스 비밀계좌를 개설할 때 차마 자신의 한국 내 주소를 적을 수 없어 자신과 거래관계에 있던 걸프사 본사 주소를 적은 것이고 그 후 계좌명세서를 정화섭에게 보내라고 은행에 요구했던 것이다.

UBS에 개설된 계좌는 명의가 서정귀이지만 사실상 이후락의 계좌였고 그래서 사위가 명세서를 받았다고 보는 것이 타당할 것이다. 어쨌든

이 문서는 이후락이 걸프로부터 20만 달러를 받았음을 명백히 입증했다.

프레이저 소위원회는 이 계좌의 정체를 더욱 정확히 밝히기 위해 걸프사에 추가 정보를 요구했다. 프레이저 소위원회도 이 계좌가 명의만 서정귀이지 이후락의 계좌라고 판단한 것이다.

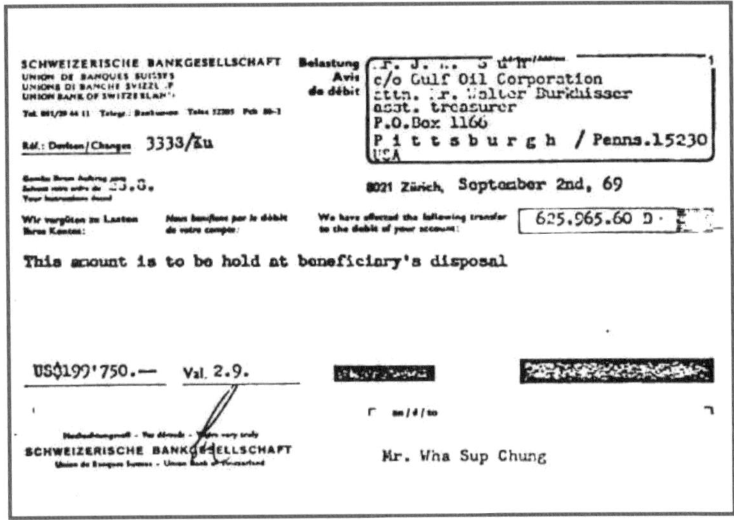

1969년 9월 2일자 스위스 UBS가 작성한 서정귀 계좌 20만 달러 입금증서

이에 대해 걸프사는 1978년 6월 12일 프레이저 소위원회에 보낸 편지를 통해 스위스유니언뱅크에 계좌 주인에 대해 문의했으나 은행 측은 예금주의 비밀을 보장하도록 돼 있는 스위스 은행법을 어길 수 없다며 불가입장을 통보해왔다고 밝혔다.

스위스유니언뱅크가 걸프사에 보낸 공문은 간단했다. 은행 측은 "걸프사가 텔렉스를 통해 서정귀 계좌에 대해 문의했지만 계좌 주인이 사망했을 경우 법정 상속인만이 그 정보를 얻을 수 있다"라는 한 문장의 답변이었다. 계좌 정보를 주인 외에 절대 공개할 수 없다는 것이다.

아들의 배신— 이후락 스위스-일본 계좌 까발려

프레이저 종합보고서를 살펴보다 놀란 것은 이후락의 둘째 아들이 프레이저 소위원회 조사관들을 만나 이후락의 비밀을 적지 않게 털어놓은 것이다. 아들이 아버지의 비리를 밝힌 것이다.

이후락의 둘째 아들 이동훈은 한화그룹을 창립한 김종희 회장의 사위로 김승연 회장의 동서다. 이동훈은 프레이저 소위원회 조사관과의 면담에서 아버지 이후락의 스위스 계좌에 대해 설명한 것은 물론 스위스 은행 기록을 제공했다.

이동훈은 조사관들에게 스위스의 돈은 박 대통령을 위한 정부 자금이며 이후락이 관리했지만 이후락 개인 용도는 아니라고 말했다. 또 이동훈은 이후락이 자신을 위해 일본 은행에 200만 달러를 예치하고 있다고 밝혔다.

이동훈이 아버지의 스위스 계좌는 물론 일본으로 돈을 빼돌린 사실도 폭로한 것이다. 조사관들이 박정희 대통령이 왜 비자금이 필요했느냐고 묻자 이동훈은 지지자들에게 돈을 주는 것은 물론 야당 지도자들을 매수해야 했기 때문이라고 설명했다.

이동훈은 또 박 대통령이 군부 내 불충, 다시 말해 군부 내 반란에 대한 두려움 때문에 1970년대 초부터 군 장성들에게 많은 돈을 주고 있다고 주장했다.

이동훈은 또 이후락의 사위 정화섭이 장인을 위해 돈을 관리한 적이 있다고 진술했다. 이는 1969년 걸프사가 이후락 요구로 서정귀 명의의 스위스유니언뱅크로 보낸 20만 달러 거래명세서가 정화섭에 전달됐다는 사실과 정확히 일치한다.

이동훈은 이후락이 중정부장에서 물러난 것은 김대중 납치사건이나 중앙정보부의 부정에 대한 문책이라기보다는 이후락의 파워에 대한 박 대통령의 두려움 때문이라고 말했다. 이후락의 최측근 1명이 기생파티에 서 박정희는 하야해야 하며 이후락이 대통령이 돼야 한다고 말했고, 이 발언을 박종규가 녹음해서 박 대통령에게 전달함으로써 실각하게 됐다고 진술했다.

이동훈이 조사관에게 말한 최측근은 윤필용으로 이른바 윤필용 사건 을 설명한 것이다. 프레이저보고서에 '기생파티'라고 기재된 부분은 요정 을 말하는 것이 확실시된다.

윤필용은 한 요정에서 "박 대통령이 늙었으니 물러나고 형님이 그 자리에 앉아야 한다"는 식으로 말한 것으로 알려져 있다. 이 말을 사후에 들은 박종규는 당시 술자리에 합석했던 사람을 잡아다 사실 그대로를 말하라고 요구, 이를 녹음해서 대통령에게 보고한 것이다. 이동훈의 주장 을 한마디로 말하면 윤필용 사건으로 아버지가 '팽' 당했다는 것이다.

망명 실패하고 입 닫고 조용히

실각 당일 여권 만들고 미국 − 일본에 SOS

이후락이 중앙정보부장에서 물러나면서 일단 해외로 출국한 뒤 미국 비자를 신청했다고 알려진 것과는 달리 실각 당일 여권을 만든 뒤 같은 날 주한미국대사관에 미국 비자를 신청했고 미대사관은 즉각 비자를 발급해주려 했던 것으로 미 국무부 비밀전문을 통해 드러났다.

1973년 3월 윤필용 사건으로 타격을 입은 데 이어 같은 해 8월 DJ 납치사건으로 돌이킬 수 없는 결정타를 입은 이후락은 1973년 12월 3일 마침내 중앙정보부장 자리에서 물러나게 된다.

이후락은 권부 핵심에서 밀려났다가도 몇 개월 뒤 다시 복귀하는 등 오뚝이로 불릴 만큼 관운이 강했고 일인지하 만인지상의 권세를 누렸으며, 미 국무부 비밀전문에서도 드러나듯 북한도 한때 이후락을 독자적 세력을 가진 2인자로 평가했었다.

윤필용 사건, 김대중 납치사건으로 박정희의 신임을 잃었음에도 가시 방석 같은 중정부장 자리를 보전하던 이후락은 마침내 12월 3일 박정희의 대대적 내각개편과 함께 중정부장 자리에서 물러나자 생사의 갈림길에 섰음을 직감하고 살길을 찾아 나섰다.

주한미국대사관은 1973년 12월 3일 개각 당일, 개각명단을 국무부에 보고한 뒤 별도 전문을 통해 "전직 중앙정보부장 이후락의 여행"이라는

제목으로 이후락의 비자발급 문제를 국무부에 극비리에 보고한 것으로
드러났다. 전광석화 같은 이후락의 36계 줄행랑은 국무부 전문을 통해
낱낱이 입증되는 것이다.

주한미국대사관은 "1975 서울 8086" 2급 비밀전문을 통해, 이후락은
실각 당일인 12월 3일 자신과 부인 정윤희의 여권을 만들었으며 이 여권
은 4년 만기의 일반여권이라고 보고했다. 또 여권을 발급받자마자 12월
3일 당일 주한미국대사관에 '회의' 목적의 미국 비자를 신청한 것으로
돼 있다.

CONFIDENTIAL SEOUL 8086

E.O. 11652 GDS
TAGS: KS, PFOR, CVIS
SUBJECT: TRAVEL OF FORMER CIA DIRECTOR YI HU-RAK

1. WE HAVE RECEIVED ROUTINE FOREIGN OFFICE REQUEST
FOR MULTIPLE ENTRY VISAS FOR YI HU-RAK, FORMER
DIRECTOR OF ROK CIA, AND HIS WIFE CHONG YUN-HEE.
REQUEST WAS ACCOMPANIED BY ORDINARY PASSPORTS IN THEIR NAMES
ISSUED DEC 3, VALID FOR FOUR YEARS. THE PURPOSE
OF VISIT IS STATED AS "MEETINGS".

2. WE INTEND ISSUE VISAS DURING FORENOON DEC 4
SEOUL TIME UNLESS DEPARTMENT DISAGREES.

3. JAPANESE EMBASSY JUST PHONED TO SAY THAT THEY
HAD RECEIVED IDENTICAL REQUEST AND WERE DEFERRING
ACTION UNTIL THEY COULD CONSULT WITH TOKYO.
UNDERHILL

1973년 12월 3일 주한미국대사관이 국무부에 타전한 비밀전문으로 이후락이 실각 당
일 여권을 만들고 미국 비자를 신청했다는 내용을 담고 있다.

주한미국대사관은 이후락의 미국 비자 신청을 중대 사안으로 판단, 전문에 '긴급'이라고 명시했으며 국무부가 반대하지 않는 한 한국 시간으로 비자 신청 다음날인 12월 4일 오전 중 비자를 발급할 계획이라고 밝혔다.

또 이후락은 미국뿐 아니라 일본에도 SOS를 친 사실이 이 전문을 통해 드러났다. 이 전문 3항에는 일본대사관이 미국대사관에 전화해서 "이후락이 비자 신청을 했으며 일본 외무성 본부에서 지침이 있을 때까지 연기하고 있다"고 통보한 것으로 확인됐다.

이처럼 이후락은 실각 당일 자신이 살 길은 미국에 몸을 의탁하는 것밖에 없다고 판단하고 당일로 미국에 SOS를 친 것은 물론 미국이 비자를 발급하지 않을 것에 대비, 일단 한국을 빠져나가기 위해 일본에도 줄을 댄 것이다.

키신저가 직접 지시 '미국 방문 전 제3국 경유'

더욱 놀라운 일은 바로 이틀 뒤 발생했다. 주한미국대사관이 이후락의 비자 신청 사실을 보고한 데 대해 키신저 백악관 국가안보보좌관이 직접 지침을 하달한 것이다.

1973년 12월 5일 미 국무부에서 발송한 이 비밀전문은 주한미국대사관이 수신자로, 주일미국대사관은 참조자로 돼 있다. 이 전문은 12월 3일 주한미국대사관이 보낸 전문에 대한 답신이라며 '긴급'이라고 명시돼 있다.

키신저의 지침은 단 2개항이었다. 첫째, "비자 승인 여부는 별도 전문을 참조할 것"이었다. 이 별도 전문의 내용은 바로 뒤 둘째 지침을 보면 짐작이 가능하다.

키신저는 "담당자 재량 하에 한국 정부의 적절한 위치의 관리를 접촉해서 이후락이 미국을 방문하기 전에 유럽이나 제3국을 경유하도록 하겠다고 제의하라. 실각 뒤 즉각 미국을 방문한다는 사실과 김대중 납치사건에 대한 비우호적 여론이 강한 시기임을 지적하라. 언론의 주목을 받는 것은 한국 정부에 불리한 것이다"라고 돼 있다.

이 지침은 비자승인 여부에 관한 별도 지침이 비자를 내주지 말라는 것임을 알 수 있게 한다.

키신저의 이 같은 지침은 수많은 의문과 동시에 어렴풋한 해답을 제시한다.

첫째, 왜 이후락의 미국 여행에 대해 키신저가 직접 지시를 내렸는가 하는 점이다. 당시 이후락은 미국 CIA와 연결돼 있었다. 심하게는 CIA의 첩자란 소문이 끊이지 않았다. 박정희도 "임자가 CIA와 친하다면서" 하고 간접적으로 압력을 가하기도 했다. 이런 상황에서 자칫 한미 간에 오해가 발생할 수 있다고 판단해 키신저가 직접 지침을 내린 것으로 추정된다.

둘째, 키신저가 제3국을 경유한 미국행은 승인하겠다는 생각을 드러냈다는 점이다. 비록 한국 측과 협의 형식을 거치고 제3국을 경유하더라도 궁극적으로 미국에 그를 받아들이겠다는 것이다. 이는 미국이 결국은 이후락을 보호할 수밖에 없음을 의미한다.

12월 3일 주한미국대사관의 전문도 동일한 맥락으로 볼 수 있다. 주한미국대사관도 당연히 이후락의 실각, 김대중 납치사건 등의 변수를 생각했다고 보는 것이 타당하다. 주재국 정부와의 관계에서 고도의 정치적 판단을 해야 하는 주한미국대사관이 그 같은 변수에도 불구하고 '즉각 비자를 발급할 계획'이라고 말한 것은 미국이 이후락의 요청을 무시할 수 없는 처지임을 설명해주는 것이다.

일본도 '경유는 가능하지만 체류는 불가' 확정

이후락이 일본 비자를 신청한 데 대해 일본 정부도 경유비자는 발급해줄 수 있지만 체류비자는 줄 수 없다는 방침을 확정했다는 사실도 미국무부 비밀전문을 통해 확인됐다.

1973년 12월 10일 주한미국대사관은 국무부를 수신자로, 주일미국대사관을 참조자로 한 전문을 발송했다. 이 전문은 "주한일본대사관이 12월 8일 문의한 뒤 아직 우리에게 이후락 부부 일본 비자 신청에 대해 추가로 통보해온 소식은 없다"고 밝혔다.

이 전문은 "이후락의 일본 비자 신청은 한국의 군범죄수사대 요원으로 믿어지는 메신저에 의해 이뤄졌지만 본인이 신청한 것이 아니기 때문에 그 자리에서 서류를 돌려줬다"고 설명했다. 전문은 "주한일본대사관은 동경으로부터 이후락 부부에게 경유비자를 발급해주라. 그러나 경유비자 이상을 신청하면 본부와 협의하라는 지침을 받았지만 아직 별다른 액션을 취할 계획이 없다"고 적고 있다.

일본 정부 방침은 이후락이 일본을 거쳐서 다른 나라로 갈 수 있지만 일본에 눌러앉는 것은 안 된다는 것이다.

주한미국대사관은 이 전문에서 "메신저가 일본대사관에서 서류를 돌려주자 미국대사관으로 왔다"고 설명함으로써 이후락이 일본에 먼저 비자를 신청한 것으로 보인다.

이후락이 일본 비자를 먼저 신청한 것은 미국보다 일본 비자가 빨리 나올 수 있기 때문에 일단 한국을 뜨고 보자는 계획에 따른 것으로 보인다.

그러나 이후락이 1973년 8월 김대중 납치사건 당시 하비브 대사가 그의 생환을 강력하게 요청했던 점 등을 감안한 것으로 보인다. 이 사건 이후 주한미국대사관은 류재홍 국방장관 등을 접촉했고 류 장관은 "이후락을 쳐내야 한다"고 서슴없이 주장하기도 했다. 그래서 CIA가 자신을 보호한다 하더라도 주한미국대사관 내 일부 세력이 한국 정부에 미국 비자 신청 사실을 흘린 가능성도 있다고 판단한 것으로 추정된다. 만일 그렇게 된다면 자신의 36계 계획이 물거품이 되는 것이다.

그래서 일단 일본으로 출국해 한국이 아닌 제3국에서 미국 비자를 신청한다는 것이 당초 계획이었으나 일본에서 비자 신청마저 거부하자 충격을 받아 곧바로 미국대사관을 찾은 것으로 보인다.

울산 출신 중정 공항분실장 목 내놓고 도피 도와

이후락은 미국, 일본 비자를 받지 못하자 극도로 긴장한 상태에서 박정희에게 국내에 체류할 것이라고 안심시킨 뒤 12월 18일 울산 출신 동향 후배의 도움을 받아 김포공항을 떠난 것으로 드러났다. 아마도 미국

비자를 신청한 실각 당일부터 한국을 떠난 18일까지, 그 2주일은 이후락의 인생에서 가장 긴 시간이었을 것이다.

주한미국대사관은 1973년 12월 26일 국무부를 수신자로, 일본대사관과 프랑스대사관을 참조자로 한 전문을 보낸다. 작성자는 언더힐 주한미부대사였다.

특히 이후락이 극비에 출국해 박정희는 진노했고 미국조차 잠시 동안이나마 이후락의 행적을 놓쳐 한국 정부로부터 파리에 체류 중일 것이라는 귀띔을 받고 프랑스대사관에 이후락을 찾으라는 전문을 보내는 등 한바탕 난리를 친 것으로 나타났다.

이 전문은 김종필 당시 국무총리의 특별보좌관인 한상국이 주한미국대사관 정무담당 영사에게 전해준 이야기를 토대로 작성됐다. 한상국은 김종필의 통역 등을 맡았던 인물이다. 총리 보좌관이 말한 내용이므로 이후락에 대해 한국 정부가 파악한 내용이라고 봐도 무방할 것이다.

한상국은 비밀을 전제로 이후락 부부가 박정희 허락 없이 12월 18일 캐세이퍼시픽 편으로 출국했으며 출국 이후 연락이 되지 않지만 파리에 있을 것으로 추측한다고 말했다. 이후락은 미국 비자를 신청한 뒤에도 박정희에게는 한국에 남을 것이라고 속였다고 한다. 그러나 이후락은 자신을 둘러싼 정치적 상황, 부정축재를 조사할지 모른다는 두려움, 국민적 지탄을 받을 수 있다는 점에 대해 불안해했다고 한다. 박정희는 이후락이 그의 재가도 없이 비밀리에 출국한 것을 뒤늦게 알고 노발대발했다고 전했다.

특히 한상국은 이후락이 또 다른 김형욱 케이스가 될 것 같다며 비꼬는

투로 말했다. 이 부분은 매우 중요하다. 박정희에게 엄청난 부담이 될 수 있는 이 사태에 대해 김종필의 보좌관이 시니컬하게 말한 것은 박정희, 김종필의 알력을 엿볼 수 있는 대목이다. '꼬시다', '얄미운데 잘됐다'는 식의 말투였던 것이다.

이후락이 쥐도 새도 모르게 한국을 빠져나갈 수 있었던 것은 중정 내에 심어둔 그의 심복의 도움 덕분이었다. 당시 중앙정보부 김포공항분 실장이 이후락과 동향인 울산 출신 후배였다. 공항분실장은 이후락이 출국을 부탁하자 눈 딱 감고 두말없이 그를 도왔다고 한다. 물론 파면될 각오를 하고 신세를 갚은 것이다. 이후락이 출국한 뒤 그는 남산 지하실 로 끌려가고 말았다.

갑자기 바하마 출현 – 현지서 합작사업 모색

그 뒤 종적이 묘연했던 이후락은 갑자기 바하마에 나타났고 변호사를 고용, 바하마 정부와 합작사업을 추진하는 등 바하마에 정착하려 했던 것으로 확인됐다.

1974년 1월 6일 하비브 주한미국대사는 바하마 주재 미국대사관의 비공 식 보고를 바탕으로 미 국무부에 이후락의 행적에 대한 전문을 보냈다.

이 전문에 따르면 이후락은 바하마에 체류 중이며 현재 거주할 주택을 찾고 있으며 현지 변호사를 고용해 바하마 정부에 이미 합작사업을 제의 했다고 돼 있다. 1월 6일이며, 이후락이 서울을 떠난 지 20일도 채 지나지 않은 시점인데 이후락이 벌써 살 집을 구하는 것은 물론 현지에서 합작사업을 제의했다는 것은 그가 얼마나 발 빠르게 움직였는지를 알 수 있는 대목이다.

이 전문은 박종규 경호실장과 정일권 국회의장 등은 이후락이 박정희에 의해 배신자로 낙인찍혔으므로 한국으로 돌아오지 못할 것이라고 말했다고 기록돼 있다. 또 이후락이 공직에 있으면서 막대한 재산을 축적했고 몇몇 주요 재벌과도 깊은 관계를 맺고 있으며 실각 뒤 부정부패에 대한 조사가 진행 중인 것으로 알려졌다고 보고했다.

하비브는 이후락이 국내는 물론 외교정책에 막대한 영향력을 행사했으며 정부정책은 물론 개인기업 간 거래에도 관여했고, 특히 김대중 납치사건에도 깊이 관여했다고 적었다. 김대중 납치사건에 대한 하비브의 시각이 잘 드러난 것이다.

하비브는 바하마 주재 미국대사관 측에 앞으로도 지속적으로 이후락에 대한 정보를 알려달라고 요청했다.

한 가지 흥미로운 것은 카리브 해의 휴양지인 바하마와 한국의 중앙정보부장들과 깊은 관계가 있다는 것이다. 시티뱅크는 1975년 김형욱의 고객카드를 작성하면서 김형욱이 바하마의 낫소에 400만 달러 내지 600만 달러를 예치하고 있다고 기록했다.

그런데 이후락도 바하마를 찾은 것이다. 이후락이 도망가자마자 바하마에서 합작사업을 추진했다는 것은 해외로 빼돌린 재산이 있었음을 의미하는 것이다.

아마도 바하마에 중앙정보부의 비밀계좌가 있었는지도 모른다.

C O N F I D E N T I A L SEOUL 895

E.O. 11652: GDS
TAGS: PINS, KS, BF
SUBJ: YI HU RAK (HU RAK LEE), FORMER ROK/CIA DIRECTOR

REF: JAN 30 OFFICIAL-INFORMAL LETTER FROM EMBASSY NASSAU (CHESHES)

1. REF OFFICIAL INFORMAL LETTER INFORMS THAT HU RAK LEE IS SEEK-
ING RESIDENCY IN THE BAHAMAS AND HAS PROPOSED SEVERAL JOINT
BUSINESS VENTURES WITH THE BAHAMIAN GOVERNMENT. LEE IN PROCESS OF
ENGAGING LOCAL ATTORNEY TO REPRESENT HIS INTEREST IN THESE
PROJECTS. LETTER INDICATES THAT LEE'S LOCAL ATTORNEY HAS ASKED
ASSISTANCE IN ESTABLISHING LEE'S BONA FIDES.

2. LEE IS FORMER ROK/CIA DIRECTOR WHO WAS DISMISSED FROM HIS POST
IN EARLY DEC 1973. LEE SUBSEQUENTLY LEFT THE COUNTRY DEC 18,
REPORTEDLY WITHOUT PRESIDENT PARK'S PERMISSION. RECENTLY BOTH
PRESIDENTIAL PROTECTIVE FORCE CHIEF AND NATIONAL ASSEMBLY
SPEAKER CHONG HAVE INDICATED IN EXPLICIT TERMS THAT LEE REMAINS
IN PRESIDENT'S BAD GRACES AND WILL NOT BE ALLOWED TO RETURN TO
ROK IN FORSEEABLE FUTURE.

3. BEFORE HIS DISMISSAL, LEE HAD BEEN LONG-TIME ADVISOR TO
PRESIDENT PARK AND, IN HIS POST AS ROK/CIA DIRECTOR HAD MAJOR
ROLE IN ROK DOMESTIC AND FOREIGN POLICY. LEE ALSO HAD MAJOR
INFLUENCE ON MANY GOVERNMENT DECISIONS AND DEALINGS IN COMMERCIAL
CONFIDENTIAL

1974년 1월 6일 하비브 주한미국대사가 국무부에 타전한 비밀전문으로 이후락이 바하마에 머물면서 합작사업을 추진하고 있다는 내용을 담고 있다.

박정희와 안전보장 협상 끝에 70일 만에 귀국

1973년 12월 18일 박정희 몰래 해외로 도피한 이후락은 70일 만인 1974년 2월 27일 그가 떠날 때처럼 소리 소문 없이 한국으로 돌아왔다. 박정희와 비밀협상을 통해 침묵을 조건으로 안전을 보장받았다는 것이 국무부 비밀전문을 통해 확인됐다.

1974년 2월 28일 하비브 주한미국대사는 이후락의 귀국 소식을 국무부로 타전했다. 이 전문 또한 김종필의 보좌관인 한상국의 전언을 기초로 작성됐다.

이 전문에 따르면 박정희는 이후락이 바하마에 머물며 영구거주를 고려하고 있다는 보고를 받고 진노했다고 한다. 이 대목은 1974년 1월 6일 이후락이 바하마에 살 집을 구하고 있고 합작사업을 추진 중이라는 대목과 일치한다. 집을 구하고 사업을 한다는 것은 아예 눌러 살려고 하는 것이기 때문이다.

박정희는 이후락에 앞서 바로 그 전 해인 1972년 김형욱이 미국으로 도피한 데 이어 이후락마저 미국으로 간다면 제2의 김형욱이 될 것을 우려하고 이후락 귀국 명령을 내렸다고 한다. 이에 따라 중앙정보부는 중정 영국 거점장인 김동건을 바하마로 급파해 이후락과의 접촉선을 구축했다는 것이다. 그 뒤 이 라인을 통해 이후락에게 무조건 귀국하라는 박정희의 명령을 전달했다.

그러나 이후락은 자신의 안전에 대해 불안감을 표명했다. 귀국하면 감옥으로 가는 것이 아닌가 하는 것이었다.

한국 정부와 이후락 간의 협상이 시작됐다. 마침내 박정희가 이후락에게 귀국해도 기소되거나 처벌받지 않을 것이라는 보장을 함으로써 이후락은 귀국했다.

이 전문에서 한상국은 박정희가 이후락에게 "집에서 조용히 살아라", 즉 서울에 오지 말고 조용히 침묵하라고 지시했다고 전했다. 향후 이후락에게는 정부 내 어떤 공직도 주어지지 않을 것이며 박정희는 아직도 진노한 상태로 이후락의 명예회복을 고려하지 않고 있다고 말했다.

특히 한상국은 이후락이 절대 공직에 복귀하지 못할 것이라는 김종필의 말을 수차례 되풀이했다고 적고 있다. 영원한 라이벌 김종필-이후락 간의 관계를 잘 보여주는 대목이다.

미국은 이후락에게 미국 비자를 발급해주지 않았지만 박정희를 설득, 이후락에게 침묵을 전제로 안전을 보장해주도록 주선한 것이다. 협조자에 대한 최소한의 배려였다. 또 이후락이 서울에 발을 들여놓지 말고 경기도 광주에 머물다 생을 마감한 것은 '서울에 오지 말라'는 박정희와의 안전보장 약속 때문이었던 것이다.

김정렴 비서실장, '이후락 입 닫고 조용히 살 것'

김종필이 한상국을 시켜 미국 측에 이후락이 침묵할 것이라고 전한데 이어 김정렴 청와대 비서실장도 "이후락이 입 닫고 조용히 살 것"이라고 말한 것으로 확인됐다.

1974년 4월 6일 하비브 주한미국대사는 김정렴 청와대 비서실장과의 면담을 토대로 이후락 관련 전문을 작성, 국무부로 타전했다.

이 전문에 따르면 김정렴은 최근 귀국한 이후락은 건강을 돌보며 침묵을 지킬 것이라고 말한 것으로 기록돼 있다. 김정렴은 이후락이 서울에 머물 것이라는 소문과는 달리 한국의 남부지방이나 제주도로 내려갈 것으로 예상된다고 전했다. 아마 비밀협상에서 서울을 떠나 지방으로

내려간다는 조항이 포함됐을 것이다. 조선시대로 말하자면 지방이나 제
주도로 귀양을 보내버리는 선에서 마무리한 것이다.

CONFIDENTIAL SEOUL 1486

E.O. 11652: GDS
TAGS: PINT, KS
SUBJECT: EX-CIA DIRECTOR YI HU RAK

1. PRESIDENTIAL SECRETARY KIM CHONG YOM TOLD ME YI HU RAK WOULD
REMAIN QUIETLY QUOTE TAKING CARE OF HIS HEALTH UNQUOTE NOW THAT
HE HAS RETURNED TO KOREA. IT IS EXPECTED THAT YI WILL GO TO THE
SOUTHERN PART OF KOREA OR POSSIBLY TO CHEJU ISLAND TO QUOTE REST
UNQUOTE. DESPITE RUMORS AROUND TOWN, YI HAS NOT SEEN PRESIDENT
PARK AND WILL NOT BE GIVEN ANY POSITION IN THE GOVERNMENT. KIM
CONFIRMED THAT THE PRESIDENT WAS NOT PLEASED WITH YI'S ABRUPT
DEPARTURE FROM THE COUNTRY NOR WITH REPORTS OF HIS INTENTION TO
RESIDE ABROAD.

2. I WOULD TAKE THIS AS THE DEFINITIVE WORD FOR THE TIME BEING
ON YI HU RAK'S STATUS. KIM IS ALWAYS CAREFUL TO REFLECT THE
PRESIDENT'S OPINION ACCURATELY IN SUCH MATTERS.
 HABIB

1974년 4월 6일 하비브 주한미국대사가 국무부에 타전한 비밀전문으로 김정렴 청와대
비서실장이, 이후락이 입을 닫고 조용히 살 것이라고 말했다는 내용을 담고 있다.

김정렴은, 이후락은 귀국 뒤 박정희를 만나지 못했으며 어떤 공직도
주어지지 않을 것이라고 말했다. 박정희는 이후락의 갑작스런 해외도피
와 해외에서 눌러앉아 살려고 했다는 점에 대해 아직도 불쾌해하고 있다
고 전했다.

하비브는 김정렴이 어떤 사안에 대해 대통령의 의중을 전달할 때 항상
신중하게 처신한다고 보고함으로써 김정렴의 설명이 박정희의 의중을

정확히 전달한 것이라는 점을 우회적으로 강조했다.

하비브는 또 1974년 2월 7일 이후락의 미국 비자 신청과 관련된 전문을 바하마 주재 미국대사관으로 전달했으며 1974년 2월 15일 국무부에 보낸 전문에서 이후락의 미국 비자 신청과 관련된 대사관의 서류를 관련 규정에 따라 모두 폐기했다고 보고했다.

이로써 이후락은 역사 속으로 조용히 사라지는 듯했지만 칩거 6개월 만에 서울에 나타나게 된다.

박정희의 엄명도 어길만한 사건이 발생했던 것이다.

육영수 장례식 참석차 서울 방문 - 복권 여부 관심

1974년 8월 15일 광복절 기념식 도중 육영수가 문세광의 총탄에 맞아 세상을 떠났다. 지방에 숨죽여 살던 이후락에게는 충격이었다. 한때는 박정희교의 교주를 자처했던 그였다. 이후락은 육 여사 장례식에 참석하기 위해 칩거 6개월 만에 서울에 모습을 드러냈다. 예전의 그 모습 그대로 멀쩡한 상태였다.

1974년 8월 22일 주한미국대사관은 "전 중앙정보부장 이후락의 현재 상황"이란 제목의 전문을 미 국무부로 타전했다.

이 전문에 따르면 이후락 전 중앙정보부장이 육영수 여사 장례식에 참석하기 위해 남부지방에서 서울로 올라왔다고 전했다. 또 우리가 알기로는 그는 아직 서울에 머물고 있으며 그의 소재는 박정희가 그에게 명예회복 기회를 줄지를 추측해볼 수 있는 가늠자가 되므로 매우 중요하다고 보고했다.

그러나 국무총리 보좌관에 따르면 지금 이 상황에서 이후락의 복권을 고려한다면 박정희는 바보멍청이가 될 것이라고 주미한국대사관 측에 은연중 암시한 것으로 돼 있다.

이후락의 측근이었던 이범석 역시 가까운 장래에 이후락이 복권될 것이라고 볼 수 없다고 말한 것으로 보고됐다. 이범석은 "금주 초 이후락과 통화했으며 이후락은 아직 박정희를 만나지 못했다"고 말한 것으로 돼 있다. 그러나 이범석은 청와대 내에서 이후락의 가장 큰 비판자였던 육 여사가 서거함으로써 이후락의 복권 여건은 실제 조금은 나아졌다고 분석했다.

청와대 내 야당으로 알려졌던 육 여사가 이후락의 전횡에 대해 못마땅해했고 박정희에게 가끔씩 이후락을 멀리하라고 조언한 것이 사실이었던 것이다.

이때 한상국으로 추정되는 국무총리 보좌관의 전망처럼 이후락은 박정희가 죽을 때까지 복권되지 않았다.

그러나 그는 1978년 국회의원 선거에 무소속으로 출마해 공화당 후보를 꺾고 당선됐고 1979년 박정희가 김재규의 총에 시해된 뒤에도 초기에는 김종필과 대립하다가 갑자기 선회, 공화당사에서 그의 앙숙 김종필을 지지하는 기자회견을 하기도 했다.

공금횡령 의혹
미국대사 아버지 김기완

김기완은 김성용 주한미국대사의 아버지다. 일본 내 중정 책임자인 주일공사로 근무하다 운명적으로 김대중 납치사건을 주도하게 된다. 반대도 했지만 역부족이 었다. 직책상 피할 수 없는 일이었다. 그런 면에서 그는 불운한 공직자였다. 김대 중 납치사건은 국제적으로 엄청난 파문을 불러일으켰다. 일본뿐 아니라 미국에서 의 중정 활동도 사실상 마비됐다.

김기완은 일본 근무가 끝난 뒤 조용히 미국으로 스며든다. 그는 김형욱과 달리 조국을 배반하지 않았으며 아들을 미국대사로 키워냈다. 하지만 그도 적지 않은 재산과 관련, 잡음을 일으켰다. 공작금 횡령 의혹도 일었다. 김대중 납치사건 진상을 공개하겠다며 중앙정보부에 편지를 보내 입을 닫는 조건으로 돈을 받았고 1급 공무원 자리도 보장받았다는 것이 정설이다. 역설적으로 김대중 납치사건이 그에게는 안전판이 됐던 것이다. 프레이저 청문회에서 증언을 듣기 위해 엄청난 유혹을 했지만 그는 끝내 아무 말도 하지 않았다.

불운의 중정요원 김기완, 나라는 안 버렸다

김대중 납치사건 뒤 일본인 여권으로 미국 입국

사상 최초로 한국계 주한미국대사의 영예를 안은 김성용(성 김) 대사의 아버지는 김기완 전 주일대사관 공사다. 김기완 공사는 김재권이란 가명을 쓰며 주일대사관 공사 직책을 수행하는 등 그의 인생은 남북분단의 비극과 박정희 시대의 암울했던 현실 등 우리 현대사의 아픔을 고스란히 담고 있다. 그의 삶은 말 그대로 파란만장한 한편의 스파이 영화였다.

1926년 4월 생인 김기완은 공군 정훈감 시절인 1958년 2월 16일 오전 11시 30분 부산 수영비행장을 이륙해 여의도로 향하던 KNA기 2호기 창랑호에 탑승했다가 북한 공작원 6명에 의해 피랍돼 평양 순안비행장으로 끌려갔다. 생사의 갈림길에 섰던 김기완은 26명의 승객과 함께 20일 만인 3월 7일 극적으로 송환돼 제2의 인생을 살게 됐다.

김기완을 설명할 때 빼놓을 수 없는 것은 김대중 납치사건이다. 김기완이 일본에 근무할 때인 1973년 8월 8일 김대중 납치사건이 발생했으며 김기완은 일본 내 중정 책임자로서 자의든 타의든 주도적 역할을 했다. 그것이 그의 인생의 중대한 전환점이 됐으며 불운한 정보요원이라는 말이 있는가 하면, 그 일로 인해 미국 생활을 시작함으로써 약 40년 뒤 한국계 최초 주한미국대사가 탄생하는 계기가 된다.

김종필이 두 차례 일본에 진사사절로 가면서 이 사건이 어느 정도 수습되자 김기완은 1974년 2월 6일 주일공사직을 떠났다. 그러나 신직수 중앙정보부장이 대공수사국과 감찰실을 시켜 3차례에 걸쳐 자신에 대해 조사하자 처벌을 우려, 김형욱이 그랬던 것처럼 소리 소문 없이 미국으로 숨어들었다. '국정원 진실위 보고서'는 이때의 조사는 공작금 횡령에 관한 것이었다고 밝혔다.

김기완은 자신의 여권이 아닌 일본인 명의로 된 위조여권으로 살며시 미국에 들어온 뒤 1974년 5월 김형욱을 만난다.

김 공사는 미국에 살면서도 1급 공무원 신분을 유지하며 흑색요원으로 활동했다는 것이 1999년 동아일보가 입수한 '중정보고서'를 통해 밝혀졌다. 특히 1977년 이후 코리아게이트의 격랑 속에 자신이 상관으로 모셨던 김형욱이 의회 증언에 나서자 한국 정부의 지시로 청문회에 자진 출석해 김형욱의 주장을 반박하는 증언에 나설 것을 고려하기도 했던 것으로 드러났다.

중앙정보부가 김대중 납치사건 가담자의 입을 막기 위해 이들의 불만 사항들을 조사할 때 김 공사는 한국 귀국을 희망했고, 정부는 그의 요구 사항을 받아들여 1979년 3월 27일 한국보험공사 사장에 임명했다. 신군부 집권 뒤에도 2년여 동안 사장직을 수행하다 1982년 말 다시 미국 로스앤젤레스로 돌아왔다.

김 공사는 약 10여 년의 미국 생활 뒤 1994년 6월 23일 로스앤젤레스 굿사마리탄병원에서 68세를 일기로 생을 마감했다. 그의 장례는 사망

CERTIFICATE OF DEATH
STATE OF CALIFORNIA
USE BLACK INK ONLY/NO ERASURES, WHITEOUTS OR ALTERATIONS
VS-11 (REV. 7/92)

1. NAME OF DECEDENT—FIRST (GIVEN)	2. MIDDLE	3. LAST (FAMILY)
Ki	Wan	Kim

4. DATE OF BIRTH MM/DD/CCYY	5. AGE YRS.	6. SEX	7. DATE OF DEATH MM/DD/CCYY	9. HOUR
04/05/1926	68	Male	06/23/1994	0050

9. STATE OF BIRTH	10. SOCIAL SECURITY NO.	11. MILITARY SERVICE	12. MARITAL STATUS	13. EDUCATION—YEARS COMPLETED
Korea	571-	X NONE	Married	18

14. RACE	15. HISPANIC—SPECIFY		16. USUAL EMPLOYER
Korean		X NO	Korean Goverment

17. OCCUPATION	18. KIND OF BUSINESS	19. YEARS IN OCCUPATION
Director	Korean Goverment Finances	4

USUAL RESIDENCE

20.	onback Road

21. CITY	22. COUNTY	23. ZIP CODE	24. YRS IN COUNTY	25. STATE OR FOREIGN COUNTRY
Los Angeles	Los Angeles	90049	15	California

INFORMANT

26. NAME, RELATIONSHIP	27. MAILING ADDRESS
Hyun --- Wife	Los Angeles, CA.90049

SPOUSE AND PARENT INFORMATION

28. NAME OF SURVIVING SPOUSE—FIRST	29. MIDDLE	30. LAST (MAIDEN NAME)

31. NAME OF FATHER—FIRST	32. MIDDLE	33. LAST	34. BIRTH STATE
			Korea

35. NAME OF MOTHER—FIRST	36. MIDDLE	37. LAST (MAIDEN)	39. BIRTH STATE
			Korea

38. DATE MM/DD/CCYY	40. PLACE OF FINAL DISPOSITION
06/27/1994	Forest Lawn Cemetery, 1712 S.Glendale Ave. Glendale, California

FUNERAL DIRECTOR AND LOCAL REGISTRAR

41. TYPE OF DISPOSITION	42. SIGNATURE OF EMBALMER	43. LICENSE NO.
Burial		2961

44. NAME OF FUNERAL DIRECTOR	45. LICENSE NO.	46. SIGNATURE OF LOCAL REGISTRAR	47. DATE MM/DD/CCYY
The Korean Funeral Home	FD74		06/23/1994

PLACE OF DEATH

101. PLACE OF DEATH	102. IF HOSPITAL, SPECIFY ONE	103. FACILITY OTHER THAN HOSPITAL	104. COUNTY
Hosp. of the Good Samaritan	X IP, ER/OP, DOA	CONV. HOSP., RES., OTHER	Los Angeles

105. STREET ADDRESS—STREET AND NUMBER OR LOCATION	106. CITY
616 South Witmer Street	Los Angeles

CAUSE OF DEATH

107. DEATH WAS CAUSED BY:			
IMMEDIATE CAUSE	Lung Carcinoma Metastasis to Liver and Brain	1 Year	108. DEATH REPORTED TO CORONER: NO
DUE TO (B)			109. BIOPSY PERFORMED: X YES
DUE TO (C)			110. AUTOPSY PERFORMED: X NO
DUE TO (D)			111. USED IN DETERMINING CAUSE: NO

112. OTHER SIGNIFICANT CONDITIONS CONTRIBUTING TO DEATH BUT NOT RELATED TO CAUSE GIVEN IN 107
Emphysema

113. WAS OPERATION PERFORMED FOR ANY CONDITION IN ITEM 107 OR 112? IF YES, LIST TYPE OF OPERATION AND DATE
No

PHYSICIAN'S CERTIFICATION

114. I CERTIFY THAT TO THE BEST OF MY KNOWLEDGE DEATH OCCURRED AT THE HOUR, DATE AND PLACE STATED FROM THE CAUSES STATED.	115. SIGNATURE AND TITLE OF CERTIFIER	116. LICENSE NO.	117. DATE MM/DD/CCYY
DECEDENT ATTENDED SINCE 04/22/1987	DECEDENT LAST SEEN ALIVE 06/12/1994	A32344	06/23/1994

118. TYPE ATTENDING PHYSICIAN'S NAME, MAILING ADDRESS • ZIP
Joon Ho Choung, M.D. 3663 W.6th St #103.LA,CA.90020

CORONER'S USE ONLY

119. MANNER OF DEATH
NATURAL, ACCIDENT, SUICIDE, HOMICIDE, PENDING INVESTIGATION, COULD NOT BE DETERMINED

STATE REGISTRAR

94 2072078

THIS IS A TRUE CERTIFIED COPY OF THE RECORD FILED IN THE COUNTY OF LOS ANGELES DEPARMENT OF HEALTH SERVICES IF IT BEARS THIS SEAL IN PURPLE INK.

JUN 23 1994

54 Director of Health Services and Registrar

1994년 6월 23일자 김기완 사망진단서

나흘 뒤인 6월 27일 LA의 성바실 중앙천주교회에서 치러졌다.

김기완, '박 대통령 사인 없으면 못한다' 한때 반발

1973년 발생한 김대중 납치사건의 진실은 1977년 김형욱의 미 의회 프레이저 청문회 증언 등을 통해 간헐적으로 그 내용이 알려지다 25년 만인 1998년 2월 19일 동아일보 보도를 통해 그 전말이 드러났다. 또 동아일보 보도로부터 다시 9년, 사건 발생으로부터 34년이 지난 2007년 국정원이 진상을 스스로 공개했다.

김형욱의 청문회 증언, 동아일보 보도, '국정원 진실위 보고서'를 통해 김 공사의 가담 사실이 입증됐음도 물론이다.

김형욱은 1977년 6월 22일 프레이저 청문회에 출석, 증언하면서 김대중 납치사건 관련자 명단을 제출했다. 김형욱의 명단에는 이후락, 김치열, 이철희, 김기완 등과 작전수행팀으로 해병대 대령 출신의 윤진원, 윤영로, 김동운, 유영복, 홍성태, 유충국, 백철원 등의 이름이 거론됐다. 이 중 유영복은 이후락의 조카사위이며 유충국은 김치열의 조카사위이다. 이 명단은 그 뒤 중앙정보부 문서를 통해 대부분이 실제 가담자로 확인됐다.

동아일보가 입수한 1978년 당시 중정이 작성한 'KT사건 가담자 사후관리 방안'에 따르면 김 공사는 주일공사로서 김대중 납치 당시 현지 지휘임무를 수행했고, 현재는 1급으로 중앙정보부 8국의 해외공작관이며, 로스앤젤레스 흑색요원, 이른바 블랙으로 기재돼 있었다. 또 현 직책에 대한 의견란에는 '귀국 희망'이라고 적혀있으며 해소방안에는 '상응한 직책 부여'라고 적혀있다. 그의 가담이 명백히 입증된 것이다.

김 공사는 중앙정보부 본부로부터 김대중 납치 지시가 내려오자 당시 이철희 중앙정보부 차장에게 강력 반발하며 "박정희 대통령의 친필 서명을 확인하기 전에는 실행할 수 없다"고 버티기도 했다.

김 공사의 반발에 이철희 차장은 "내가 결정할 일이 아니다. 부장에게 직접 이야기하라"며 김 공사를 설득했다는 것이 이철희 본인이 동아일보와의 인터뷰에서 직접 밝힌 이야기다.

'국정원 진실위 보고서'에도 당시 공작단장인 윤모 씨가 "김 전 공사가 본부에 전문을 보내 '박 대통령의 결재 사인을 확인하기 전에는 공작을 추진할 수 없다'고 버틴 일이 있으며, 확인을 받았는지는 모르지만 그 후에 정보제공 등 협조를 했다"고 증언한 것으로 미뤄 김기완은 한때 강력히 반대한 것이 분명해 보인다.

아마도 그는 '그늘 속에서 일할 때 국가와 국민이 행복하다'는 정보쟁이의 숙명처럼 중정의 일본 책임자로서 선택의 여지가 없었을 가능성이 커 보인다.

김대중 전 대통령은 지난 1987년 9월 28일 이 사건이 납치사건이냐, 살해미수 사건이냐는 논란이 일자 "로스앤젤레스에 살고 있는 김기완 공사에게 물어보면 잘 알 것"이라고 주장함으로써 김 공사가 김대중 전 대통령에게 이 사건의 전말을 설명했고, 중정의 지시는 납치가 아니라 살해였을 것임을 암시하기도 했다.

김형욱 부인 위장 여권 제공 등 사실상 은인

김기완 역시 김형욱과는 떼려야 뗄 수 없는 진한 인연으로 얽혀 있었다.

김형욱이 지난 1973년 4월 21일 그와 동행한 전 비서실장조차 속인 채 팬암기 편으로 대만을 출발해 미국으로 향할 때 경유지인 일본 하네다공항 보세구역에 대기하다 김 공사 일행과 맞닥뜨렸다. 운명적 조우였다. 김형욱은 혹시 자기를 잡으러 온 것이 아닌가 하는 우려로 숨이 멎을 듯한 일촉즉발의 순간이었다.

실제로 이때 김기완이 하네다공항에 간 것은 이테레사 등 한국 탁구선수들을 환영하기 위해서였다. 깜짝 놀란 김형욱은 태연을 가장한 채 "미국에 잠시 다녀올 예정"이라고 자연스럽게 말했고 김 공사는 김형욱의 미국 망명을 눈치 챘는지, 아니면 감을 잡고도 눈감아줬는지 모르지만 어쨌든 김형욱은 위기를 모면했다. 정보쟁이의 직감으로 미국에 간다는 전직 부장의 진의를 간파하지 못했다면 그 또한 우스운 일일 것이다.

그도 그럴 것이 김기완 자신이 김형욱과 조우하기 3~4개월 전에 김형욱 부인 신영순이 미국으로 빠져나갈 수 있도록 재일교포 명의의 가명 여권을 만들어준 장본인이기 때문이다.

'국정원 진실위 보고서'는 김형욱이 전직 중앙정보부장으로서 해외여행 시 대통령의 사전재가 필요 등 감시회피를 위해 심복인 주일대사관 김기완 공사를 통해 처 신영순의 재일교포 가명 여권을 취득하고, 신영순이 김희순이라는 가명 여권을 소지한 채 1973년 1월 5일 시무식으로 김포공항이 어수선한 분위기를 틈타, 미국으로 출국했다고 밝혔다.

　이런 점을 고려한다면 김기완은 김형욱을 하네다공항에서 마주쳤을 때 '미국 망명이구나' 하고 직감했을 가능성이 크고, 따라서 김기완은 사실상 김형욱의 은인인 셈이다.

　그 뒤 김형욱은 김대중 납치사건 발생 다음날인 1973년 8월 9일 미국 일주 여행 중 그의 비서 이백희를 통해 시카고트리뷴지에 보도된 '김대중 납치사건' 발생을 알게 되자 주일공사로 근무 중인 자신의 심복 김기완에게 탐문해 '김대중이 납치돼 현해탄을 건너고 있으며 미국의 압력으로 목숨은 건졌는데 납치한 배는 중정 소속 해상공작선 용금호'라는 내용을 입수했다는 것이 국정원 조사결과다.

　김형욱은 그 당시에는 밀반출한 돈으로 투자이민 영주권을 신청해놓은 상태였기 때문에 일본 방문을 포기했다.

　그러나 김형욱은 이듬해인 1974년 2월 24일 영주권을 받은 당일 이 사건을 밝히기 위해 직접 일본으로 날아갔다. 한국으로 이미 귀국한 김기완은 만나지 못하고 고베총영사관에 근무하던 이태희를 만나 김대중 납치사건의 전말을 보고받았으나 일본 경시청의 미행으로 1주일 만에 미국으로 돌아왔다.

　김형욱은 1974년 4월 16일 또 다시 일본 오사카를 방문, 김대중을 납치하는 데 동원됐던 공작선 용금호 선원들이 묵은 오사카 도꾸야마 부두 인근의 나폴리호텔에 투숙해 종업원들을 상대로 자기 나름대로 조사를 하기도 했다.

　이 같은 사실은 김대중 납치사건에 대한 김형욱의 집요한 추적과 함께 김형욱-김기완이 얼마나 가까운 사이인지를 잘 보여준다.

김기완 가족, 살려달라며 김형욱에게 눈물 호소

김형욱도 김기완 공사와의 관계를 프레이저 청문회에서 자세하게 설명했다. 김형욱은 1977년 6월 22일 프레이저 청문회 전체회의에서 증언한 데 이어 약 20일 뒤인 7월 11일 프레이저 청문회 조사위원과 면담하면서 김기완과의 인연을 이야기했다.

이날 김형욱을 인터뷰한 조사관은 후일 하버드대 엔칭연구소에서 한국학 전문가로 이름을 날린 에드워드 베이커였다.

김형욱은 이날 면담에서 김 공사가 1974년 5~6월경 자신의 뉴저지 알파인 집을 찾아왔다고 밝혔다. 김 공사가 자신의 집을 방문해 김대중 납치사건 전모를 자세히 설명했고 납치사건에 따른 문제점 등을 그와 상의했다는 것이다.

김형욱은 1974년 8월 정일권 국회의장이 남미 순방길에 오르면서 자신에게 로스앤젤레스에서 만나자고 요구해 자신이 아내 신영순과 함께 로스앤젤레스를 방문했다고 증언했다.

정일권은 그 전 해인 1973년 4월 미국으로 도피한 김형욱을 귀국시키라는 박정희 대통령의 지시를 받고 김형욱을 만난 것이다. 당시 보도에 따르면 정일권 국회의장은 1974년 5월 27일 남미 4개국 순방길에 올라 6월 22일 귀국했으며 5월 30일과 31일 로스앤젤레스에서 김형욱을 만난 것으로 돼 있다. 김형욱이 5월 말을 8월로 착각한 것이다.

이때 박정희 대통령은 정일권을 통해 전달한 친서에서 "혁명을 함께한 동지로서 항상 그대를 생각하고 있으며 한때 이후락 등의 농간으로 그대를 멀리하고 섭섭하게 대한 것 같으나 내 잘못으로 돌리고 귀국해서 다시 손잡고 조국 근대화의 역군이 되어달라"고 당부했지만 김형욱의 대답은 "노"였다.

바로 이때 김형욱은 자신이 숙박한 호텔로 당시 로스앤젤레스에 체류 중이던 김기완이 부인과 자녀들을 데리고 찾아왔다고 밝혔다. 김기완의 부인은 김형욱을 보자 울음을 그치지 않았다. 김형욱은 당시 김기완이 김대중 납치사건 등에 따른 문제로 한국에서 살기가 매우 힘들어 미국으로 왔으며 로스앤젤레스에서도 중앙정보부 요원들의 지속적인 감시를 받고 있다고 설명했다. 김기완의 부인은 김기완이 중앙정보부에서 열심히 일했음에도 좋은 대우를 받기는커녕 박해를 받고 있다며 하염없이 눈물을 흘렸다. 김기완이 1974년 5월께 미국에 들어온 것을 감안하면 이때는 미국 도착 직후가 된다.

김기완과 가족들은 그 이튿날에도 김형욱을 찾아왔고 김형욱은 그들에게 점심과 저녁을 대접하며 달랬다.

그리고 김기완에게 "박정희 대통령과 신직수에게 각각 편지를 쓰라. 중앙정보부가 계속해서 나를 괴롭힌다면 김대중 납치사건 전모를 폭로하겠다고 편지하라"고 권했다.

김기완이 편지를 보내자 이철희 차장이 로스앤젤레스로 날아와 돈을 주고 더 이상 괴롭히지 않겠다고 약속했다는 것이다. 김기완이 "중정을 협박하는 아이디어를 제시한 사람이 바로 김형욱"이라고 이철희에게 말했다고 한다.

김형욱은 이날 증언에서 이철희가 김기완에게 준 돈이 얼마인지를 밝히지 않았지만 그 이후 김기완이 돈을 받았고 로스앤젤레스에 집을 샀다는 소문이 파다했다고 전했다. 김형욱은 한국 정부가 김기완에게 돈을 준 것은 그가 김대중 납치사건에 깊이 관여했음을 보여주는 증거라고 목소리를 높였다.

'김대중 납치사건 폭로하겠다. 돈 내라' 요구

김형욱의 프레이저 소위원회 증언은 '국정원 진실위 보고서'와 거의 일치한다. '국정원 진실위 보고서'는 김기완이 김형욱의 두 번째 일본 방문 한 달 뒤인 1974년 5월 횡령혐의가 적발돼 처벌 위기에 처하자 미국으로 숨어든 직후 김형욱을 찾아왔다고 기록하고 있다.

이 보고서는 당시 김형욱이 미주 지역 중정 책임자 김○○ 공사를 불러 함께 술을 마셨다고 한다. 보고서에는 당시 미주 지역 중정 책임자의 이름이 ○○으로 처리됐지만 미 국무부가 작성한 미국주재 세계 각국 외교관 명단, 중정 출신 미국 망명자 김상근의 증언 등을 확인한 결과 그는 김용환이었다.

이때 김형욱은 "박정희에게 이용당했으니 보상을 요구하라"고 충고했다. 김형욱은 또 김기완에게 50만 달러짜리 수표를 내놓으며 "이것으로 오렌지 농장을 하나 사서 귀국하지 말고 나와 함께 박정희 정권 타도운동을 벌이세"라고 권유했으나 김기완은 이를 거절했다. 김형욱은 자신과 행동을 같이 할 든든한 동지를 한 명 구하려 했지만 김기완은 김형욱의 진심을 의심했는지 이 제안을 뿌리친 것이다.

그러나 김기완은 결국 박정희에게 보상을 요구하라는 충고를 따랐다.

김기완은 "신직수 부장에게 편지해 비리조사를 계속하면 김대중 납치사건을 전 세계에 공개할 테니 미국에서 살 수 있도록 돈을 요구하라"는 김형욱의 충고를 받아들여 신직수 부장에게 편지를 보냈다. 이에 깜짝 놀란 신직수는 이철희 차장을 직접 LA로 보내 10만 달러를 전달했다고 '국정원 진실위 보고서'는 밝히고 있다.

당시 미국에서도 김대중 납치사건과 관련, FBI가 미국 내 중정요원들의 활동을 조사하고 의회에서도 관심을 갖는 등 큰 이슈가 될 때였으므로 한국 정부는 긴장하지 않을 수 없었을 것이다.

프레이저보고서, '김기완 200만 달러 도피, 집이 5채'

김 공사는 프레이저 청문회와도 깊은 연관을 맺고 있다. 프레이저 청문회는 '종합보고서'에서 김기완 관련 문제를 상세하게 언급했다. 김 공사에게 절대적으로 불리한 내용이다. 김기완이 프레이저 청문회에 출석해 증언해달라는 요청을 거부했기에 청문회가 김기완에게 좋은 감정이 있을 리 없지만 그렇더라도 사실이 아닌 내용을 억지로 만들어 기재한 것은 아니다. 그 내용은 다소 충격적이다.

프레이저 청문회는 '종합보고서' 401페이지에서 김기완을 언급하며 김기완이 중앙정보부의 블랙에이전트라고 명시했다.

한국에서는 동아일보의 1998년 보도로 그 같은 사실이 알려졌지만 미 의회는 동아일보 보도 20년 전에 김기완의 정체를 분명히 알고 있었던 것이다. 그는 미국 내에서 활동 중인 제3국 첩보기관과의 연락업무를

맡고 있다며 그의 구체적 임무까지 명시했다. 아마도 의회는 미국에 정치
망명을 한 김상근, 손호영 등 미국주재 중정요원들을 통해 이 같은 사실
을 확인한 것으로 보인다.

프레이저보고서는 김기완의 백그라운드가 매우 의심스러움에도 불구
하고 그와 그의 가족들은 그가 미국 내에서 소유한 재산에 힘입어 영주권
을 이미 취득했다고 밝혔다.

의회 조사결과 김기완의 재산이 1974년 미국에 정착할 당시에 이미
100만 달러에 이르렀고 그 후에도 해외에서 자금을 들여왔다고 밝혔다.

특히 주석을 통해 김기완의 재산현황을 상세히 밝혔다. 1978년 현재

In addition the subcommittee learned that Kim Ki Wan served the KCIA as a "black agent," [10] whose mission was to establish liaison with a third country intelligence agency operating in the United States. Despite Kim's highly questionable background, he and his family obtained permanent resident status apparently based in part on Kim's private holdings in the United States. Investigation showed that when Kim settled in the United States in 1974, his assets here totaled nearly $1 million and that he later brought in additional funds from abroad. The subcommittee could not verify the source for this money, which seemed to have been acquired while Kim was a KCIA official.[11]

Many Koreans interviewed by the staff felt resentment toward former Korean Government officials like Kim Hyung Wook, Kim Ki Wan, and others who acquired fortunes while in office and then transferred their holdings to the United States. The fortunes these

---

[6] Letter from Chase Manhattan Bank to the INS, September 1973.
[7] See appendix C-311.
[8] See "Part B: Review of Korean-American Relations," p. 42.
[9] "Investigation of Korean-American Relations," hearings before the Subcommittee on International Organizations of the Committee on International Relations, 95th Cong., 1st sess., Part 1, June 22, 1977 (hereinafter referred to as "KI-1"), p. 39-42, and Subcommittee staff interviews.
[10] A covertly controlled agent.
[11] By 1978, Kim Ki Wan's assets in this country included five pieces of real estate in the Los Angeles area—two homes, two condominiums, and a 16-acre tract of ocean-front property in Malibu; and four automobiles—a Mercedes, a Porsche, a Volvo, and a Cadillac. Between January 1974 and December 1976 Kim had brought over $2 million into the United States from abroad.

프레이저보고서 중 401페이지 김기완 재산 관련 부분

김 공사는 로스앤젤레스에 모두 5개의 부동산을 소유하고 있으며 단독주택이 2채, 콘도미니엄이 2채, 그리고 말리부 해안에 바다와 맞닿은 16에이커의 땅을 소유했다. 또 벤츠, 포르세, 볼보, 캐딜락 등 4대의 차량을 소유하고 있다고 밝히고 1974년 1월부터 1976년 12월까지 해외에서 미국으로 200만 달러 이상을 들여왔다고 전했다.

프레이저 청문회는 김기완을 청문회에 세우려 했으나 1978년 초 김기완이 청문회를 피하기 위해 한국으로 떠났으며 사실상 한국 정부의 가택연금 하에서 한국을 떠나는 것이 허용되지 않았다고 보고서에 기록했다. 프레이저 청문회는, 김기완 가족들은 미국에 있지만 김기완은 한국에 체류해 사실상 미국의 조사가 불가능했다고 밝혔다.

박정희, '김형욱 망언하면 김기완 시켜 반격하라'

김형욱의 프레이저 청문회 증언이 임박해지자 박정희 정권은 그에 대한 대응책을 마련했으며 유사시 김기완을 김형욱의 대항마로 출격시키도록 계획한 것으로 드러났다.

박정희는 김형욱 증언 1주일 전인 1977년 6월 16일 김재규 중앙정보부장으로부터 김형욱 관련 중정의 특별대책위원회 업무추진계획과 김형욱 관련 일일상황보고, 그리고 김형욱 설득방안을 보고 받고 김기완에 대해서 직접 지시를 내렸다.

박정희는 프레이저 청문회에서 김형욱이 망언을 할 경우 반응을 보아 최단 시일 내에 김기완을 프레이저 청문회에 자진출두 시켜 김형욱 망언

④ 김기완 공사는

　o 美 하원 「프레이저 청문회」에서의 김형욱의 망언이 있을 경우,
　　반응을 보아 최단시일내에 동 청문회에 자진출두하여 김형욱
　　망언 내용을 부인하고 그 효과를 체감 내지 상쇄할 수 있는 반격을
　　실시하는 공작을 계속 추진할 것

<u>각하 지시에 따른 부장 지시내용</u>

① 각하 지시사항의 철저한 이행

② 김형욱 설득 방안중 제 2안의 요령에 지시된 제안내용에 대하여
　　김형욱이 수락 가능한 방안을 연구 보충할 것

③ 민병권 장관으로 하여금 김형욱이 제 2항 내용을 수락하고 개과
　　천선의 길을 택할 경우에는 본인의 이전의 발언이나 일체의 행위에
　　대하여 본국 정부는 이를 처벌치 않을 것임을 김형욱에게 말로써
　　전달토록 할 것

④ 담당 직원을 우선 미국에 파견하여 소요의 특명사항을 수행토록
　　할 것이며 필요시 인원을 증파토록 할 것

⑤ 금번 본건 해결에 있어서 "미국내에서 KCIA 공작 재개인상"을 주지
　　않도록 각별 유의하여 공작에 임할 것

⑥ 김기완 공사가 요청한 추가 공작금의 지급을 승인함

'국정원 진실위 보고서' 중 김형욱 실종사건 보고서 일부로 김형욱 증언 문제와 관련한 대통령 지시사항과 그에 따른 중앙정보부장 지시사항 등을 담고 있다.

내용을 부인하고 그 효과를 체감 내지 상쇄할 수 있는 반격을 실시하는 공작을 추진하라고 지시했다.

　김재규 또한 박 대통령의 지시를 이행할 세부사항 지시에서 "김기완 공사가 요청한 추가 공작금의 지급을 승인함"이라고 밝혀 김기완이 김형

욱의 프레이저 청문회 증언에 대비해 모종의 역할을 수행했고 공작금이 지급됐으며 추가 공작금도 지원됐음을 알 수 있다.

따라서 김기완이 프레이저 소위원회 취지에 맞게, 즉 박정희의 비리 등을 증언해주기를 바랐던 프레이저 청문회의 희망은 그야말로 천진난만한 바람이었던 것이다.

유족들, 재산 정리하며 사망진단서도 보고

1994년 6월 23일 로스앤젤레스 굿사마리탄병원에서 사망한 김기완의 사망진단서는 뜻하지 않게도 그의 부인이 상속 권리를 행사하면서 로스앤젤레스카운티 등기소에 제출한 진술서에서 발견됐다.

이 사망진단서는 1987년부터 사망 때까지 그의 주치의를 맡았던 정 모 박사가 작성한 것으로 사망 이유는 폐에 생긴 악성종양이 심장과 뇌로 전이됐기 때문이었다. 그는 1926년 4월 5일생으로 1925년 1월생인 김형욱과는 불과 한 살 차이였다. 이 진단서에 그의 고용주는 한국 정부로 돼 있으며 지난 4년간 디렉터를 맡았다고 기록돼 있었다. 또 그의 부인 임모 씨와 김 공사의 부모 이름이 가족정보로 기재돼 있었다. 그의 장례는 6월 27일 치러졌고 시신은 포레스트 론 공동묘지에 뉘어졌다.

한국과 사전 조율한
걸프사 정치자금 폭로

박정희 정권은 공화당을 앞세워 걸프사로부터 400만 달러의 정치헌금을 받아냈다. 걸프사가 10여 년간 해외 수십 개 나라에 500만 달러의 정치자금을 제공했는데 그중 80%인 400만 달러를 공화당이 차지한 것이다. 걸프사는 미 상원 처치위원회에 출석, 이를 공개했지만 증언 전에 청와대에 미리 알리고 사전조율을 했던 것으로 밝혀졌다.

걸프는 증언 전에 주미한국대사에게 이를 알렸고 청와대는 이 문제에 대한 대책을 논의한 뒤 다시 걸프에 통보했다. 박정희는 "나는 걸프사 정치헌금에 대해 전혀 모르며 모두 김성곤이 한 일"이라고 말했다. 걸프에게 증언 가이드라인을 제시했던 것이다. 박정희의 말은 거짓이었다. 걸프사는 두 차례의 헌금 뒤 박정희로부터 간접적으로 감사하다는 말을 들었다고 국무부에 털어놓은 것이다.

세상에 공짜는 없는 법. 걸프에는 정치헌금에 걸맞은 반대급부가 주어졌을 것이다. 걸프가 석유 메이저 업체 중 가장 먼저 한국에 거액을 투자한 회사인 것은 분명하지만 박정희 정권을 등에 업고 후발주자의 시장진입을 적절히 견제하면서 독점이라는 과분한 특혜로 엄청난 이익을 챙겼다.

도시 걸프 회장 400만 달러 기부 전말

도시 걸프 회장, 75년 5월 마침내 입을 열다

박정희 정권의 충격적인 부패 실태를 스스럼없이 보여준 사례가 도시 걸프 회장의 미 의회 증언이다.

도시 걸프 회장은 1975년 5월 16일 미 상원 외교관계위 다국적기업소위원회 청문회에 출석해 걸프사의 정치자금 제공현황을 숨김없이 밝혔다.

이 당시 상원 외교관계위원회는 다국적기업들의 정치헌금, 해외투자 현황, 해외기업활동 등에 대한 종합적 조사에 나서 무려 17권의 종합보고서를 발표했다. 다국적기업소위 조사 중 가장 관심을 끈 것은 정치자금 등을 포함한 외국정부에 대한 뇌물제공 문제였고 증권거래위원회, 국세청 등도 상원 활동에 발맞춰 조사에 나섰다. 도시 회장의 증언은 이러한 배경에서 나온 것이다.

그러나 도시는 이 증언에 앞서 한국 정부에 이를 미리 알린 것으로 밝혀져 증언내용을 조율했다는 의혹이 일었다. 걸프는 정치자금 헌납과 관련 박정희의 압력설을 부인하고 김성곤을 압력 당사자로 언급했는데 이는 한국 정부가 걸프에 사전통보한 정부 방침과 일치하는 것이다.

도시 회장은 이날 청문회에서 1960년부터 1973년 7월까지 걸프사의 정치헌금 총액은 1030만 달러이며, 이 중 500만 달러가 걸프가 해외에 투자한 나라의 정부에 헌금한 것이라고 밝혔다. 도시 회장은 30년 이상 걸프를 운영하면서 지금처럼 후회한 적은 없었다고 털어놓으면서 작심한 듯 정치헌금 내역을 조목조목 설명했다. 걸프가 해외에 투자한 70여 개국 중 후원금을 요구한 나라는 단 3개 나라였다며 이날 증언에서는 해외 정치헌금에 대해 상세히 언급했다.

도시 회장은 이 상원 청문회에 앞서 2월 28일 증권거래위원회에서 비공개증언을 했고, 4월 18일 다국적기업소위 전체회의에서 비공개를 전제로 특정한 1개 국가에 400만 달러를 헌금했다고 밝혔지만 그 나라가 어느 나라인지를 밝히지 못하겠다며 양해를 구했다.

그러나 2차례의 비공개증언은 엄청난 파문을 몰고 왔다.

증권거래위원회 증언 8주 뒤, 그리고 다국적기업소위 비공개증언 2주 뒤인 1975년 5월 2일 월스트리트저널이 정확히 비공개증언 내용을 보도한 것이다. 도시 회장은 자신이 수치를 잘못 증언한 내용도 월스트리트저널이 정확히 인용한 것으로 미뤄 속기록 자체가 유출됐다고 주장했다.

월스트리트저널이 도시 회장이 400만 달러를 한 국가에 헌금했지만 그 나라를 공개하지 않았다고 보도하자 걸프사가 투자한 각 나라에서 그 나라가 어디인지 정확히 밝히라며 난리가 났다.

베네수엘라는 의회가 즉각 조사에 나섰고 48시간 내에 베네수엘라가 아니라는 사실을 밝히지 않으면 걸프사 공장을 폐쇄시킬 것이라고 통보했다.

에콰도르도 난리가 나기는 마찬가지였다. 걸프사로부터 돈을 받은 공무원이 있는지 대대적 조사에 착수했다.

페루는 걸프사의 자산을 강제 수용해버리는 것을 검토하고 있다며 걸프사가 400만 달러를 준 나라가 어디인지 밝히라고 압박했다.

바로 이런 배경 속에서 도시 회장의 폭탄선언이 나왔다. 400만 달러를 받은 1개 국가를 밝히지 않음에 따라 걸프사가 투자한 70여 개 국가가 불법적인 돈을 받은 것으로 의심받고 있는 상황을 타개하고 70여 개국에서 걸프사의 사업이 위협받는 것을 피하기 위한 고육지책이었다.

도시 회장은 마침내 1975년 5월 16일 다국적기업소위에 출석, 그 나라가 어디인지 공개했다.

해외 헌납 80%인 400만 달러 헌금한 나라는 한국

도시 회장은 걸프사가 400만 달러의 정치자금을 준 나라는 한국이며 그 돈을 받은 정치단체는 민주공화당이라고 밝혔다.

400만 달러는 걸프사의 14년간 정치헌금 1030만 달러의 40%에 달한다. 특히 걸프사 해외헌금 500만 달러의 80%에 달하는 것이다. 바로 걸프사의 14년간 해외 정치헌금의 80%를 받은 것이 한국 민주공화당이라는 것이다.

도시 회장은 한국 민주공화당에 대한 400만 달러 헌금은 두 차례에 나눠서 이뤄졌으며, 첫 번째는 1967년으로 100만 달러, 두 번째는 1971년으로 300만 달러를 줬다고 폭로했다. 그는 걸프사가 한국에 대규모 초기 투자를 한 데 이어 확장을 위한 2차 투자까지 한 상황에서 1966년 공화당 고위 당직자가 정치헌금을 요구했다고 밝혔다. 적지 않은 망설임 끝에 회사와 주주의 이익을 고려해 100만 달러를 공화당에 줄 수밖에 없었다고 말했다.

또 민주공화당이 1971년 선거를 앞두고 자신에게 1000만 달러를 요구했다고 밝혔다. 자신이 피츠버그 본사에 있을 때 공화당 간부가 이 같은 요구를 했다는 것이다. 누가 그 같은 요구를 했는지도 밝혔다.

1966년 100만 달러를 요구했던 김성곤 공화당 재정위원장이 1970년에도 1971년 선거에 필요하다며 1000만 달러를 요구했다고 전했다. 그 뒤 그는 한국을 방문해 공화당 당직자를 만나서 1000만 달러 헌금 요구를 거절했고, 결국 300만 달러를 기부하는 것으로 결정됐다고 한다.

한국 공화당에 준 400만 달러는 걸프사의 자금이었지만 회계 상으로는 바하마에 설립했던 시추회사에 선지급금으로 보낸 뒤 시추회사의 비용으로 처리했다. 말하자면 걸프사가 정치자금 등을 처리하기 위해 바하마에 비자금운용 유령법인인 시추회사를 통해 이 회사에 돈을 준 것으로 조작한 것이다. 도시 회장은 이날 증언에서 정치헌금 당시에는 한국이나 미국 모두 이 같은 정치헌금을 합법적인 것으로 생각했다며 한국법 위반이라는 사실은 최근에야 알게 됐다고 주장했다.

도시 회장의 이 같은 발언에 대해 처치 위원장은 참으로 바르고 용기 있는 행동을 했다며 직접 질문에 나섰다. 한국 공장이 걸프사 매출에서 차지하는 규모 등에 대해 도시 회장은 전체 걸프사 해외매출은 60~70억 달러 정도이며, 한국은 2억 달러 정도라고 밝혔다. 따라서 해외매출 면에서 한국은 3% 정도를 차지하는 데 불과한데 정치헌금 비용은 80%에

달했다는 것이다.

처치 위원장이 깜짝 놀라 다시 한 번 물어보자, 도시 회장은 매출 3%에 비용이 80%나 들어간 것이 맞다고 확인했다. 걸프사 해외투자 70개국 중 정치헌금을 한 나라는 한국을 포함한 3개국에 불과했고 한국이 그 헌금의 80%를 차지한 것이다.

볼리비아는 헬리콥터- 레바논은 교육 기금

도시 회장은 걸프가 정치헌금을 한 한국 외 두 개 국가가 어디인지 밝혔다. 볼리비아와 레바논이었다.

걸프는 볼리비아에 모두 3차례의 정치헌금을 했다. 1966년 볼리비아의 대통령이 된 레네 바리엔토스 장군을 위해 헬리콥터를 임대해주고 그 이후 헬리콥터를 아예 매입해줬다는 것이다.

당시 레네 바리엔토스 장군은 대통령 선거에 입후보해 선거운동을 하면서 걸프사에 헬리콥터를 한 대 빌려달라고 요구했고 걸프는 이 요구를 받아들였다. 헬리콥터 임대기간이 끝났을 때 레네 바리엔토스 장군은 선거에서 승리해 대통령이 돼 있었고 걸프사에 계속 그 헬리콥터를 타고 싶다고 요구했다. 그래서 걸프는 헬리콥터를 사줄 수밖에 없었고 임대와 매입비용 등을 모두 합쳐서 11만 달러가 들었다고 한다.

이 비용 역시 바하마에 운용 중인 비자금관리회사 바하마시추회사 명의의 수표로 지급됐다. 도시 회장은 선거기간 중 이 장군이 그의 정당에 정치헌금을 요구해 2차례에 걸쳐 돈을 줬다고 밝혔으나 세부 거래내역은 밝히지 않았다.

걸프는 레바논에도 5만 달러를 지불했다고 밝혔다 1970년 레바논에서 미국에 대한 이해를 돕는 공공교육 프로그램을 운영한다며 자금을 요구, 바하마시추회사가 베이루트의 한 은행계좌로 돈을 보냈다는 것이다.

이처럼 걸프는 한국과 볼리비아, 레바논 등 3개국에 정치헌금을 했지만 다른 2개국은 한국에 비하면 그 규모는 그야말로 조족지혈이었다. 한국의 민주공화당, 말하자면 박정희 정권이 전 세계 70여 개국 중 가장 많은 정치헌금을 받은 것이다

바하마시추회사는 1960년부터 비자금 창구

도시 회장은 친절하게도 바하마시추회사의 비자금 운용 세부사항도 증언했다. 바하마시추회사는 1944년 바하마에서 원유를 시추한다는 목적으로 설립됐지만 바하마에서 원유를 발견한 가능성은 적었다고 한다. 그래도 걸프는 이 회사를 유지하다 1960년부터 본격적으로 회계 목적의 유령회사로 이용했다. 도시 회장은 이 회사의 자금을 기부나 선물, 그리고 다른 비용, 말하자면 정부 공무원들에 대한 뇌물 등으로 사용했다고 밝혔다.

이 회사의 주거래 은행은 바하마 낫소뱅크로 1960년부터 1972년 12월 31일까지 이 계좌에 입금된 금액은 520만 1798달러 96센트였다. 낫소뱅크에 직접 11만 달러가 입금된 것을 제외하고는 나머지 돈은 미국에서 송금됐다. 볼리비아 대통령 헬기 대여와 매입대금 11만 달러도 이 회사

수표 4장으로 지급됐다.

도시 회장은 바하마시추회사가 정치헌금에 연루됐다는 사실은 걸프사 이사회 임원 중 그 누구도 몰랐으며 1973년 7월 그 존재를 알게 됐다고 주장, 자칫 이 문제가 법적 소송으로 번져 걸프사 임원들에게 불똥이 튀는 것을 사전에 차단했다.

도시 회장, 김성곤처럼 터프한 사람은 처음

도시 회장은 한국인들이 일하는 태도, 나라를 발전시키려는 의지, 교육열 등을 굉장히 존경한다고 밝혔지만 정치헌금을 요구한 사람에 대해서는 "내 인생에 그런 터프한 사람은 처음"이라고 말했다.

그는 일본, 대만, 홍콩 등 걸프사 공장이 있는 곳을 방문할 때 한국도 방문했으며 1년에 몇 차례씩을 서울을 찾았다고 설명했다. 또 1966년 100만 달러 헌금 때는 한국에 가지 않았지만 1971년 선거를 앞둔 1970년에는 서울에 갔다며 정치헌금 협상 과정도 설명했다.

도시 회장은 자신의 인생에서 가장 쇼크를 받고 가장 놀랐던 때가 서울을 방문, 김성곤을 만났을 때라고 말했다. 김성곤은 자신이 만난 사람들 중에서 가장 터프한 사람이었다며 그날을 회고했다.

도시 회장은 김성곤이 자기 집으로 데려갔고, 그날만큼 자신이 고통받았던 적은 없었다고 했다. 김성곤은 거친 정치자금 모금자였다고 설명했다.

김성곤이 정치헌금을 요구하면서 박정희 대통령을 언급했는가라는 질문에 대해서는 김성곤이 박 대통령 휘하의 사람이므로 박정희를 언급했던 것으로 생각된다고 답했다.

더욱 충격적인 문답은 그 이후 이뤄진다. 클라크 상원의원이 민주공화당이 51%를 획득, 승리했다며 걸프의 기부가 그 차이를 만들어낸 것이 아니냐고 질문했다. 쉽게 말하면 걸프가 정치자금을 줘서 그 같은 선거 결과가 도출된 것이 아니냐는 것이다.

도시 회장은 명료하게 답했다.

"통계적으로 본다면 당신 말이 맞다"고 말했다.

자신의 정치헌금이 공화당 정권의 승리를 이끌었다는 대답이었다. 걸프사 정치헌금이 선거의 승부를 가른 것이다.

걸프, 정유공장-비료공장 등에 폭넓게 투자

도시 회장은 걸프사의 한국 투자현황에 대해서도 비교적 자세히 설명했다. 1963년 9월 23일 480만 달러를 투자해 대한석유공사의 지분 25%를 확보했고 2500만 달러를 투입, 하루 2만 5000배럴을 생산할 수 있는 정유공장을 건립했다고 밝혔다.

그러나 한국의 석유 소비량은 믿을 수 없을 정도로 빠른 속도로 늘어났고 일본보다도 그 증가율이 높았다고 한다. 한마디로 한국은 '석유 먹는 하마'여서 걸프로서는 돈이 되는 나라였다. 그만큼 경제성장이 빨라서 기름에 대한 수요도 급증했던 것이다.

걸프는 1970년 6월 19일 2500만 달러를 투자해 대한석유공사 지분

25%를 추가 확보해 모두 50%의 지분을 가지게 된다. 이 투자로 1970년 유공의 정유용량은 하루 25만 배럴로 1963년보다 무려 10배나 늘어났다.

걸프는 진해화학에도 투자했다. 1965년 7월 7일 1050만 달러를 투자해서 지분 50%를 인수했고, 1974년 12월 23일 그 주식의 50% 즉 진해화학 전체 지분으로 따지자면 25%를 매도했다고 한다. 이 같은 지분 투자를 바탕으로 AID론 2466만 달러를 끌어들였고, 한국 정부는 AID론에 상응하는 액수의 부지를 제공했다고 한다.

이 외에도 걸프는 1968년 5월 5일 우진이라는 회사와 함께 아진화학을 설립한 뒤 1977년 31만 1945달러에 전체 주식을 매입했다고 한다. 1968년 12월 7일에는 대한석유공사와 공동출자해 한국윤활유주식회사를 설립했으나 적자였고, 1967년 7월 24일 홍국상사에 공동출자하고, 1969년 7월에도 200만 달러를 투입, 지분 25%를 추가 확보했다. 바로 이때 지분 매입비용 중 20만 달러는 이후락에게 지급됐다.

또 걸프는 정유공장에 원유를 수송하는 유조선 운용회사가 유조선을 장기임대할 수 있도록 임대료를 지원해주고 유공이 그 배를 임대, 사용료를 지불케 했다. 이 유조선 회사는 자기 돈 한 푼 안 들이고 유조선을 운용하면서 돈을 벌게 되는 것으로 범양상선을 운영하던 박동선의 형 박건석, 김종필 전 총리 등도 이 사업에 깊숙이 관여했다.

도시 회장, 청와대 등 뇌물 지급 장부도 공개

도시 회장은 또 걸프사의 뇌물거래 내역을 기재한 이른바 그레이 장부,

즉 회색장부를 공개해 파문을 일으켰다. 걸프사가 한국 내에서 사업을 하면서 뇌물을 준 기록을 적은 장부였다.

이 장부의 이름은 'SPECIAL WON—DOLLAR FUND', 특별 원 달러 펀드였다. 이 장부에는 걸프사가 뇌물을 준 한국 내 각 정부기관이 10개로 나뉘어있었다. 숫자 1은 청와대를 의미하며 2는 총리실, 6은 중앙정보부, 7은 경제기획원, 8은 경찰, 9는 세관, 10은 기타였다.

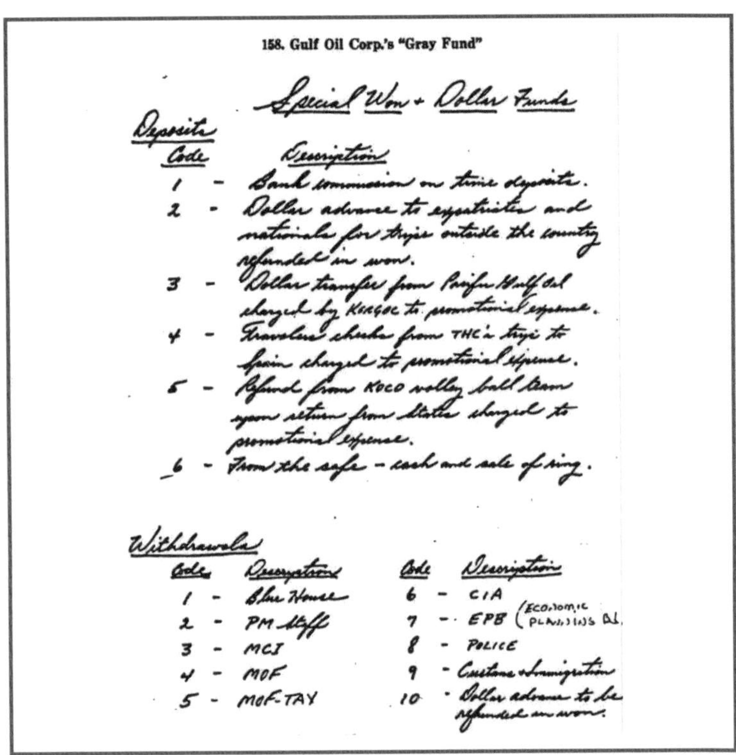

1975년 5월 16일 밥 도시 걸프사 회장이 상원 외교위원회에 제출한 걸프사 한국 뇌물 장부로 청와대, 경제기획원, 상공부 등 한국 정부 주요기관이 숫자로 표시돼 있다.

국부무 비밀전문을 통해 드러난 걸프 X파일

증언 앞서 한국에 사전 통보, '박정희 돈 받고 감사 표시'

도시 회장은 1975년 2월 28일 증권거래위원회에서 한국에 대한 정치자금 헌납조사를 받은 뒤 1975년 5월 16일 상원 외교위 다국적기업소위원회에서 증언하기에 앞서 국무부에 찾아가 구명운동을 펼쳤던 것으로 드러났다.

키신저 당시 국무장관이 1975년 5월 9일 서울의 주한미국대사관에 보낸 외교전문은 도시 회장이 한 달 전인 4월 9일 국무부를 찾아와 걸프의 정치헌금에 대해 설명한 내용을 담고 있다. 도시는 이날 국무부차관과 에드먼드 동아태차관보를 찾아와 미국 증권거래위원회가 미국 회사들이 해외에 이전했다가 다시 미국으로 재이전한 자금을 조사하다가 해외에서 걸프가 정치자금을 기부한 사실을 알게 됐다고 설명했다.

도시는 1966년에서 1967년께 박정희 재선운동에 도움을 달라며 100만 달러를 요구받고 바하마시추회사의 사업경비로 처리한 뒤 100만 달러를 전해줬다고 밝혔다. 그 뒤 박정희가 간접적으로 걸프사 도움에 감사한다는 말을 전했다고 밝혔다.

도시는 1971년 한국 대통령 선거 당시 걸프사는 한국에 수억 달러를 투자한 상태에서 정유공장 증설 등의 허가가 필요했다고 설명했다. 이 같은 상황에서 1000만 달러를 기부하라는 압력을 받았으나 협상을 통해

300만 달러까지 낮췄다며 이 돈을 기부한 뒤 나중에 감사의 뜻을 전달받
았다고 말했다.

2. DORSEY SAID THAT IN 1966-67 KOREANS (WHOM HE DID NOT
NAME) HAD PUT GREAT PRESSURE ON GULF FOR CONTRIBUTIONS TO
PRESIDENT PARK'S REELECTION CAMPAIGN. GULF WAS ASKED FOR,
AND GAVE, $1 MILLION AS "BUSINESS EXPENSE" THROUGH BAHAMAS

EXPLORATION COMPANY. DORSEY SAID PRESIDENT PARK LATER
"OBLIQUELY" TOLD HIM THAT HE APPRECIATED GULF'S HELP.

3. IN 1971 ELECTION, DORSEY CONTINUED, PRESIDENT PARK'S
POLITICAL OPPOSITION WAS STRONGER AND GULF BY THEN HAD
QUOTE SEVERAL HUNDRED MILLION DOLLARS UNQUOTE INVESTED
IN KOREA. GULF ALSO HAD BUSINESS REQUESTS, SUCH AS
PERMIT FOR REFINERY OPERATION, PENDING WITH ROKG.
GULF AGAIN CAME UNDER QUOTE SUBSTANTIAL PRESSURE, UNQUOTE
THIS TIME TO CONTRIBUTE $10 MILLION TO PRESIDENT PARK'S
CAMPAIGN. THIS REQUEST WAS NEGOTIATED DOWN TO $3 MIL-
LION WHICH WAS PAID. (DORSEY DID NOT SPECIFY DETAILS
OF "NEGOTIATION" OR PAYMENT.) DORSEY SAID HE WAS
"THANKED IN A WAY I UNDERSTOOD" FOR CONTRIBUTION.

1975년 5월 9일 키신저 국무장관이 주한미국대사관에 타전한 비밀전문으로 도시가
공화당에 헌금한 뒤 박정희로부터 간접적으로 감사표시를 전달받았다는 등 도시가 국
무부에 알린 내용을 담고 있다.

특히 도시는 1975년 5월 16일 상원 외교위 증언을 앞두고 함병춘 대사
를 만나 그 같은 사실을 말했고 함병춘은 이를 한국 정부에 보고했다고
밝혔다.

도시는 또 걸프사의 한국지사장 부부에게 한국을 떠나게 했다고 말했
다. 혹시 모를 보복이 두려웠기 때문이다.

키신저는 이와 관련해 국무부는 미국 기업들이 해외에서 불법적인
활동을 할 경우 이를 묵인할 수도 없고 묵인하지도 않을 것이라고 말했

다. 키신저는 미국 기업들의 이 같은 행동이 미국과 외국 정부와의 우호적 관계를 복잡하게 만들고 있으며 미국 정부가 해외에서 그들의 사업을 돕는 것을 더욱 힘들게 만들고 있다고 지적했다. 그러면서 키신저는 한국 대사관이 즉시 걸프 행위가 한국법에 저촉되는지 확인해서 보고하라고 지시했다.

박정희의 배신 '나는 모른다. 김성곤 책임이다' 주장

키신저가 이 같은 전문을 보낸 나흘 뒤 1975년 5월 13일 주한미국대사관에서 국무부로 비밀전문이 날아들었다. 스나이더 대사와 김동조 외무장관 간의 대화였다. 김동조는 함병춘이 걸프의 정치자금 헌금을 상원 청문회에서 밝힐 수밖에 없다는 도시 회장 면담내용을 외무부에 보고했고 외무부는 이를 청와대에 보고했다고 밝혔다.

그 뒤 김동조는 직접 박정희를 만나 이 문제를 의논했다고 한다. 놀랍게도 박정희는 걸프의 정치자금 헌납에 대해 아는 바 없다고 말했다.

박정희는 1967년과 1971년 대통령 선거 당시 정치자금 모금은 공화당에서 담당했으며 당시 공화당 재정위원장은 김성곤이었다고 주장했다. 김동조는 공화당 관계자와 함께 걸프의 정치자금 헌납 관련 자료를 찾아봤으나 헌납을 입증할 수 있는 자료가 없었다고 스나이더에게 말했다.

김동조는 함병춘에게 도시와 접촉해서 누가 걸프의 정치자금을 받았는지 물어보라고 지시했다고 밝혔다. 스나이더는 이 전문 맨 마지막에 '코멘트'라고 명시하고 의미심장한 한마디를 남겼다.

SUBJECT: GULF OIL POLITICAL CONTRIBUTIONS IN KOREA.

REF: A STATE 109057 B SEOUL 3315

1. FOREIGN MINISTER KIM TONG-CHO TOLD AMBASSADOR THAT
HE DISCUSSED WITH PRESIDENT PARK GULF OIL CONTRIBUTIONS
TO POLITICAL CAMPAIGNS, AFTER RECENT REPORT FROM AMB.
HAHM ON HIS CONVERSATION WITH DORSEY (REF A). PRESIDENT
PARK DENIED ANY PERSONAL KNOWLEDGE OF GULF CONTRIBUTIONS
AS WELL AS ANY BLUE HOUSE CONNECTION WITH THESE CONTRI-
BUTION. PRESIDENT PARK TOLD KIM TONG-CHO THAT POLITICAL
CONTRIBUTIONS FOR BOTH 1967 AND 1971 PRESIDENTIAL CAMPAIGNS WERE
HANDLED BY PARTY APPARATUS. PARTY CAMPAIGN FUNDS WERE
RESPONSIBILITY OF S.K. KIM. FONMIN HAD CHECKED WITH DRP
OFFICIALS CONCERNED AND THEY SAID THERE IS NO RECORD OF
GULF CONTRIBUTIONS.

2. ACCORDING TO FONMIN, HE HAS NOW ASKED HAHM TO CONTACT
DORSEY AND FIND OUT WHICH INDIVIDUALS PERSONALLY RECEIVED
GULF CONTRIBUTIONS. COMMENT: THIS STORY LOOKS LIKE FAMILIAR
PASS THE BUCK OPERATION, WITH ULTIMATE RESPONSIBILITY
PLACED ON S.K. KIM WHO DIED SOME MONTHS AGO.
SNEIDER

1975년 5월 13일 스나이더 주한미국대사가 국무부에 타전한 전문으로 박정희가 걸프
사 헌금 문제는 모르는 일이며 김성곤이 한 일이라고 말했다는 내용을 담고 있다.

스나이더는 박정희 정부의 이 같은 주장은 모든 책임을 몇 달 전 사망
한 김성곤에게 덮어씌우려는 것처럼 보인다고 분석했다.

같은 날 알렉산더 쏘로브릿지 한미경제위원회 위원장도 잉거솔 국무
부차관에게 전화를 걸어 도시와의 통화내용을 전달했던 것으로 확인됐
다. 1975년 5월 13일 국무부 비밀전문에 따르면 쏘로브릿지는 박정희는
자신의 재선을 위한 선거운동과 관련해 걸프에 정치자금 헌납을 요구한
사실을 부인하기로 계획을 세웠다고 말했다. 쏘로브릿지는 한국 정부가

도시에게 걸프의 정치자금 헌납은 최근 사망한 당시 공화당 재정위원장 김성곤의 책임이라고 말했다는 것이다.

청문회를 사흘 앞둔 1975년 5월 13일자 두 비밀전문은 김동조와 쏘로브릿지라는 두 개의 다른 소스를 바탕으로 작성됐지만 그 내용은 정확히 일치한다.

"걸프의 정치자금 헌납은 박정희는 전혀 모르는 사항이며 그 책임을 전적으로 김성곤에게 있다"는 것이다.

김형욱도 청문회에서 같은 맥락의 증언을 했다. 서울지하철 객차 도입과 관련된 리베이트를 김성곤이 받은 것으로 돼 있지만 이후락이 리베이트를 받았으며 김성곤에게 모든 책임을 전가한 것이라고 주장한 것이다.

키신저 답변 지침 하달, '언론 물으면 노코멘트'

도시의 상원 청문회 증언 당일인 1975년 5월 16일 키신저의 언론답변 지침이 주한미국대사관에 하달됐다. 키신저는 몇 개의 예상질문과 모범 답안을 작성했던 것이다.

한국의 집권여당에 대한 걸프의 정치자금 헌납에 대해 코멘트해달라는 질문을 받으면 "국무부는 개별 헌금의 적법성에 대해서 코멘트할 수 없다. 그러나 이러한 행위는 명백히 한미 양국 관계를 해친다"고 답변하라고 지시했다. 극히 원론적인 답변을 하라는 것이다.

미국이 걸프의 정치자금 헌납을 알았느냐고 물으면 "우리는 상원 청문회 직전에 걸프로부터 이 사실을 들었다"고 답하고 걸프에 대해 어떤 제재를 가할 것인가라는 질문에 대해서는 "제재는 감독기관인 증권거래 위원회 등의 소관이다"라고 답하도록 했다.

키신저는 걸프 정치자금 헌납의 배경에 대해서도 설명했다. 걸프는 한국인의 압력에 의해 한국에 400만 달러를 기부했으며 걸프가 상원외교 위원회에서도 똑같은 증언을 할 것으로 보인다고 전했다. 키신저는 그러나 걸프가 자신들에게 압력을 가한 한국인이 누구인지에 대해서는 국부무에 밝히지 않았다고 말했다.

또 오전까지의 답변사항도 통보했다. 상원 청문회에서 의원들이 도시에게 국무부나 주한미국대사관이 걸프의 정치자금 헌납에 대해 알았는지 여부에 대해 집중 추궁했지만 도시는 이 문제를 국무부나 대사관과 의논하지 않았다고 답했다.

그러나 도시는 바로 이날 상원 청문회에서 한국에 투자한 기업들이 비슷한 압력을 받았느냐는 질문에 대해 "잘 모르지만 아마도 비슷한 압력이 있었을 것"이라고 답변했다. 또 한국 정부 고위관계자들이 걸프의 정치자금 헌납을 알았을 것으로 믿는다고 말했다.

GM도 신진자동차 통해 25만 달러 기부

1967년과 1971년 대통령 선거를 전후해 한국에 진출한 미국 기업들에게 정치자금 헌납요구가 있었을 것으로 믿는다는 도시의 증언은 1975년 8월 5일 국무부 비밀전문을 통해 사실로 밝혀진다.

이 전문은 제너럴 모터스의 한국 파트너인 신진자동차가 1972년 25만 달러의 정치자금을 헌납했다고 밝혔다. 제너럴모터스는 그러나 자신들은 신진자동차의 이 같은 행위를 승인한 적이 없다고 주장했다. 제너럴모터스는 또 1974년부터 1975년까지 22만 5000달러의 국방성금을 납부했으나 이는 합법적이며 자발적인 기부였다고 말했다.

이에 앞서 1975년 5월 19일 비밀전문에 따르면 일본 미야자와 외무상이 일본 기업 10개, 미국 기업 8개, 서독 기업 7개를 포함한 한국 투자 외국기업들이 공화당에 정치헌금을 했다고 말했다. 이 전문에도 제너럴모터스의 국방성금 헌납 문제가 지적됐지만 제너럴모터스는 이는 정치적 행위가 아니라고 주장한 것으로 나타나 있다.

또 같은 전문은 걸프사가 자신들이 투자한 정유공장 등을 한국이 국유화할 것을 우려하고 있으나 걸프는 한국과 우호적 관계를 유지하고 있기 때문에 국유화하지 않을 것이라고 전망하고 있다.

1975년 5월 22일 주한미국대사관이 국무부에 보낸 전문도 국방성금 헌납은 미국 기업뿐 아니라 한국 기업이나 개인들도 내는 것으로 한국 신문에는 국방성금을 낸 사람의 이름과 헌금액이 매일 보도되는 등 공개적인 것이며 자발적이고 합법적이라고 강조했다.

지하철 커미션,
이후락이냐 김성곤이냐

서울지하철 객차 구입과 관련된 커미션은 의문투성이다. 일본에서 지하철 객차를 비싸게 사들이면서 250만 달러에 달하는 커미션을 받았다. 일본 차관으로 서울지하철을 건설하면서 장비는 몽땅 일본산으로 채웠고, 가격은 적정가격을 훨씬 웃돌았던 것이다. 결국 국민의 부담이었다.

프레이저소위원회 조사결과 250만 달러의 커미션은 김성곤 계좌로 전달된 것으로 드러났다. 그러나 김성곤 계좌로 커미션이 입금된 시기는 김성곤이 이미 끈 떨어진 시기였다. 공화당은 물론 국회에서 쫓겨난 뒤였기에 그의 계좌로 커미션이 입금된 것은 이상한 일이었다. 서울지하철 객차 구입 커미션이 폭로됐을 때는 김성곤이 이미 세상을 떠난 뒤여서 한마디 해명조차 할 수 없었다.

프레이저소위원회에 김성곤의 계좌 입금전표를 제출한 것은 한국 외환은행이었다. 미 의회는 외환은행은 한국 정부가 사실상 컨트롤하는 은행이라고 단정했다. 아마도 김성곤의 계좌라고 하더라도 당시 그 계좌는 김성곤이 아닌 다른 사람이 관리했을 것이다. 김형욱은 증언했다. 박정희 정권이 죽은 김성곤을 희생양으로 만들었다고.

서울지하철 리베이트 누가 먹었나

미 의회에서 들통 난 서울지하철 리베이트

박정희 시대의 검은 돈을 이야기하면서 빼놓을 수 없는 사람이 바로 김성곤 전 공화당 재정위원장이다. 그 자신이 쌍용그룹을 운영하던 기업인이기도 했던 김성곤은 누구보다도 기업의 생리를 잘 알았고 돈의 흐름을 잘 알았다. 1963년부터 1973년까지 공화당 국회의원을 지내면서 박정희 정권의 정치자금을 관리했다.

김성곤이 수많은 거래에 관여하면서 박정희를 위한 검은 돈을 만들어냈지만 그의 비자금 관리 계좌, 뇌물로 받은 수표 등 명명백백한 증거가 드러난 것은 미 하원 프레이저 청문회에서 밝혀진 서울지하철 리베이트 사건이다.

1968년 서울 시민들의 발이었던 전차가 사라지자 서민들은 일대 교통 혼란에 빠졌다. 그래서 생각해낸 것이 지하철 건설이었다. 서울시장 윤치영과 김현옥이 지하철을 염두에 뒀지만 지하철 건설이 본격적으로 추진된 것은 김현옥 시장 후임으로 양택식이 부임하면서부터다. 철도청장을 지낸 양택식은 지하철 건설을 밀어붙였지만 김학렬 당시 경제부총리의 반대에 부딪혔다.

우여곡절 끝에 결국 박정희가 양택식의 손을 들어주면서 일본과의 기술제휴를 통한 지하철 건설이 본 궤도에 올랐다. 1970년 6월 서울지하철건설본부가 출범했고 10개월 뒤인 1971년 4월 공사에 돌입, 1974년 8월 15일 마침내 개통됐다.

박정희 시대 대형사업 대부분에는 반드시 검은 돈이 개입됐고 서울지하철 건설도 예외일 수 없었다. 서울지하철 리베이트 사건은 다른 유사사건들이 언제나 그랬던 것처럼 한국에는 아무것도 알려지지 않은 채 너무나 조용했다.

반면 프레이저 소위원회가 열렸던 미국은 물론 일본도 열도 전체가 발칵 뒤집힐 정도였다.

김형욱, 1977년 7월 요미우리 통해 의혹 제기

서울지하철 리베이트 사건이 세상에 알려진 것은 김형욱의 입을 통해서였다. 김형욱은 1977년 6월 22일 미 하원 프레이저 소위원회에 출석해 증언한 뒤 바로 그 다음 달인 7월 요미우리신문과의 인터뷰를 통해 서울지하철 리베이트 의혹을 제기했다.

김형욱은 무슨 이유에선지 프레이저 소위원회 증언에서는 이 사실을 밝히지 않은 채 일본 언론에만 슬쩍 이 사실을 흘렸다. 아마도 일본 언론이 더 적극적으로 자신의 주장을 보도하도록 하기 위해 미끼를 던진 것으로 보인다.

김형욱은 일본 차관을 통해서 서울지하철을 건설하면서 일본 기업들이 한국 공직자에게 200만 달러의 뇌물을 전달했다고 주장한 것이다.
특히 김형욱은 전 일본 총리인 시수케 기시가 박정희 대통령을 만나
일본 회사가 지하철 객차를 납품할 수 있도록 해달라는 요구를 했다고
밝힘으로써 이 사건은 일본 거물 정객이 연관된 사건으로 비화됐다.

이 같은 사실이 요미우리신문을 통해 대서특필되자 전체 일본 언론이
이 사건을 추적하기 시작했고 일본 국회, 특히 야당인 사회당과 공산당이
국회 차원에서 이 문제를 거론하기에 이르렀다.

일본 언론을 통해 뒤늦게 이 사건을 접한 프레이저 청문회도 즉각
이 사건을 조사대상에 포함시키고 진상조사에 나섰다.

일본 언론과 국회의 집요한 추적으로 미쓰비시 등 4개의 일본 종합상
사가 한국에 서울지하철 객차를 납품하면서 단가를 부풀리는 수법으로
비자금을 조성, 한국의 정계 실력자에게 250만 달러가 전달됐다는 사실
이 어렴풋이 드러나기 시작했다.

4개 종합상사는 미쓰비시, 마루베니, 니쇼-이와이, 미쓰이였다. 쉽게
말하면 한국이 이들 4개사로부터 엄청나게 비싼 가격으로 지하철 객차를
구입해 혈세를 낭비하고 그 혈세의 일부를 한국 실력자가 챙긴 것이다.

아사히신문은 1977년 12월 16일자 보도를 통해 4개 일본 종합상사가
한국에 지하철 객차를 납품하면서 21억 8700만 엔의 수익을 올렸고 이는
전체 매출의 12%에 달하는 비정상적으로 높은 수익이라며 서울지하철
리베이트 사건의 포문을 열었다.

아사히신문은 이날 일본 종합상사들이 서울지하철 객차 납품과 관련
한 브로커 역할을 했던 창일기업의 지시에 따라 1971년과 1973년 7억

5000만 엔, 미화 250만 달러를 미국의 은행으로 송금했다며 비교적 상세한 전말을 전했다.

일본은 서울지하철 건설을 위해 한국에 272억 엔의 차관을 제공했다. 미화로 8000만 달러다. 한일 양국은 1971년 12월 30일 차관협정을 위한 각서를 교환한 데 이어 1972년 4월 10일 일본에서 서울지하철 차관협정이 정식 체결됐다. 연리 4.125%에 5년 거치 뒤 15년 상환 조건이었다. 이 중 5000만 달러가 시설자금이었고 3000만 달러가 운영자금이었다.

일본 종합상사 4개사는 1973년 3월 지하철 객차 186량과 레일, 신호시스템, 송전장치 등의 납품업체로 선정됐다. 그 납품가는 183억 8000만 엔이었다. 일본이 차관을 댔지만 그 차관의 70% 정도, 즉 시설자금 명목으로 빌려준 돈은 몽땅 일본 물건 구매를 통해 일본으로 들어간 것이다.

미쓰비시, '한국에 250만 달러 뇌물 줬다' 실토

아사히신문의 이 같은 보도는 바로 다음날인 1977년 12월 17일 일본 국회 청문회에서 사실로 드러났다.

이날 일본 국회 예산위원회 청문회에는 부니치로 타나베 미쓰비시 회장, 타이치로 마쓰오 마루베니 회장, 미쓰오 요시다 니쇼-이와이 회장, 타케시 쓰카모토 미쓰이 회장, 니니치 나카가와 미쓰비시 서울지점장 등 모두 11명이 증인으로 출석했다. 일본 4대 종합상사 회장이 모두 국회 증언대에 선 것이다.

타나베 미쓰비시 회장은 4개 일본 종합상사가 한국에 지하철 객차를 납품하면서 1971년부터 1973년까지 250만 달러를 한국의 한 기업인에게 뇌물로 줬다고 털어놨다. 서울지하철 리베이트 사건이 일본 국회에서 공식 확인되는 순간이었다.

4개 일본 종합상사가 각각 62만 5000달러씩 검은 돈을 전달했다는 것이다.

타나베 회장은 뇌물 전달경로도 고백했다.

미쓰비시의 미국 법인인 미쓰비시 인터내셔널을 통해 한국 기업이 지정하는 미국 은행의 계좌로 입금됐다고 증언했다. 이 과정에서 일본 종합상사는 '창일'이라는 이름의 한국 회사가 브로커였으며 이 '창일'이라는 회사가 뇌물 전달경로를 지시했다고 밝혔지만 이 회사는 실제로 존재하지 않는 유령회사인 것으로 드러났다.

한국 실력자가 리베이트를 받으면서 자신을 숨기기 위해 유령회사를 내세웠고 일본 종합상사는 실제 수령자를 알고 있으면서도 비밀장부에는 '창일'로 돈이 넘어간 것으로 기재한 것이다. 타나베 회장도 국회 증언에서도 250만 달러가 건네진 사실은 인정했지만 그 최종 수령자가 누구인지 밝히기는 거부했다.

그러나 일본 사회당은 미쓰비시 관계자 등과의 비공식 면담을 통해 알아냈다며 이날 일본 언론에 그 돈을 받은 사람이 1975년 작고한 김성곤 전 공화당 재정위원장이라고 밝혔다.

말하자면 미쓰비시 측은 국회 내에서는 뇌물 전달 사실만 소상히 밝히고 차마 그 돈을 받은 사람을 공개하지 않았지만 국회 밖에서 최종 수령자를 넌지시 밝힌 것이다.

일본 언론들은 이날 김성곤이 쌍용그룹 회장으로, 걸프사 관계자에게 민주공화당에 1000만 달러를 헌금하라고 강요하는 등 박정희를 위해 기업들로부터 검은 돈을 받아내는 역할을 해왔다고 보도했다.

일본, 종합상사는 물론 객차 생산 히타치도 폭리

일본 국회와 언론의 서울지하철 리베이트 사건 추적으로 하루하루 놀라운 사실이 드러났다.

4개 종합상사는 거간꾼 역할만 하고 21억 8700만 엔의 수익을 올렸지만 실제 지하철 객차를 생산해 납품한 히타치사는 더 큰 폭리를 취했다.

일본 언론보도에 따르면 일본 종합상사들은 한국에 납품할 지하철 객차 186량을 히타치에 주문했고 히타치는 이 중 60량은 자체 제작하고 126량은 다시 4개 하청회사에 맡겨서 제작했다.

아사히신문은 당초 히타치의 장부를 입수, 히타치가 하청업체로부터 납품받은 객차 1량당 가격이 2750만 엔인 반면 미쓰비시 등 종합상사에 판매한 가격은 5150만 엔이라며 객차 1량당 2400만 엔, 무려 50%에 가까운 수익을 올렸다고 보도했다.

그러나 이는 단순 매입가 및 판매가이며 히타치가 하청업체에 공급한 부품의 가격이 반영되지 않은 것이었다. 히타치는 객차의 조정장치, 모터 등 필수적인 전기장치를 4개 하청업체에 공급했으며 객차 1량당 이들 부품공급 비용이 1680만 엔에 이르므로 2400만 엔에서 1680만 엔을 뺀 720만 엔이 자신들의 수익이라고 밝혔다.

일본 언론은 히타치의 설명을 받아들여 히타치가 객차 1량당 5150만 엔에 종합상사에 납품해 그 납품가의 14%에 달하는 720만 엔을 벌어들였으며 이 같은 14%의 수익률은 경이적인 것이라고 보도했다. 50%의 수익을 올렸다는 보도는 잘못된 것이지만 14%의 수익률도 비정상적으로 높아서 음성적인 거래가 있음을 보여준다는 것이다.

상황이 이렇게 되자 히타치는 또 다시 하청업체의 부품공급 비용이 1680만 엔이 아니라 2200만 엔이고, 따라서 하청업체 매입가와 종합상사 납품가의 차액 2400만 엔 중 2200만 엔을 빼면 수익은 고작 200만 엔이고, 이는 종합상사 납품가 5150만 엔의 5%도 안 되는 수익률이라고 항변했다. 그러나 처음과 말을 바꿔 하청업체 부품공급 비용이 2200만 엔에 달한다는 주장은 사실이 아닌 것으로 보인다.

일본 사회당이 히타치 등을 정밀 조사한 결과 히타치는 미국 모토롤라사로부터 무선장비를 개당 96만 엔에 구입하고는 120만 엔에 산 것처럼 꾸몄고, 자동정지장치는 310만 엔에 샀지만 435만 엔에 산 것처럼 장부를 조작한 것으로 드러났다. 이처럼 25% 이상 부품가격을 부풀림으로써 1680만 엔이던 부품공급 비용이 2200만 엔으로 늘어난 것이다.

일부 일본 언론은 1970년 8월 작성된 일본 외무성보고서에 따르면 서울지하철 건설의 자문 역할을 맡았던 일본철도기술자협회는 당초 지하철 객차 1량의 비용을 414만 엔으로 추산했다고 보도했다. 외무성은 그러나 세부 사양이 변하면서 가격이 올랐다고 지적했다.

그러나 미쓰비시그룹이 작성한 비밀문서에는 정치자금 마련을 위해 일본철도기술자협회에 객차 비용을 올리라고 강요한 것으로 나타났다.

그러나 4개 일본 종합상사가 객차 186량을 납품하고 받은 돈은 무려 9800만 엔에 달했다. 이는 최초 일본철도기술자협회 추산보다 무려 20배 이상 오른 가격이다.

히타치는 한국 객차에 일본 객차에 더욱 성능 좋은 모터를 장착했다고 밝혔지만 특별한 차이가 없었다는 점으로 미뤄 폭리를 취한 것으로 추정된다. 특히 사회당은 히타치사가 1970년 하반기에 서울지하철 프로젝트에 대해 알게 됐다고 밝혔지만 1967년 지하철 객차 납품을 위해 움직이기 시작했다고 밝혔다. 히타치와 히타치의 하청회사 4개 등 모두 5개의 지하철 객차 생산회사와 4개 일본 종합상사는 1971년 3월 컨소시엄을 구성했고, 1973년 3월 서울지하철 관련 장비납품업체로 선정됐고 1974년 10월 이전에 모두 납품했다.

프레이저 청문회, 김성곤 계좌로 수뢰 입증

프레이저 청문회는 일본 국회와 긴밀한 협조를 통해 서울지하철 리베이트 사건을 낱낱이 밝혀냈다. 특히 김성곤의 은행계좌, 김성곤에게 지급된 수표까지 모두 드러났다.

일본 국회에서 드러난 것은 미쓰비시 등 일본의 4개 종합상사가 한국 실력자에게 250만 달러를 뇌물로 줬다는 것이며, 일본 언론은 그 실력자가 김성곤일 것이라는 정도로 밝혔다. 그러나 프레이저 청문회는 종합보고서와 그 부록을 통해 서울지하철 리베이트 전모를 일목요연하게 정리했다.

프레이저 청문회 조사결과 미쓰비시 등은 1971년 4월 120만 달러, 1973년 1월 100만 달러, 1973년 5월 30만 달러 등 크게 3차례에 걸쳐 250만 달러를 김성곤의 한국 외환은행 뉴욕지점 계좌에 입금한 것으로 밝혀졌다.

4개 종합상사와 5개 지하철 객차 생산회사가 서울지하철 입찰을 위해 컨소시엄을 구성한 시기가 1971년 3월임을 감안하면 일본 기업들은 컨소시엄이 구성되자마자 한 달 뒤인 1971년 4월 100만 달러 뇌물을 준 것이다.

이때는 미쓰비시가 먼저 120만 달러를 지불한 뒤 1971년 6월 28일과 1971년 8월 13일 마루베니, 니쇼-이와이, 미쓰이 등 3개 사가 각각 30만 달러씩을 미쓰비시에 입금시킨 것으로 나타났다. 말하자면 미쓰비시가 자신들의 자금으로 먼저 뇌물을 준 뒤 그 액수를 4등분해서 나머지 3개사가 각각 자신의 할당량을 미쓰비시에 돌려준 것이다.

프레이저 소위원회는 관련 은행에 자료제출명령서를 보내 은행입금증명서 등을 확보하려 했으나 해당 은행이 5년간의 기록보존기간이 지나 모든 자료를 폐기했다고 주장함에 따라 그 증거를 확보하는 데는 실패했다. 그러나 일본 국회와 국세청 등은 종합상사 등에 대한 조사를 통해 1971년 120만 달러가 지불됐다는 자백을 받았다.

외환은행, 김성곤 130만 달러 뇌물 증거 제출

프레이저 소위원회가 더욱 더 진가를 발휘한 것은 1973년 2월과 5월에 종합상사가 지불한 130만 달러 건이다. 프레이저 소위원회는 종합상사가 외환은행에 개설된 김성곤 명의의 계좌로 130만 달러가 입금됐다는 정보를 입수했다. 사실상 외환은행 뉴욕지점이 박정희 정권의 비자금 관리 역할을 한 것이다.

프레이저 소위원회는 이를 입증하기 위해 1978년 초 외환은행 뉴욕지점에 자료제출명령서를 발부했다. 외환은행 뉴욕지점이 적지 않게 놀랐지만 미국에서 영업을 하고 있는 이상 미 하원의 명령에 응하지 않을 수 없었다.

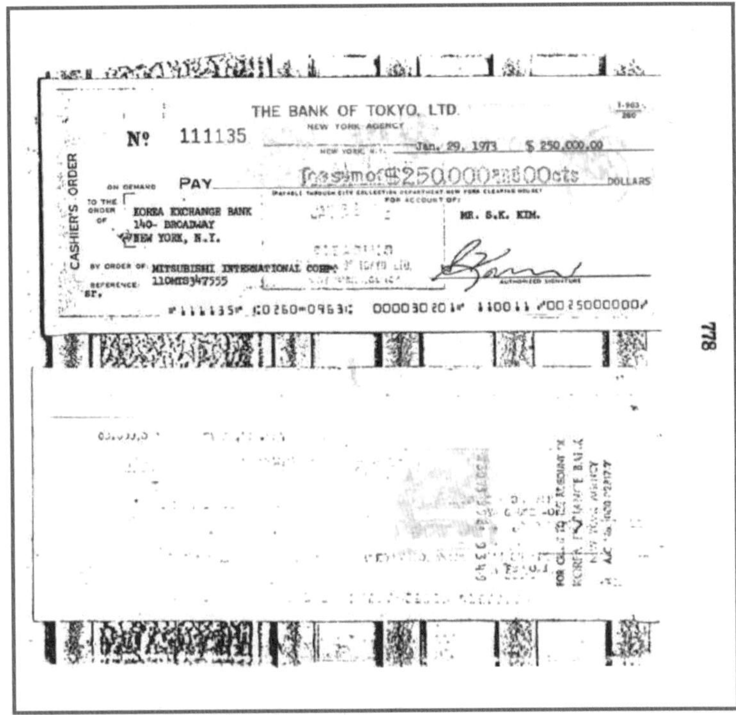

1973년 1월 29일 미쓰비시가 김성곤에게 발행한 25만 달러짜리 수표로 4개 종합상사가 각각 25만 달러씩 전달했다.

외환은행 뉴욕지점은 고문변호사를 고용, 프레이저 소위원회의 명령을 검토한 뒤 1978년 5월 11일 마침내 그들이 갖고 있던 모든 자료를 프레이저 소위원회에 제출했다. 외환은행 뉴욕지점이 고문변호사를 통해 프레이저 소위원회에 제출한 문건은 1972년 7월부터 1975년 3월까지의 기간 중 김성곤과 관련한 계좌내역이라며 수표와 입금전표 등 모두 19개의 증거와 그 증거 하나하나에 대한 설명을 적은 서류였다.

1973년 1월 김성곤의 계좌에 입금된 100만 달러 관련 증거는 4개 종합상사가 각각 25만 달러씩 김성곤에게 입금했음을 보여준다. 미쓰비시는 미쓰비시 미국 현지법인인 미쓰비시 인터내셔널이 도쿄은행 뉴욕지점에 개설한 계좌를 통해 1973년 1월 29일 외환은행 뉴욕지점에 김성곤 계좌에 입금하라며 25만 달러 수표를 발행했음이 드러났다. 이 수표의 번호는 111135였으며 김성곤을 의미하는 SK KIM에게 입금하라고 명시돼 있다. 니쇼-이와이도 25만 달러 수표를 보냈으며 수표번호는 17913이었다. 이처럼 4개사 25만 달러씩 100만 달러가 입금됐다.

그 뒤 1973년 2월 1일 외환은행 뉴욕지점은 외환은행 동경지점으로 100만 달러를 보냈고 그 돈은 다시 체이스맨해튼은행의 동경지점으로 이체했다.

김성곤이 받은 서울지하철 리베이트가 외환은행 동경지점으로 간 뒤 왜 다시 다른 은행으로 빠져 나갔을까? 이 대목에서 일본 언론들은 김성곤이 리베이트 중 일부, 적어도 100만 달러 이상을 일본 총리를 지낸 정계 실력자에게 뇌물로 바쳤을 가능성이 있다고 지적했지만 이 100만 달러가 이체된 계좌가 누구의 계좌인지는 드러나지 않았다.

또 1973년 5월 초에는 4개사가 각각 7만 5000달러씩 30만 달러를
외환은행 뉴욕지점 김성곤 계좌에 입금했다. 미쓰이뱅크 뉴욕지점의 수
표는 1973년 5월 2일 발행됐으며 액면가가 7만 5000달러, 수표번호는
5021이었다. 이 수표는 당초 외환은행 도쿄지점 김성곤 계좌에 입금됐으
나 외환은행 뉴욕지점의 김성곤 계좌로 이체됐다. 외환은행 뉴욕지점이
김성곤 계좌에 7만 5000달러가 입금됐음을 입증하는 입금전표 또한 증거
로 제출됐다.

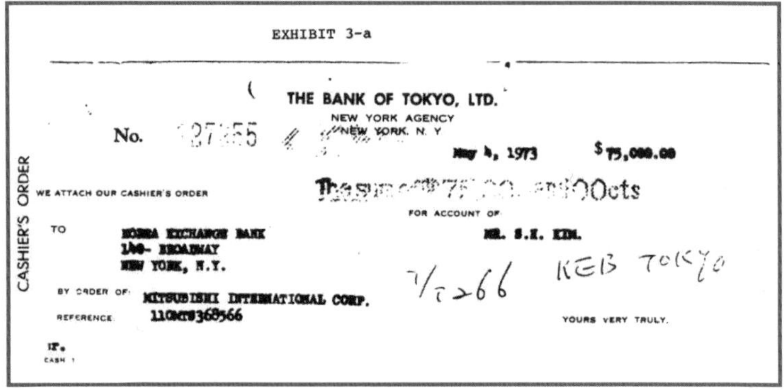

1973년 5월 4일 미쓰비시가 김성곤에게 발행한 7만 5000달러짜리 수표로 4개 종합상
사가 각각 7만 5000달러씩 전달했다.

같은 날 도쿄은행 뉴욕지점이 김성곤 앞으로 발행한 액면가 7만 5000
달러 수표는 수표번호가 126582였다. 외환은행 뉴욕지점의 입금전표도
제출됐으며 외환은행 뉴욕지점이 외환은행 도쿄지점 김성곤 계좌에 7만
5000달러가 입금됐음을 통보한 전문도 발견됐다.

이틀 뒤인 1973년 5월 4일 도쿄은행 뉴욕지점이 김성곤 앞으로 7만

5000달러짜리 수표를 발행했다. 수표번호는 127255였으며 이 또한 외환은행 뉴욕지점 김성곤 계좌에 입금됐음을 알 수 있다.

같은 날 니쇼-이와이뱅크는 외환은행 뉴욕지점 김성곤 계좌에 7만 5000달러를 입금해달라는 편지와 함께 7만 5000달러짜리 수표를 외환은행 뉴욕지점에 보내왔으며 역시 그 입금전표 또한 증거로 제출됐다.

이처럼 프레이저 소위원회는 1973년 1월과 5월 김성곤 앞으로 130만 달러가 입금됐음을 그 증거를 통해 명백히 밝혀냈고 1971년 입금전표 등은 폐기됐음에도 불구하고 타나베 미쓰비시 회장은 일본 의회 증언에서 1971년 100만 달러 수령자와 1973년 130만 달러 수령자가 동일인물이라고 밝힘으로서 서울지하철 리베이트 250만 달러는 전액 김성곤 명의의 계좌에 입금됐음을 알 수 있다.

김형욱, '김성곤이 아니라 이후락이 착복' 증언

프레이저 청문회는 김형욱이 1977년 6월 22일 증언 때는 서울지하철 리베이트 사건에 대해 일체 언급이 없다가 그 다음 달인 7월 요미우리신문 인터뷰를 통해 이를 폭로하자 즉각 조사에 돌입했다. 자체 조사를 끝낸 프레이저 청문회는 1978년 8월 15일 김형욱을 다시 출석시켜 이 사건을 캐물었다.

청문회 속기록에 따르면 김형욱은 이날 증언에서 뇌물 최종 수령자를 지시한 것으로 알려진 '창일'이라는 회사가 일본 종합상사로부터 검은 돈을 받을 용도로 중앙정보부가 만들어낸 암호명이냐는 질문에 그 같은 회사가 실제로 존재하지 않는 회사인 것은 분명하다고 답했다.

프레이저 위원장이 1977년 7월 일본 기자에게 무엇을 말했는지 설명해보라고 재차 물었다. 김형욱은 서울지하철을 건설하면서 200만 달러 상당을 리베이트로 받았고 그중 50만 달러를 이후락이 착복하고 나머지는 정치자금으로 사용했다는 사실을 자신이 서울에 있을 때 들었다고 답변했다.

김형욱은 일본이 한국에 판매한 지하철 객차 가격이 지나치게 높았고 거의 시세의 두 배에 가까웠다고 했다. 정확히 얼마가 부풀려졌든 간에 그 돈은 정치자금으로 사용됐을 것이라고 설명했다.

김형욱은 일본 기업인들이 일본 국회에서 김성곤의 계좌로 리베이트가 건네졌다고 진술한 것으로 알지만 김성곤은 1971년 이후 국회의원직을 포함해 모든 공직에서 물러났다고 말했다. 그러면서 김성곤이 모든 공직에서 물러난 뒤에도 그에게 돈이 흘러갔다는 것은 이해할 수 없다며 아마도 그를 서울지하철 리베이트를 받은 유일한 사람으로 만들어 희생양을 만든 것이 아닌가 생각된다고 주장했다.

김형욱은 서울지하철 리베이트가 김성곤 실각 뒤에도 그의 계좌로 입금됐는지 의심스럽다며 이미 사망한 김성곤에게 모두 뒤집어씌운 것이 아닌가 의문을 제기한 것이다.

누가 먹었나? 김성곤 계좌지만 다른 사람이 손댄 듯

그렇다면 김형욱의 이날 증언은 여러 증거자료들과 비교해볼 때 100%

정확할까?

김형욱의 증언 중 서울지하철 리베이트가 200만 달러라는 것은 사실이 아니다. 일본 국회 증언, 일본 국세청 조사, 프레이저 소위원회 조사결과 일본 종합상사가 한국에 건넨 리베이트는 1971년과 1973년 3차례에 걸쳐 250만 달러였다.

김성곤 실각 뒤에도 김성곤 계좌로 리베이트가 건네졌는지 의문을 제기한 부분도 외환은행 뉴욕지점이 제출한 수표와 입금전표 등을 통해 김성곤 계좌로 정확히 전달됐음을 알 수 있다. 모든 증거를 통해 김성곤에게 250만 달러가 건네졌음이 명확한 팩트인 것이다.

그럼에도 불구하고 김형욱의 주장은 타당한 면이 없지 않다. 김성곤의 권력 부침을 살펴보는 방법으로 김형욱의 주장을 검증해볼 수 있다.

공화당 재정위원장으로 박정희 정권의 정치자금을 주물렀고 또 그 돈을 통해 자신의 세력을 구축하면서 4인 체제라는 말까지 유행시킨 김성곤은 막강한 권세를 누렸지만 화무십일홍이라는 말처럼 권세가 영원할 수는 없었다.

김성곤은 1971년 10월 2일 이른바 10.2 항명사건을 일으켜 하루아침에 권부 핵심에서 쫓겨났다.

야당인 신민당이 오치성 내무장관 등 각료들에 대한 해임안을 제출하자 박정희 대통령은 모든 해임안을 부결시키라고 지시했지만 김성곤 등 4인 체제는 이 지시를 거부했다. 자파 의원들에게 자신과 사이가 좋지 않던 오치성 내무장관에 대한 해임안에는 찬성표를 던지라고 지시해 마침내 오치성 내무장관 해임안은 가결됐다.

박 대통령은 이를 자신에 대한 4인 체제의 하명이라고 판단, 중앙정보부에 진상조사를 지시했던 것이다. 콧수염으로 유명했던 김성곤은 남산에 잡혀가 자신의 트레이드마크인 콧수염을 뽑히는 수모를 겪었으며 공화당 당직은 물론 국회의원직까지 내놓고 공화당을 떠나야 했다. 이 사건이 일어난 것이 1971년 10월 2일이다.

일본 종합상사가 처음 뇌물을 건넨 1971년 4월은 김성곤의 권세가 당당하던 시절이었다. 모든 정치자금이 그를 통하던 시절이었으므로 서울지하철 리베이트도 당연히 그가 관리했다.

그러나 1973년 1월과 5월 130만 달러가 건네진 당시는 그가 공화당을 이미 떠난 뒤였다. 당직은커녕 국회의원 배지조차 달지 못한 때였다. 그 시기에도 그가 정치자금을 관리할 수 있었을까?

어쨌든 1973년 두 차례에 걸쳐 모두 130만 달러가 김성곤의 외환은행 뉴욕 계좌로 입금된 것은 사실이다. 외환은행이 입금전표가 이를 입증할 뿐 아니라 일본 종합상사가 수표를 끊으면서 수취인을 김성곤으로 했음도 입증됐다.

그러나 이 계좌가 김성곤 명의의 계좌였지만 과연 실각한 김성곤이 그 계좌를 관리하고 있었을까 의심하지 않을 수 없는 것이다.

아마도 김성곤 명의의 계좌가 계속 존재했지만 실각 이후에는 김성곤은 그 계좌에 접근할 수 없고 다른 실력자가 그 계좌를 관리하지 않았을까 생각된다.

명의는 김성곤이지만 사실상 다른 사람이 소유한, 요즘 말로 하자면 1971년 말 실각 이후에는 그 계좌는 실력자의 차명계좌로 바뀌었을 가능성도 배제할 수 없고, 따라서 김성곤이 정치적 희생양일 수도 있다는 김형욱의 주장도 타당성이 있는 것이다. 더구나 서울지하철 리베이트는 1977년 말부터 이슈가 됐지만 김성곤은 이미 그 2년 전인 1975년 숨졌다. 죽은 자는 말이 없다.

박정희 대미 로비 X파일

(하) 부패·망명 편

초판 1쇄 발행 2012년 9월 15일
초판 1쇄 발행 2012년 9월 20일

지은이·안치용

펴낸곳·타커스
발행인·양문형
등록번호·제313-2008-63호
주소·서울시 마포구 성산1동 253-1번지 성산빌딩 4층
전화·02-3142-2887   팩스·02-3142-4006
이메일·yhtak@clema.co.kr

ⓒ 안치용 2012

ISBN 978-89-968578-7-7 (04340)
      978-89-968578-5-3 (세트)

● 값은 뒤표지에 표기되어 있습니다.
● 제본이나 인쇄가 잘못된 책은 바꿔드립니다.